上海社会科学院
经济研究所
青年学者丛书

政企交互关系对城市群经济一体化的影响

理论分析与实证检验

吴友／著

上海社会科学院出版社
SHANGHAI ACADEMY OF SOCIAL SCIENCES PRESS

丛书编委会

主编：沈开艳

编委：（按姓氏笔画顺序）

王红霞　贺水金　唐忆文　韩　清

韩汉君　詹宇波

丛 书 总 序

上海社会科学院经济研究所作为一家专业社会科学研究机构,主要从事政治经济学、经济史、经济思想史等基础理论研究。近年来,顺应上海社会科学院国家高端智库建设的要求,经济研究所依托学科优势,实施学科发展与智库建设双轮驱动战略,在深入开展基础理论学术研究的同时,也为政府和企业提供决策咨询服务。经过多年的努力,经济研究所在宏观经济运行、产业与科技创新发展、区域经济发展、金融与资本市场发展、贸易中心与自贸区建设、能源与低碳经济等研究领域,积累了大量的高质量研究成果。

党的十八大以来,习近平总书记把马克思主义政治经济学的基本原理同中国特色社会主义的实践相结合,发展了马克思主义政治经济学,提出一系列新思想新论断,创新并丰富了中国特色社会主义政治经济学理论,为中国和世界带来了新的经济发展理念和理论。

新时代中国特色社会主义政治经济学的提出,一方面,对包括经济研究所科研人员在内的广大经济理论研究工作者提出了新的、更高的理论研究要求;另一方面,也为经济学理论研究拓展出更为广阔的研究领域。

根据我国经济理论和现实发展现状,学术界迫切需要研究下列理论问题:关于社会主义初级阶段基本经济制度的理论,关于创新、协调、绿色、开放、共享发展的理论,关于发展社会主义市场经济、使市场在资源配置中起决定性作用和更好发挥政府作用的理论,关于我国经济发展进入新常态、深化供给侧结构性改革、推动经济高质量发展的理论,关于推动新型工业化、信息化、城镇化、农业现代化同步发展和区域协调发展的理论,关于农民对承包的土地具有所有权、承包权、经营权属性的理论,关于用好国际国内两个市场、两种资源的理论,关于加快形成以国内大循环为主体、国内国际双循环相互促进的新发展格局的理论,关于促进社会公平正义、逐步实现全体人民共同富裕的理论,关于统筹发展和安全的理论等一系列基本理论,等等。这些理论涵盖了中国特色社会主义经济的生产、分配、交换、消费等主要环节,以及生产资料所有制、分配制度与分配方式、经济体制、宏观经济管理与调控、经济发展、对外开放等各个层次各个方面的主要内容。这些研究主题当然也成为经济研究所科研人员面临并需要重点推进的研究课题。

青年科研人员代表着一家社会科学研究机构的未来。经济研究所长期以来一直重视支持青年科研人员的研究工作,帮助青年科研人员提升其研究能力,组织出版《上海社会科学院经济研究所青年学者丛书》就是其中的重要举措之一。本丛书包括的著作基本上都是本所青年学者的处女作,是作者潜心研究、精心撰写,又根据各方面意见建议反复修改打磨的精品成果,也是作者进入经济学专业研究生涯的标志性科研成果。

本丛书的研究主题涉及理论经济学一级学科的重要议题,毫无疑问,这些研究成果对于经济研究所的学科建设工作将发挥重要作用。另一方面,本丛书中的很多研究成果与当前我国经济社会现实发展问题密切关联,这就为进一步开展决策咨询研究作了坚实的理论思考准备。因此,本丛书的出版也将促进经济研究所的智库研究工作。

2026年将迎来经济研究所建所70周年,本丛书将成为经济研究所青年科研人员向所庆70周年呈献的一份厚礼。

丛书编委会
2023年8月30日

序　言

2022年10月，习近平总书记在党的二十大报告中论述加快构建新发展格局，助力推动高质量发展时，提出"要促进区域协调发展"。城市群经济一体化对于提升中国区域整体竞争力、加速工业化与城市化进程、推动实施区域协调发展战略、可持续发展战略具有重要作用。因此，城市群一体化发展是一个具有时代意义的选题。吴友博士从政企交互关系视角探讨城市群经济一体化的影响因素，这项研究兼具中国特色与时代需要。

吴友博士的研究以文献梳理、理论推演、历史解析、模型推导等方法为工具，先是从市场整合、功能分工、经济联系三个维度重新解读城市群经济一体化的内涵，然后深入探讨政企交互关系产生的内在动因和对城市群经济一体化影响的内在机制，最后选取中国十大城市群数据进行实证检验。研究结论指出，城市群经济一体化的内涵应包括竞争、分工和协作三个方面，三者缺一不可，竞争是一体化的前提，分工是一体化的基础，协作是一体化的手段。地方政府与国有企业之间以相互融合发展为纽带，双方形成紧密的交互关系。这种政企交互关系的存在会引致地区要素配置倾向化，进而影响城市群的市场竞争、功能分工，以及经济协作，乃至城市群经济一体化水平，因此政企交互关系是影响地方政府积极推动一体化的重要因素。对于作者的上述观点，我比较赞同。从实践发展来看，更好地发展政企关系，营造良好的营商环境，对于全国统一大市场建设和区域协调发展具有十分重要的作用。

吴友博士的书稿是在其博士论文的基础上，经历了框架修订、初稿打磨、专家评审、多次修改才成终稿，每个环节她都会跟我详细讨论，所以我基本上见证了她在整个写作过程中的坚定和执着。本研究在学理探讨上具有系统性，在研究视角上具有新颖性，在检验方法上具有科学性，研究结论为加速推进中国城市群进入"协作时代"、构建以城市群为依托的大中小城市协调发展新格局、实现经济高质量发展提供了理论思考与实践探索。总之，很高兴看到吴友博士多年的研究成果即将出版，也希望更多的学者能关注本书，进而展开相关主题的研究。

上海财经大学城市与区域科学学院　研究员
2023年9月

前　言

2022年10月，习近平总书记在党的二十大报告中提到：要加快构建新发展格局，助力推动高质量发展，着力推进城乡融合和区域协调发展，推动经济实现质的有效提升和量的合理增长，要构建全国统一大市场，深化要素市场改革，破除地方保护和行政性垄断，依法规范和引导资本健康发展，建设高水平社会主义市场经济体制。[①] 2022年3月中共中央、国务院下发了《关于加快建设全国统一大市场的意见》，文件中明确指出："要持续推动国内市场高效畅通和规模拓展，加快营造稳定公平透明可预期的营商环境，破除妨碍各种生产要素市场化配置和商品服务流通的机制体制障碍，进一步降低市场交易成本，要进一步规范不当市场竞争和市场干预行为，为构建社会主义市场经济体制提供坚强支撑。"[②] 由此可见，区域协调发展推进、统一大市场建设已然成为国家构建新发展格局、推动高质量发展的重大战略举措。

伴随着中国城市化进程的不断深入以及工业化进程的不断加快，城市群已经成为经济发展格局中最具活力和潜力的核心地区，具有将各种生产要素流动汇聚与扩散的功能。城市群发展战略的推进使各区域的市场开放程度取得巨大突破，但相较于国际顶尖城市群，其经济一体化的进程仍显得较为缓慢，也存在一些亟待解决的问题，比如，要素资源在大范围上流动不畅，城市之间低层次重复建设和过度同质竞争，区域之间协作口号多于实际举措，重大问题协调解决机制不健全等。因此，本研究聚焦于深入剖析城市群经济一体化

---

① 参见习近平：《高举中国特色社会主义伟大旗帜　为全面建设社会主义现代化国家而团结奋斗——在中国共产党第二十次全国代表大会上的报告》. http://www.gov.cn/xinwen/2022-10/25/content_5721685.htm.
② 参见新华社北京2022年4月10日电：《中共中央国务院关于加快建设全国统一大市场的意见》. http://www.gov.cn/zhengce/2022-04/10/content_5684385.htm.

的影响因素,以期为加速推进我国城市群进入"协作时代",构建以城市群为依托的大中小城市协调发展格局,实现经济高质量发展提供理论思考与实践探索。

现有研究侧重从竞争和分工两方面来刻画城市群经济一体化,而忽视城市群经济一体化的协作层面;此外,在探讨城市群经济一体化的影响因素时,大部分学者从国有企业或地方政府单个行为主体来探讨并验证其对城市群经济一体化的影响,然而在理论推演和内容论述时,总是会涉及地方政府和国有企业之间的交互行为(以下简称"政企交互关系")对城市群经济一体化的影响。基于此,本研究以文献梳理、理论推演、模型推导等方法为工具,首先,对城市群经济一体化的内涵与政企交互关系动因进行了重新解读;其次,通过构建政企交互关系影响城市群经济一体化的理论模型,探讨国有经济比重、政企交互关系影响我国城市群经济一体化的内在机制;最后,利用我国 1998—2014 年间具有代表性的 10 个城市群的面板数据为样本,从竞争、分工和协作三个视角出发,实证检验政企交互关系对城市群经济一体化的影响。研究结论显示:

第一,城市群经济一体化的内涵应包括竞争、分工和协作三个方面。竞争是城市群经济一体化的前提,指各城市群之间错位竞争、有序竞争以及统一市场,具体包括城市群内大市场和有序竞争的形成。分工是城市群经济一体化的基础,指依托城市群内产业的竞争优势和顺应产业生命周期的梯度转移来协调城市之间的产业分工和产业布局。协作是城市群经济一体化的手段,意指通过促进城市之间人员的流动、经济资源的互补和交通设施的联通来加强城市之间的经济联系强度,进而促进城市群内部城市形成协作系统。

第二,政企交互关系是影响地方政府积极推动一体化的重要因素。政企交互关系是指地方政府与国有企业之间以相互融合发展为纽带,国有企业承担着促进经济增长、稳定就业、提供公共服务等地方政府的社会公共目标,而地方政府提供财政补贴、金融补贴、税收优惠、要素垄断等优惠政策来为国有企业发展提供支撑,双方形成紧密的交互关系。

第三,从城市群经济一体化的竞争、分工和协作视角来看,国有经济产值比重与政企交互关系是显著影响城市之间市场整合程度提高、功能分工深化与经济联系加强的因素。从考虑城市群异质性的结果来看,不同城市群的政企交互关系对经济一体化的影响存在显著差异。如长三角、京津冀、珠三角、海峡西岸、山东半岛等沿海城市群表现为政企交互关系影响了市场整合;辽中南、长江中游等中部城市群表现为政企交互关系影响了功能分工;长三角、川渝和京津冀城市群表现为政企交互关系影响了经济协作。归纳来说,政企交互关系的存在会引致地区要素配置倾向化,而倾向化要素配置影响了城市群的市场整合、功能分工以及经济联系,进而影响城市群经济一体化水平。

本研究的贡献主要体现在:第一,在系统梳理区域经济一体化内涵的基础上,从分工、竞争和协作三个维度对其进行重新解读,以期为城市群经济一体化的高质量发展提供理论探索。第二,本研究基于地方政府与国有企业相互融合发展的新视角,研析政企交互关系对城市群经济一体化影响的内在原因与作用机制,以期为破除妨碍要素市场化配置和商品服务流通的体制机制障碍提供新的理论视角和实践探索。第三,现有文献在考察体制因素、历史地理与技术因素对城市群经济一体化的影响,主要通过数据回归来进行验证,并且其中的理论论述不充分,本研究构建了政企交互关系影响城市群经济一体化的数理模型,并探讨其中的内在机制,籍此来增强本研究的科学性与严谨性,为后续研究提供一定的理论参考。

目 录

丛书总序 ………………………………………………………………… 1

序言 ……………………………………………………………………… 1

前言 ……………………………………………………………………… 1

第一章 绪论 …………………………………………………………… 1
 第一节 研究背景与研究意义 …………………………………… 1
 第二节 研究思路与研究方法 …………………………………… 17
 第三节 创新之处与研究不足 …………………………………… 21

第二章 文献综述 ……………………………………………………… 25
 第一节 有关城市群经济一体化的文献综述 …………………… 25
 第二节 有关地方政府与国有企业交互关系的文献综述 ……… 43
 第三节 有关政企交互关系与区域经济发展的文献综述 ……… 49
 第四节 文献简要评述 …………………………………………… 52

第三章 政企交互关系影响城市群经济一体化的理论分析 ………… 56
 第一节 城市群经济一体化的内涵解读 ………………………… 56
 第二节 地方政府与国有企业交互关系的界定 ………………… 61
 第三节 政企交互关系影响城市群经济一体化的理论模型 …… 64
 第四节 政企交互关系影响城市群经济一体化的机制探讨 …… 71
 第五节 本章小结 ………………………………………………… 73

第四章　政企交互关系与城市群的市场整合——基于一体化的竞争视角 ……… 75
第一节　引言 ……………………………………………… 75
第二节　研究设计 ………………………………………… 77
第三节　实证结果分析 …………………………………… 91
第四节　本章小结 ………………………………………… 110

第五章　政企交互关系与城市群的功能分工——基于一体化的分工视角 ………………………………………………………… 112
第一节　引言 ……………………………………………… 112
第二节　研究设计 ………………………………………… 114
第三节　实证结果分析 …………………………………… 120
第四节　本章小结 ………………………………………… 139

第六章　政企交互关系与城市群的协同发展——基于一体化的协作视角 ………………………………………………………… 141
第一节　引言 ……………………………………………… 141
第二节　研究设计 ………………………………………… 143
第三节　实证结果分析 …………………………………… 148
第四节　本章小结 ………………………………………… 167

第七章　政企交互关系与城市群经济一体化——基于竞争、分工、协作的综合视角 …………………………………………………… 170
第一节　引言 ……………………………………………… 170
第二节　研究设计 ………………………………………… 172
第三节　实证结果分析 …………………………………… 177
第四节　本章小结 ………………………………………… 195

第八章　主要研究结论与政策建议 ……………………………… 197
第一节　主要研究结论 …………………………………… 197
第二节　主要政策建议 …………………………………… 199

参考文献 ………………………………………………… 202

附录 ……………………………………………………… 219

后记 ……………………………………………………… 238

第一章 绪 论

第一节 研究背景与研究意义

一、现实背景

2022年10月，习近平总书记在党的二十大报告中提到："要加快构建新发展格局，助力推动高质量发展，着力推进城乡融合和区域协调发展，要以城市群、都市圈为依托构建大中小城市协调发展格局，推进以县城为重要载体的城镇化建设，推动经济实现质的有效提升和量的合理增长。"[①] 由此可见，国家已将推动城市协调发展和城乡融合发展，完善区域协调发展新机制，构建新发展格局，实现高质量发展作为下一阶段经济社会发展的重要目标。哈佛大学教授爱德华·格莱泽在其著作《城市的胜利》中写道"城市是人类最伟大的发明与最美好的希望"，城市的未来决定了人类的未来，城市是人类最终生活和生产的聚集地。伴随着城市化进程的不断深入以及工业化进程的不断加快，我国城市在空间形态和结构上也发生了新的变化，城市群已经成为经济发展格局中最具活力和潜力的核心地区，也是我国生产力布局的增长极点和核心支点，具有将各种生产要素流动汇聚与扩散的功能。从我国城市的人口分布、土地面积及经济总量等指标来看，城市群不仅对中国区域与城市发展起着十分关键的作用，同时也是实现新型城镇化的主要路径。据不完全统计，2020年我国十大成熟城市群总面积约占全国的19%，集中了全国约66%的常住人口、76%的经济总量、83%的创新总

[①] 资料来源：习近平总书记在中国共产党第二十次全国代表大会上的报告《高举中国特色社会主义伟大旗帜 为全面建设社会主义现代化国家而团结奋斗》。

量[1]。在经济全球化浪潮的风涌云起和我国市场化改革持续推进的大背景下,我国区域经济发展的空间格局、市场统一、经济联系、产业分工呈现出一些新的积极态势,但目前我国城市群仍存在一些不可避免的问题。例如,存在要素资源在大范围流动不畅、城市之间低层次重复建设和过度同质竞争、区域之间协作口号多于实际举措、重大问题协调解决机制不健全、较为严重的"简单均衡"或"一城独大"的现象普遍、区域之间发展不均衡等问题。尤其是提出了二氧化碳排放力争在2030年前达到峰值,2060年前实现碳中和的双碳目标后,城市资源节约与环境减排压力逐年加大,城市群可持续发展的前景更不容小觑。

(一) 城市群经济成为中国区域经济发展的新格局、新动力

城市群作为城市化的高级阶段,不但集聚了大量人口、资源与企业,而且成为推动区域或者国家经济发展、参与国际分工与竞争的主要单元。纵观全球经济发展格局,美国东北部大西洋沿岸城市群、北美五大湖城市群、日本太平洋沿岸城市群、英国中南部城市群、欧洲西北部城市群为主体的五大城市群已成为世界经济发展最为活跃的区域,它们代表着各个国家的政治、经济、文化中心,逐渐主导着全球经济。城市群的快速发展正成为全球经济的增长极。比如,以美国东北部大西洋沿岸城市群(也被称作波士华城市群)为例,它以全美2%的土地,承载了约17%的人口,创造了约20%的GDP;日本的太平洋沿岸城市群,以9%的土地,承载了约53%的人口,创造了约60%的GDP。[2] 着眼我国区域经济发展格局,经过改革开放40年来的发展,我国广阔的领土上已经形成长三角、珠三角、京津冀、山东半岛、辽中南、中原、长江中游、海峡西岸、川渝和关中十大具有代表性的城市群(见表1.1)。其中,长三角、珠三角、京津冀、长江中游这四大城市群发育日臻成熟,逐渐发展成为世界级城市群。城市群地区日益成为全国经济发展的先导区域,其经济发展速度和城市化水平较高,是我国全面提高自身综合实力与竞争力,在全球竞争体系中占据更高的地位,融入经济全球化的重要实体单元和切入点。据统计,2020年,京津冀城市群总人口约为1.1亿,总面积约为13万平方公里,经济总量约为8.6万亿元;长三角城市群总人口约为1.6亿,总面积约为21万平方公里,经济总量超过

---

[1] 作者根据《2021年城市统计年鉴》测算所得。
[2] 资料来源:波士顿咨询公司、中国发展研究基金会(2018):"国际比较视野下的京津冀协同发展研究",中国发展高层论坛2018年会背景报告。

20.5万亿元；珠三角城市群总人口约为7 823万，总面积达到4.22万平方公里，经济总量为8.9万亿元；长江中游城市群总人口约为1.3亿，总面积达到32.6万平方千米，经济总量约为9.9万亿元。上述四大城市群GDP总额超过48万亿元，约占全国经济总量的47%，总人口约为4.8亿，约占全国总人口的34%[①]。

表1.1 我国十大城市群发展概况与战略地位

城市群	范围	战略定位
长江三角洲城市群	上海、南京、苏州、无锡、常州、镇江、扬州、南通、泰州、杭州、宁波、嘉兴、湖州、绍兴、台州、舟山、盐城、金华、合肥、芜湖、马鞍山、铜陵、安庆、滁州、池州、宣城	亚太地区重要国际门户、全球重要的现代服务业和先进制造业中心、最具经济活力的资源配置中心，具有全球影响力的科技创新高地，具有较强国际竞争力的世界级城市群
珠江三角洲城市群	广州、深圳、佛山、东莞、中山、珠海、惠州、江门、肇庆	亚太地区最具经济活力的区域之一，打造中国开放创新先行区、转型升级引领区、协同创新示范区、创新创业生态区，打造成为国际一流的创新创业中心
京津冀城市群	北京、天津、石家庄、张家口、秦皇岛、唐山、保定、廊坊、邢台、邯郸、衡水、沧州、承德	以首都为核心的世界级城市群、区域整体协同发展改革引领区、全国创新驱动经济增长新引擎、生态修复环境改善示范区
山东半岛城市群	济南、青岛、烟台、潍坊、威海、淄博、日照、东营	服务和融入新发展格局引领区，全国重要的经济增长极，黄河流域生态文明建设先行区，文化"两创"新标杆，改善民生共同富裕的典范区域
川渝城市群	重庆、成都、德阳、绵阳、乐山、眉山、资阳、内江、宜宾、泸州、自贡、遂宁、广安、雅安	西部地区重要经济中心、全国重要现代产业基地、深化内陆开放试验区、统筹城乡发展示范区和长江上游生态安全保障区
辽中南城市群	沈阳、大连、鞍山、抚顺、本溪、营口、辽阳、盘锦、铁岭、丹东	以沈阳为中心建成东北地区的经济、交通、文化、信息中心及全国最大的综合性重工业基地，以大连为中心建成东北亚国际航运中心和对外贸易口岸。积极践行"一带一路"倡议，推进新型城镇化和带动东北地区全面振兴

---

① 资料来源：作者根据地方工作报告和国家统计局数据整理获得。

续 表

城市群	范 围	战 略 定 位
中原城市群	郑州、开封、洛阳、南阳、安阳、商丘、新乡、平顶山、许昌、焦作、周口、信阳、驻马店、鹤壁、濮阳、漯河、三门峡、长治、晋城、运城、聊城、菏泽、淮北、蚌埠、宿州、阜阳、亳州、济源	中国经济发展新增长极、全国重要的先进制造业和现代服务业基地、中西部地区创新创业先行区、内陆地区双向开放新高地和绿色生态发展示范区
长江中游城市群	武汉、黄石、鄂州、黄冈、孝感、咸宁、仙桃、潜江、天门、襄阳、宜昌、荆州、荆门、长沙、株洲、湘潭、岳阳、益阳、常德、衡阳、娄底、南昌、九江、景德镇、鹰潭、新余、宜春、萍乡、上饶、抚州、吉安	中国经济新增长极、中西部新型城镇化先行区,内陆开放合作示范区,"两型"社会建设引领区
粤闽浙沿海城市群(海峡西岸城市群)	福州、厦门、泉州、莆田、漳州、三明、南平、宁德、龙岩、温州、丽水、衢州、上饶、鹰潭、抚州、赣州、汕头、潮州、揭阳、梅州	两岸人民交流合作先行先试区域、东部沿海地区先进制造业的重要基地、重要的自然和文化旅游中心
关中城市群	西安、咸阳、宝鸡、渭南、铜川、商洛、天水、平凉、庆阳、运城、临汾	向西开放的战略支点、引领西北地区发展的重要增长极、以军民融合为特色的国家创新高地、传承中华文化的世界级旅游目的地,内陆生态文明建设先行区

注:上述十大城市群是国家发改委课题组最早认定的我国十大城市群,随着经济社会的发展,大部分城市群规模都经历了一次甚至多次扩容。长三角城市群最初包含16个城市,2016年5月11日颁布的《长江三角洲规划》中扩容至26个城市。中原城市群最初包含8个城市,2016年12月颁布的《中原城市群发展规划》批复中,中原城市群扩容至30个市,包括京津冀城市群中的邯郸和邢台,在本书写作过程中,为避免城市统计重复,将邯郸和邢台依旧归入京津冀城市群。长江中游最初包含12个城市,2015年4月颁布的《长江中游城市群发展规划》中确定长江中游城市群扩容至31个城市。关中城市群最初包括5个城市,2018年1月国务院正式批准了《关中平原城市群发展规划》扩容至11个城市。

资料来源:作者根据各城市群规划整理获得。

(二)城市群经济一体化是我国区域经济可持续发展的新要求

城市群发展聚焦实现战略目标和提升引领带动能力,推动区域重大战取得新的突破性进展,促进区域间融合互动、融通补充,城市群经济一体化是我国区域经济可持续发展的新要求。党的二十大报告指出,要促进区域协调发展,要深入实施区域协调发展战略、区域重大战略、主体功能区战略、新型城镇化战略,优化重大生产力布局,构建优势互补、高质量发展的区域经济布局和国土空间体系,要推动京津冀协同发展、长江经济带发展、长三角一体化发展,要形成以城市群、都市圈为依托构建大中小城市协调发展格局,推进以县城为重要载体的城镇化建设,助力高质量发展。除此之外,国家前期也出台了一系列的城市群发展规划,如《国民经济和社会发展第十三个五年规划》中强调:一方面要优化提升东部地区城市群,建设京津冀、长三角、珠三角世界级城市群,提升山东半岛、海峡西岸城市群开放竞争水平。另一方面要培育中西部地区城市群,发展壮大东北地区、中原地区、长江中游、成渝地区、关中平原城市群,规划引导北部湾、山西中部、呼包鄂榆、黔中等城市群发展,形成更多支撑区域发展的增长极。促进以拉萨为中心、以喀什为中心的城市圈发展。建立健全城市群发展协调机制,推动跨区域城市间产业分工、基础设施、生态保护、环境治理等协调联动,实现城市群一体化高效发展。《国民经济和社会发展第十四个五年规划》中针对区域重大发展战略指出:要加快推动京津冀协同发展,紧抓疏解北京非首都功能"牛鼻子",构建功能疏解政策体系,实施一批标志性疏解项目。全面推动长江经济带发展,协同推动生态环境保护和经济发展,加快沿江高铁和货运铁路建设,构建绿色产业体系。积极稳妥推进粤港澳大湾区建设,加强粤港澳产学研协同发展,推进综合性国家科学中心建设,便利创新要素跨境流动;提升长三角一体化发展水平,加快建设长三角G60科创走廊和沿沪宁产业创新带,加快基础设施互联互通,加快公共服务便利共享,推进生态环境共保联治;扎实推进黄河流域生态保护和高质量发展。

除了国家颁布的五年发展规划纲要,国家也陆续出台了与城市群发展密切相关的政策文件(见表1.2),如《长江中游城市群发展规划》《京津冀协同发展规划纲要》,以及《长江三角洲区域一体化发展规划纲要》等。的确,积极推进我国城市群经济一体化的进程,不仅是经济全球化浪潮的外在驱动,而且也是我国经济新常态背景下区域经济发展的重要战略部署。城市群经济一体化对于提升我国区域整体竞争力、加速新兴工业化和城市化进程、实现可持续发展具有深远意义。

表 1.2　全国层面有关城市群发展的政策、规划和意见

文件名称(时间)	要　　点
《关于区域规划的若干问题》(2006)	明确区域为跨行政区的经济区域,提出规划中包括功能定位、主要内容、保障机制和政策手段等问题
党的十七大报告(2007)	要求 2020 年基本形成主体功能区布局
"十一五"规划纲要(2006—2010)	首次提出要把城市群作为推进城镇化的主体形态/确定编制主体功能区规划
关于编制全国主体功能区规划的意见(2007.12.21)	该规划为战略性、基础性和约束性规划,将国土空间划分为优化、重点、限制、禁止开放四类,并且要处理好这四类功能主体功能区之间的关系
《全国主体功能区规划——构建高效、协调、可持续的国土空间开发格局》(2010.12.21)	基本形成"两横三纵"为主体的城市化战略格局、"七区二十三带"为主体的农业战略格局、"两屏三带"为主体的生态安全战略格局
"十二五"规划纲要(2011—2015)	科学规划城市群各城市功能定位和产业布局
党的十八大报告(2012)	科学规划城市群规模和布局
《中共中央关于全面深化改革若干重大问题的决定》(2013)	城市群在"完善城镇化健康发展体制机制",特别是在"推动大中小城市和小城镇协调发展"和"优化城市空间结构和管理格局,增强城市综合承载能力"等方面具有战略核心地位
2014 年中央经济工作会议(2014)	要优化布局,根据环境资源承载能力构建科学合理的城镇化宏观布局,把城市群作为主体形态,促进大中小城市和小城镇合理分工、功能互补、协同发展
2014 年中央城镇化工作会议(2014)	优化城镇化布局和形态,全国主体功能区规划对城镇化总体布局作了安排,提出了"两横三纵"的城市化战略格局
《国家新型城镇化规划(2014—2020)》	发展目标之一是使城镇化格局更加优化。"两横三纵"为主体的城镇化战略格局基本形成
"十三五"规划纲要(2016—2020)	推动区域协调发展,培育若干带动区域协同发展的增长极
长江三角洲区域一体化发展规划纲要(2019)	支持长江三角洲区域一体化发展并上升为国家战略,着力落实新发展理念,构建现代化经济体系,推进更高起点的深化改革和更高层次的对外开放

续　表

文件名称(时间)	要　　点
"十四五"规划纲要(2021—2025)	深入实施区域重大发展战略,聚焦实现战略目标和提升引领带动能力,推动区域重大战略取得新的突破性进展,促进区域间融合互动、融通补充
中国共产党第二十次全国代表大会上的报告(2022)	促进区域协调发展,推动京津冀协同发展、长江经济带发展、长三角一体化发展,以城市群、都市圈为依托构建大中小城市协调发展格局,推进以县城为重要载体的城镇化建设

资料来源:作者根据相关政策整理。

(三) 我国城市群经济一体化呈现新特征,但进程迟缓

随着我国市场化的不断深化,我国区域的市场开放程度取得巨大突破,区域之间的贸易壁垒逐渐被打破,商品市场一体化水平明显提高。与此同时,区域之间的要素流动仍具有重重阻碍,主要体现为各地区对本区域核心资源的保护。区域之间的协作水平仍不高,各地区的产业同构现象比较严重,难以发挥各地区的比较优势,区域之间仍然存在重复建设、内部消耗与恶性竞争。区域之间综合治理水平不高,一方面,大城市内部存在诸如交通拥堵、人口密集、犯罪率攀升等"城市病"。另一方面,区域之间的空气污染、水域污染问题比较突出。因此,对于中国城市群一体化程度究竟如何这一热点议题,总是存在两类不同的声音:一部分学者认为,中国城市群的经济一体化水平逐年提高;而另一部分学者却认为,中国城市群的经济一体化水平缓慢,市场化程度偏低。其实这两类结论并不存在冲突,第一种声音是将中国城市群经济一体化的现在与过去相比,而第二种声音则是将中国城市群经济一体化水平与国际城市群相比较。诚然,中国的城市群经济一体化水平相较于过去有所提高,而相对于国际世界级城市群,其经济一体化的进程则显得缓慢。

城市群经济一体化主要表现为统一大市场完善、功能分工明晰、城际联系密切,而包括长三角城市群在内的国内大部分城市群在这些方面均滞后于世界级城市群。以日本为例,日本太平洋沿岸城市群是世界五大城市群之一,是以东京为核心的从东京、横滨到大阪而形成的城市组合。比如,在明晰功能分工方面,东京向服务经济全面转型的过程中,制造业快速向周边地区转移,商业、房地产、服务业等第三产业也不断向周边地区扩散,既带动了东京周边地

区的制造业发展,也推动了整个首都圈的服务经济发展。在推动城际密切联系方面,东京都市圈已形成位于 4 个不同圈层,由 JR 铁路(原日本国铁)、私铁、地铁和其他铁路组成,总规模约为 3 500 公里的轨道交通运输体系,东京都市圈轨道系统按照站间距离和运行速度,分为 5 个功能层次,不同的列车承担不同的服务路线,如城际列车和快速列车主要承担都市圈范围内的核心城市和次级城市之间的快速运输。从日本政府的五轮次规划可以看出,每一次规划核心目标都是致力于解决区域经济一体化过程中的空间结构、功能布局和因人口、资源和城市功能过度密集所引发的各类区域性问题,提升城市群一体化发展的质量和水平。虽然长三角城市群内城市之间的通勤高铁线路在不断完善,但依旧有很多城市群内城市之间的联系较为薄弱、功能分工不明晰、市场分割程度较为严重,因此,当前需要深入剖析城市群经济一体化的主要影响因素,坚持问题导向,理清当下关键堵点与未来工作方向,继续推进城市群内部城市的协调发展,加速让我国城市群进入"协作时代",实现区域经济一体化。

(四) 国有企业发展是影响城市群经济发展的重要因素

2020 年 5 月,党中央、国务院下发的《新时代加快完善社会主义市场经济体制的建议》指出:"毫不动摇巩固和发展公有制经济,毫不动摇鼓励、支持、引导非公有制经济发展,探索公有制多种实现形式,支持民营企业改革发展,培育更多充满活力的市场主体;深化国资国企改革,深化以政企分开、政资分开、特许经营、政府监管为主要内容的改革,提高自然垄断行业基础设施供给质量,严格监管自然垄断环节,加快实现竞争性环节市场化,切实打破行政性垄断,防止市场垄断,更好发挥市场在资源配置中的决定作用。"[1]2022 年 3 月,中共中央、国务院下发了《关于加快建设全国统一大市场的意见》,文件中明确指出:"要持续推动国内市场高效畅通和规模拓展,加快营造稳定公平透明可预期的营商环境,破除妨碍各种生产要素市场化配置和商品服务流通的机制体制障碍,进一步降低市场交易成本,要进一步规范不当市场竞争和市场干预行为。"[2]这两份经济建设发展的纲领性文件表明:要充分发挥市场在资源配

---

[1] 中华人民共和国中央人民政府网站:http://www.gov.cn/zhengce/2020-05/18/content_5512696.htm。

[2] 中华人民共和国中央人民政府网站:http://www.gov.cn/xinwen/2022-04/10/content_5684388.htm。

置中起决定作用,更好地发挥政府的作用,对推动我国经济体制改革尤其是国资国企改革,促进国有企业高质量发展,建立全国统一、有序的商品市场体系,建立健全促进竞争的政策机制,促进城市群经济的可持续发展具有深远意义。

随着国有企业混合所有制改革和股份制改革的不断推进与深化,国有企业的产权结构变得更加多样化。立足所有权结构的视角,国有企业可以分为国有独资企业、国有控股企业以及国有参股企业三种类型。根据《公司法》规定,产权即是实际和独立地占有、使用、处分企业资产,并对企业资产收益依法分配的各种权利总和。企业所有者拥有的产权越大,其对企业战略制定、资产处置、利润分配、人事任用等企业经营活动的控制权越大。因此,本研究借鉴前人(Sun & Tong,2003;曾庆生、陈信元,2006;杨继生、阳建辉,2015)的研究成果,将国有企业界定为国有独资企业和国有控股企业的统称。图1.1对比了1998—2018年我国发展较为成熟的京津冀、长三角和珠三角城市群的规模以上国有及国有控股企业个数占比;图1.2绘制了三大城市群的国内生产总值趋势图,图1.3绘制了三大城市群国有企业占比与经济总量之间的趋势图。从整体上来看,三大城市群的国有企业占比均有明显的下降趋势,其中京津冀的国有企业比重下降最快,从1998年的43%下降至2018年的8%,而经济总量则表现为平滑的上升趋势。从三大城市群的横向对比来看,京津冀城市群的国有企业个数占比最高,而平均经济总量却最低,长三角和珠三角城市群的国有企业个数占比大体相当,珠三角城市群的平均经济总量与长三角城市群的平均总量大体相当。从两者之间的散点图(见图1.3)来看,两者呈现出显著的线性关系,说明城市群内部的规模以上国有及国有企业占比是影响

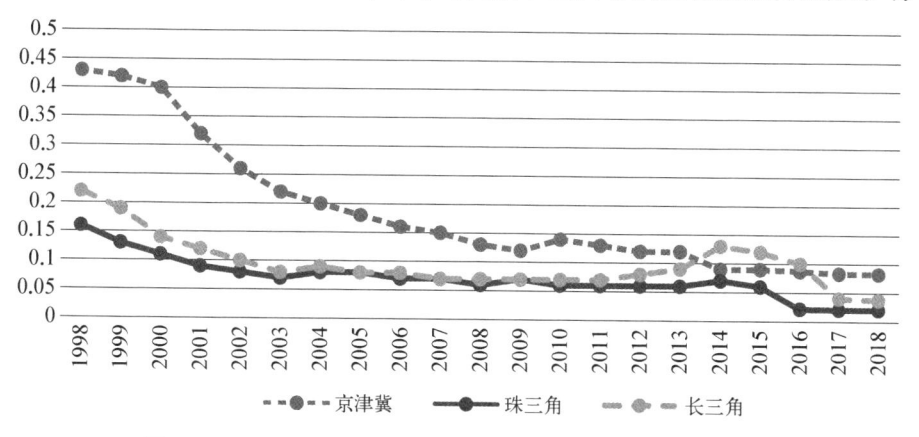

图 1.1　1998—2018 年三大城市群平均国有企业个数占比趋势

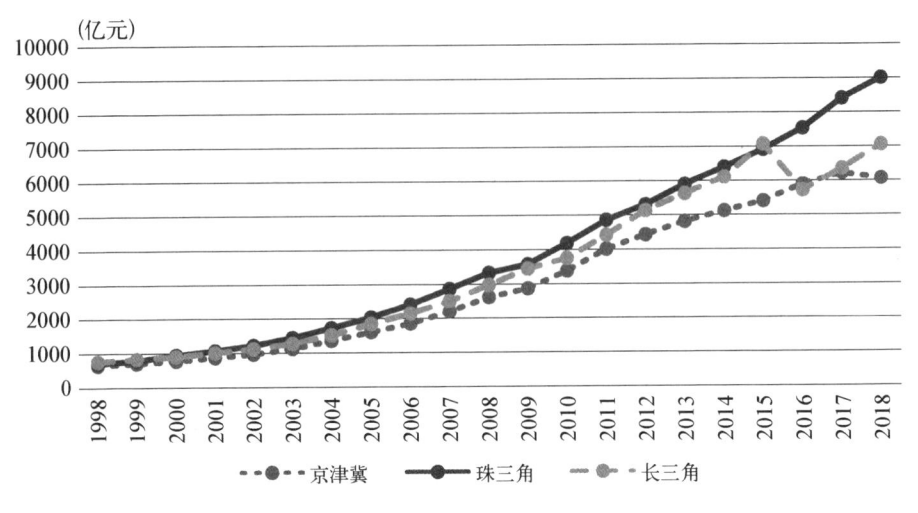

图 1.2 1998—2018 三大城市群平均经济总量趋势

注：2016 年长三角城市群的平均经济总量有下降的趋势，是因为 2016 年 5 月，《长江三角洲规划》正式出台，长三角城市群由此前 16 个城市扩容至 26 个城市，计算的是 26 个城市的平均经济总量。

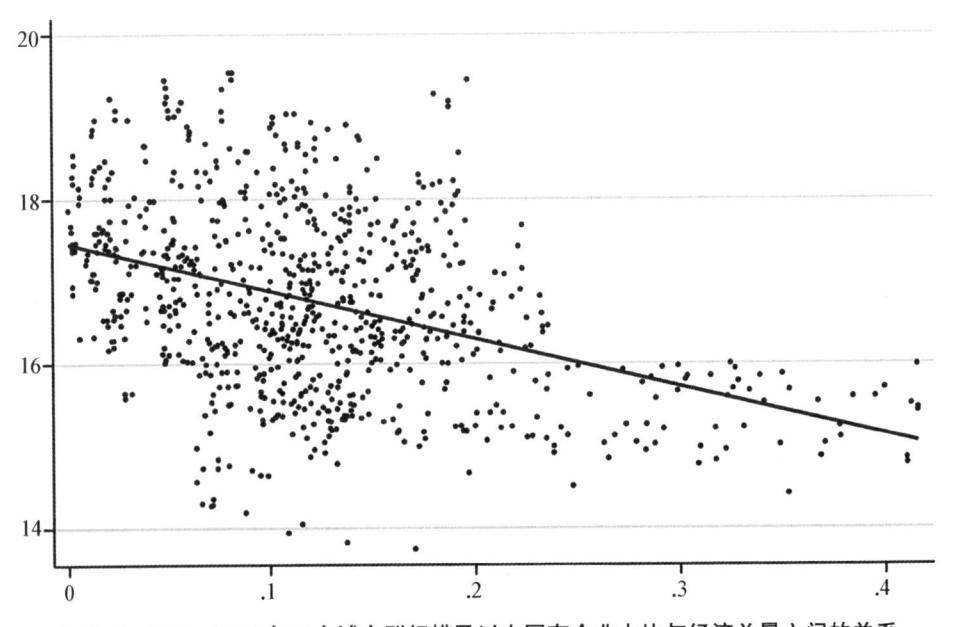

图 1.3 1998—2018 年三大城市群规模及以上国有企业占比与经济总量之间的关系

城市群经济发展的重要因素。

二、理论背景

一直以来,城市群经济一体化始终成为国家高质量发展、区域经济协调发展、城市发展战略规划等领域关注的热点和焦点,同时也是地方政府和学者们关注的热点话题。大量的学者围绕这两大主题展开了广泛研究,取得了丰硕的研究成果。

从城市群经济一体化的相关研究成果来看,现有文献主要从以下几个方面展开:**一是城市群经济一体化的内涵**,一些学者(彼得·林德特,1992;于光远,1992;聂华林,2006)从区域经济一体化的理论起点出发,对区域经济一体化的概念、内容与层面进行了科学、系统的归纳与总结。如果将城市群看成领地相连、经济相通、文化相融的城市联结体,那么城市群经济一体化内涵将是复杂与多维的。它应该囊括分工、竞争与协作三个维度,并且是三者之间相互作用、相互权衡而形成的有机统一。然而现有文献侧重从竞争方面来刻度城市群经济一体化(陈福象,2005),比如,白重恩等(2004)、陈敏等(2007)、陆铭和陈钊(2009)等学者分析了市场分割(市场的竞争没有一体化)的影响因素及对社会经济发展的作用效果。**二是城市群经济一体化的测度方法**,现有方法主要包括贸易流量法(McCallum,1995;Wei,1996;何雄浪、张泽义,2014)、产业结构法(Young,2000;梁琦,2003;侯韵、孙铁山,2016)、价格法(Parsley & Wei,1996,2001a,2001b;陆铭、陈钊,2009)、社会网络法(侯赟慧等,2009;王圣云等,2016)、指标体系法(党兴华等,2007;王浩等,2017)等,取得了丰硕的成果。然而各种方法也存在明显的不足,贸易流量法难以获取城市群内部各城市之间准确的贸易交易数据,产业结构法、价格法通过计算各城市的产业集中度、产业结构差异、相对价格差异来表征城市群的一体化水平,它们没有反映城市之间的联系。社会网络法通过引力模型来测算城市之间联系,这将是一种不太准确的间接计算。**三是城市群经济一体化的影响因素**,现有文献对城市群经济一体化影响因素的解释并不全面,主要包括三个层次:一是体制因素,比如银温泉和才婉茹(2001)探讨了财政分权对区域经济一体化的影响;周黎安(2004,2007)、徐现祥等(2007)分析了地方政府竞争对区域经济一体化的影响;白重恩等(2004)、朗拜因Langbein(2016)关注了地方保护对经济一体化的影响;范子英和张军(2010)、谢姗和汪卢俊(2015)则探讨了转移支付对区域经济一体化的影响；二是经济因素，比如，庞赛特Poncet(2005)、陆铭和陈钊(2009)研究发现不同地区经济发展水平、经济结构、对外开放程度等方面的相似与差异性，进而引致整个城市群经济一体化发展的缓慢。三是技术因素，比如，刘生龙和胡鞍钢(2011)、李雪松和孙博文(2015)系统分析了不同城市的交通运输能力、高速公路与铁路、信息技术水平等硬件设施对城市群经济一体化的影响。城市群经济一体化是一项复杂的系统工程，这项工程能否顺利、有序推进受到众多因素的影响。因此，未来需要继续更深层次地挖掘城市群经济一体化发展的制约因素。**四是城市群经济一体化的社会效应**，现有文献主要体现在以下几个部分：一是区域经济一体化的贸易效应(Viner, 1950；Candau & Dienesch, 2015)，他们认为经济一体化的过程能促进要素、产品的自由流动，从而具有贸易转移、贸易创造效应，并形成区域大市场。二是区域经济一体化的经济增长效应(陈敏等，2007；Yamarik & Ghosh, 2015)，他们认为区域经济一体化扫除了区域之间的种种市场壁垒，从而促进经济增长。三是区域经济一体化的产业区位效应(Resmini, 2007；Kallioras & Petrakos, 2010)，他们认为区域经济一体化有利于尊重和发挥各地区的资源禀赋与比较优势，从而促进各区域合理有序布局产业规划、降低产业同构、提高产业集聚与专业化水平。四是区域经济一体化的环境效应(曹卫东等，2012；Rose et al., 2014)，他们认为区域经济一体化不仅有利于各城市突破行政区的限制建立各种跨区域的协调组织，对区域内的空气污染、流域污染进行综合治理，从而提升生态环境保护的效果。而且可以通过专业化经济、规模经济来降低污染排放，并以产业转移为主要形式的内部产业空间布局，从而提升生产效率，降低环境污染。

从地方政府与国有企业传统交互行为的研究成果来看，现有研究主要从以下几个方面展开：**一是探讨地方政府的政策目标和实施手段**，政府经济职能经历了漫长与反复的辩论，在理论上主要形成三种代表性的观点：政府干预经济最小化、政府积极干预经济、自由放任与积极干预相结合。着眼我国经济发展的实践，可以发现地方政府在经济发展过程中起到了举足轻重的作用，特别是财政分权和增长竞争的锦标赛制度下，地方政府成为区域经济发展的"大管家"与"掌门人"，由此承担了社会稳定、经济增长、财政创收、增加就业、推进城镇化等一系列政策性任务(胡鞍钢、王绍光，1999；曾国安，2009)。对于地方政府在城市群经济一体化进程中的作用与地位，现有研究成果主要从两个角度进行展开。一是验证地方政府干预、保护主义对城市群经济一体化的影响(周黎安,2004,2007;徐现祥等,2007)。他们认为地方政府实行的干预经济与地方保护导致了区域市场分割与产业同构,进而制约了区域经济一体化的发展。二是城市群经济一体化进程中的地方政府合作机制与政策设计(杨爱平,2007;杨爱平和黄泰文,2014)。他们认为地方政府间的合作模式、协同治理对区域经济一体化发展具有重要作用。**二是国有企业效率评价与影响因素**,纵览现有文献,国有企业效率较低主要体现在两个方面:(1)所有权性质的视角(姚洋,1998;肖仁桥等,2015a,2015b;刘瑞明和石磊,2010)。他们认为国有企业具有生产效率和创新效率的双重损失。(2)所有权结构的视角(Wei & Varela,2003;Hovey,2005;温军和冯根福,2012)。他们认为企业国有股权占比与企业绩效之间具有负向关系。考究到具体影响因素时,学者们认为主要包括如下几种:(1)委托代理问题(石磊,1995;Clarke,2003;吴延兵,2012);(2)公司治理不完善(Li等,2007;刘和旺等,2015;吴延兵,2014);(3)政策性负担(Shapiro & Willig,1990;Shleifer & Vishny,1994;林毅夫等,1997;林毅夫、李志赟,2004;徐朝阳,2014)。**三是地方政府与国有企业交互行为**,在城市群经济一体化的背景下,现有研究成果可以得出如下几点建设性的结论:第一,地方政府将成为城市群经济一体化的参与者与推动者。比如,白重恩等(2004)、黄赜琳和王敬云(2006)、范剑勇和林云(2011)研究发现地方政府所主导的地方保护主义限制了经济一体化。杨爱平(2007)、董姝娜和武向平(2013)、谷松(2014)探讨地方政府之间推进经济一体化的协同机制与合作模式,刘瑞娜和王勇(2015)、张晓杰(2021)探讨了推进经济一体化的财政政策;陈剩勇、马斌(2004)总结了地方政府推进城市群经济一体化的手段,即制定和实施规划、建立基础设施、促进要素流动、推进产业布局、管制生态环境等。第二,国有企业是区域经济发展和一体化的重要影响者。国有企业由于存在委托代理问题、公司治理不完善以及承担的政策性负担(林毅夫等,1997;吴延兵,2014),将使得国有企业影响区域经济增长(刘瑞明,2010)、区域经济一体化(白重恩等,2004;陈敏等,2007)。第三,地方政府与国有企业之间具有交互行为。已有文献说明,国有企业成为地方政府政策性负担的承担者(林毅夫等,1997;吴延兵,2014),地方政府成为国有企业隐形补贴的提供者(Cull & Xu,2003;林毅夫、李志赟,2004;樊纲,2000;Kleer,2010)。

从政企交互关系与区域经济发展的研究来看,已有研究成果主要体现在两个方面:**一是行政垄断对区域经济发展的影响**,行政垄断主要是指政府通过法律、行政法规或规定等形式设置了市场准入壁垒、差别性待遇等,从而维护本地政府部门、本地区所属企业的利益(过勇、胡鞍钢,2003)。因此,行政垄断对区域经济发展具有重要影响。一部分学者(于良春、付强,2008;张卫国等,2011)探讨了行政垄断对经济增长的影响,一部分学者(杨骞,2010;陈林等,2016)验证了行政垄断对经济效率的影响,还有一部分学者(邱兆林,2014;李治国、孙志远,2016)分析了行政垄断对收入差距与财富分配的影响。**二是政企合谋对区域经济发展的影响**,政企合谋主要指信息不对称的背景下,地方政府处于自身或本区域利益的考虑,与本地企业达成一致行为而违背中央政府的政策(聂辉华、李金波,2007)。因此,政企合谋对于中央政府主导下的区域经济协调发展具有至关重要的影响。一些学者(聂辉华、李金波,2007;范子英、田彬彬,2016)探析了政企合谋对区域经济增长的影响,一些学者(聂辉华、蒋敏杰,2011;刘朝、赵志华,2017)解析了政企合谋对区域环境污染的影响。值得强调的是,白重恩等(2004)运用产业结构法,分析了地方保护主义对地区产业结构的影响,作者认为国有企业比重越高,地方保护主义越重,产业的地区集中度(非一体化)也相应较低。随后,陈敏等(2007)运用价格法,从对外开放的视角分析了市场分割(非一体化)对规模经济的影响,作者也同样指出,经济开放、国有企业就业比重、政府消费的相对规模、地区间的技术差异和地理距离对于市场分割程度具有重要作用。

综上所述,可以发现,政企交互关系与城市群经济一体化的研究得到了学者们的广泛关注与深入研究,但是同时也存在不足,比如,在界定城市群经济一体化的内涵时,现有文献侧重从竞争方面来测度城市群经济一体化,而忽视了城市群经济一体化的协作层面;在测度区域经济一体化时,现有研究大都采用价格法、贸易流量法等单一方法,而指标体系法难以评估指标选择的科学性与全面性。因此,利用单一方法对城市群经济一体化的测度将不够准确与全面,未来需要集静态与动态、直接与间接于一体,采用多种方法来进行综合测量,并对各种方法加以比较。在探讨城市群经济一体化的影响因素时,部分研究隐晦地谈到了地方政府行为或者国有企业占比中的某一因素对区域经济发展和经济一体化的抑制作用,但是,他们并没有阐释国有企业比重上升为什么会导致地方保护主义和市场分割加重。从某种意义上来说,地方政府是否推进经济一体化,取决于一体化政策前后的效应比较。如果一体化能够促进地方政府获取正的溢出效应,那么政府还是具有很大的积极性(徐现祥等,2007)。虽然国有企业不愿意通过经济一体化来破除自身的行业或地区垄断地位,但是国有企业也难以单方面阻碍地方政府进行一体化的动向。因此,从路径依赖理论出发,真正影响城市群经济一体化的因素是政企交互关系,地方政府通常会把促进经济增长、稳定就业水平、完善基础设施、提供公共服务等多重任务转移到本地的国有企业身上,希冀国有企业在发展过程中完成更多的社会公共目标,诸如经济增长、就业稳定、财政盈余以及公共服务供给等目标。与此同时,地方政府为支持本地国有企业发展壮大,会积极提供优惠政策,诸如财政补贴、税收优惠、金融补贴以及资源要素优惠等。进入新时代,为了释放经济发展动能和应对逆全球化挑战,中央提出"以国内大循环为主体、国内国际双循环相互促进"的新发展格局。要想畅通国内大循环,就要打破行业垄断和地方保护,破除妨碍生产要素市场化配置和商品服务流通的体制机制障碍。言而总之,完善城市群经济一体化的内涵,并从政企交互关系的视角来解释城市群经济一体化进程迟缓的原因,具有重要现实意义,这也将是本研究的主要努力方向与研究内容。

三、研究意义

本研究从城市群经济一体化内涵的竞争、分工和协作三个维度出发,首先构建了中国特定背景下广泛存在的政企交互关系对城市群经济一体化影响的理论模型;其次以1998—2014年中国工业企业数据库中的规模以及以上微观数据为基础,整理出我国10个成熟城市群中的100个城市的面板数据,并作为最终研究样本,运用固定效应模型、空间面板模型、GMM等多种回归模型实证检验政企交互关系对城市群经济一体化影响的内在机制,即政企交互关系通过影响城市群经济的市场整合、功能分工与经济协作,进而阻碍了城市群经济一体化的进程。基于此,为我国城市群经济一体化发展提供相应的政策建议,具有一定的学术价值与现实意义。

第一,本研究重新解读了城市群经济一体化的内涵。现有文献主要从区域经济一体化的概念中推演出城市群经济一体化的概念,将城市群看成一个区域范围,泛指地域相连、经济相通、文化相融的城市联结体。本研究沿用这一理论逻辑与做法,并在此基础上,将城市群经济一体化的内涵细分为三个维度,即分工、竞争、协作。其中,分工是城市群经济一体化的基础,竞争是城市群经济一体化的前提,协作是城市群经济一体化的手段。城市群经济一体化是三者之间相互作用、相互权衡而形成的有机统一,只有竞争与协作,经济一体化将难以定位;只有分工与竞争,经济一体化将失去平衡;只有分工与协作,经济一体化将缺乏效率。因此,这种开创性的内涵解读具有一定的理论意义。

第二,本研究构建了政企交互关系影响城市群经济一体化的数理模型。现有文献主要考察了体制因素(银温泉、才婉茹,2001;李雪松、孙博文,2015)、历史地理与技术因素(胡杨、李京,2015;林木西等,2013)对城市群经济一体化的影响,他们主要通过数据回归分析来进行验证,并且其中的理论论述不充分,从而研究结论缺乏说服力。因此参考已有研究成果,本研究从前提假设提出、效用函数构建、均衡求解、结果分析与总结等步骤展开,构建了政企交互关系影响城市群经济一体化的数理模型,籍此来增强研究的科学性与严谨性,这将是一个理论补充。

第三,本研究透析了政企交互关系影响城市群经济一体化的作用机制。一些学者(白重恩等,2004;陈敏等,2007;徐现祥等,2007;范剑勇、林云,2011)在探讨区域经济一体化的影响因素时,提及了地方政府行政干预与地方保护、国有企业的行为对一体化的影响。一方面他们并没有关注地方政府与国有企业之间交互行为对一体化的深层影响,另一方面他们也没有解析其中的作用机制,因而研究结论大打折扣。基于此,本研究通过对城市群经济一体化内涵、政企交互关系进行理论归纳,以及政企交互关系影响城市群经济一体化的数理推导,探索性地提出了政企交互关系影响经济一体化的三条作用机制,并利用我国多个城市群的数据加以验证。因此,这将是一个新突破。

第四,本研究利用多重方法测度并比较了我国城市群经济一体化水平。现有计算城市群经济一体化的方法主要包括贸易流量法(McCallum,1995;Wei,1996;Poncet,2003;黄赜琳、王敬云,2006;Kawai & Petri,2010;范剑勇、林云,2011)、产业结构法(Young,2000;梁琦,2003;白重恩等,2004;路江涌、陶志刚,2006;Hsieh,2007;范剑勇和姚静,2011;侯韵、孙铁山,2016)、价格法(Wei,2001;Fan & We,2006;Pérezpascual & Sanzcarnero,2011;Piesse & Hearn,2012;陆铭、陈钊,2009;柯善咨、郭素梅,2010)、社会网络法(侯赟慧等,2009;Feiock et al.,2010;王圣云等,2016)、指标体系法(周立群、夏良科,2010;曾鹏等,2012;宋迎昌、倪艳婷,2015)等,每种方法各有侧重、优缺点明显。然而,上述研究通常利用单一方法对城市群经济一体化进行测度,这将不够准确与全面。因此,本研究运用价格法、产业结构法、引力模型法来综合考察城市群经济一体化,并加以比较,从而力争静态与动态、直接与间接于一体,实现优势互补。

第五,开创性地揭示了中国制度背景下政企交互关系究竟如何影响我国城市群经济一体化。目前,学者们对于政企交互关系概念并没有清晰地界定,其具体内涵与外部影响仍隐讳于相关主题的论述中。比如,刘瑞明(2011)在研究国有企业的经济增长拖累效应时,李勇和郭丽丽(2015)在考察国有企业就业拖累效应时,白重恩等(2004)、徐现祥等(2007)、范剑勇和林云(2011)在探究地方政府行政干预、保护主义对区域经济一体化时,他们的研究视角只涉及单个行为主体(国有企业或地方政府)对社会经济发展的影响。但是,他们在理论推演和内容论述时,总是会涉及地方政府和国有企业共同的行为影响。因此,本研究通过梳理地方政府与国有企业之间相互融合发展的内在动因,探讨了政企交互关系影响城市群市场整合、功能分工和经济联系的内在机制,实证检验了政企交互关系影响城市群经济一体化作用路径与影响效果,为现阶段探索我国城市群经济一体化的影响因素提供新的视角和思路。

第二节 研究思路与研究方法

一、研究思路

首先,本研究基于实践调研、专家咨询等方法确立具体的研究问题,即从政企交互关系的视角分析我国城市群经济一体化进程迟缓的原因,并对其中的作用机制进行解读。然后,在认真阅读与梳理国内外权威文献、经典专著的前提下,一方面运用理论归纳法对城市群经济一体化的内涵、政企交互关系进行了科学界定,另一方面运用数理模型法对政企交互关系影响城市群经济一体化的内在作用机制进行理论推导。在此基础上,探索性地提出了政企交互关系影响城市群经济一体化的三条作用机制,由此构建了本研究的理论框架。其次,利用我国主要城市群的数据为样本,实证检验了政企交互关系与城市群经济一体化的影响效应,并对实证结果作出深入分析。最后,对本研究结论进行总结,并围绕统一大市场建设、城市群功能分工、国有企业改革、地方政府行政改革等方面,提出推进我国城市群经济一体化的政策建议。具体技术路线见图1.4:

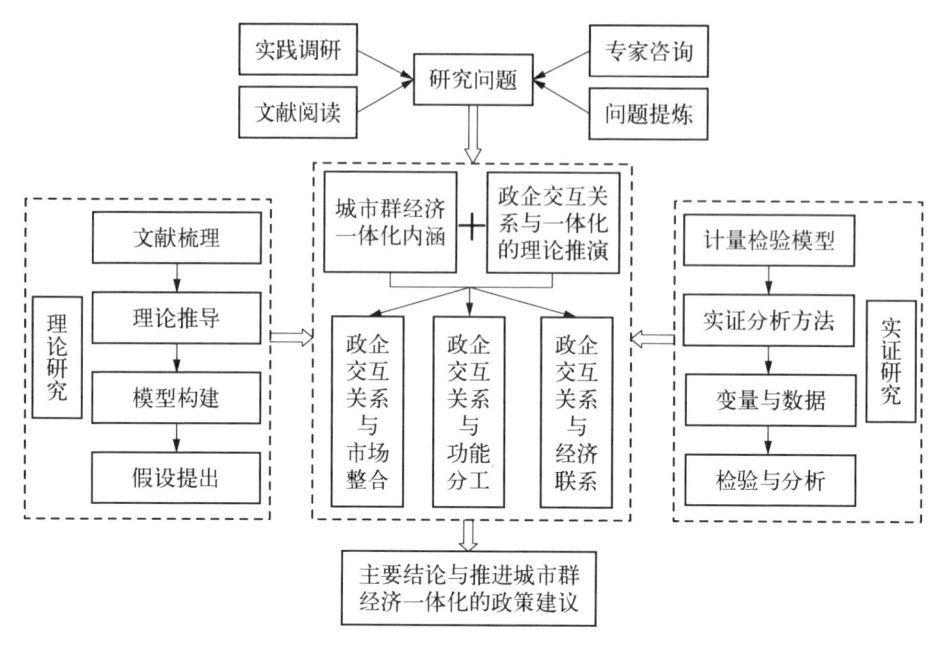

图 1.4 本研究的技术路线图

二、研究内容

本研究基于"确定问题—分析问题—解决问题"的哲学逻辑,系统阐述了城市群经济一体化的内涵和政企交互关系的内在动因,并在此基础上构建政企交互关系对城市群经济一体化的理论模型,实证检验了政企交互关系究竟如何影响城市群经济一体化,具体章节如下。

第一章为绪论部分。具体介绍了研究背景与意义、概念界定、研究方法与研究内容以及本研究的创新点,提出要解决的问题。从而对本书的研究主题进行解析、对研究内容进行架构、对研究步骤进行规划与安排,为整个研究提供一个背景情境与方向指引。

第二章为政企交互关系与城市群经济一体化的相关文献回顾。首先,从概念界定、测度方法、影响因素和经济效用四个方面对城市群经济一体化的国内外研究进行系统梳理;其次,整理了地方政府与国有企业交互行为的相关文献,分别从地方政府的政策目标与实施手段、国有企业的效率评价与影响因素以及地方政府与国有企业交互行为三个方面来阐述;最后,对政企交互关系与区域经济发展的相关文献进行梳理与总结,从而为本书的展开提供可行的研究背景。

第三章为政企交互关系影响城市群经济一体化的理论框架。首先基于文献梳理和逻辑推理,具体从分工、竞争、协作三个维度对城市群经济一体化的内涵进行了解构与重构;其次对政企交互关系的概念进行了科学界定,并对相关概念进行了辨析;最后构建了政企交互关系影响城市群经济一体化的理论模型,推导模型均衡状态,并提出几点推论有待检验假设。

第四章为政企交互关系影响城市群市场整合的实证研究。基于城市群经济一体化的竞争视角,运用1998—2014年我国10大城市群内规模以上工业企业数据为样本,实证检验了政企交互关系对城市群内城市之间市场整合的影响。首先,分析了政企交互关系影响市场整合的内在机制,并提出研究假设;其次,利用价格法来测算城市群内部不同城市间的市场整合程度;再次,实证分析政企交互关系对城市群市场整合程度的影响;最后,对实证结果进行稳健性检验。

第五章为政企交互关系影响城市群功能分工的实证研究。基于城市群经济一体化的分工视角,首先,分析了政企交互关系影响功能分工的内在机制,并提出研究假设;其次,利用产业结构差异度和产业结构相似度分别来测算城市群内部不同城市间的功能分工程度;再次,实证分析政企交互关系对城市群功能分工程度的影响;最后,对实证结果进行稳健性检验。

第六章为政企交互关系影响城市群经济联系的实证研究。基于城市群经济一体化的协作视角,首先,分析了政企交互关系影响经济联系的内在机制,并提出研究假设;其次,利用引力模型来测算城市群内部不同城市间的经济联系程度;再次,实证分析政企交互关系对城市群经济联系程度的影响;最后,对实证结果进行稳健性检验。

第七章为政企交互关系影响城市群经济一体化的实证研究。基于城市之间竞争、分工、协作的统一视角,整体验证政企交互关系对城市群经济一体化的影响,首先,分析了政企交互关系影响经济一体化的内在机制,并提出研究假设;其次,利用主要成分分析来测算城市群内部不同城市间的经济一体化程度;再次,实证分析政企交互关系对城市群经济一体化的影响;最后,对实证结果进行稳健性检验。

第八章为主要研究结论与展望。基于前文研究基础上,归纳并整理了本书的主要研究结论、主要研究贡献,并提出相应的政策建议。

三、研究框架

本研究在对城市群经济一体化内涵、政企交互关系进行科学界定的前提下，运用数理模型法对政企交互关系与城市群经济一体化之间的关系进行理论推导，在此基础上，梳理出政企交互关系影响城市群经济一体化的三条作用机制。具体的理论框架如下：

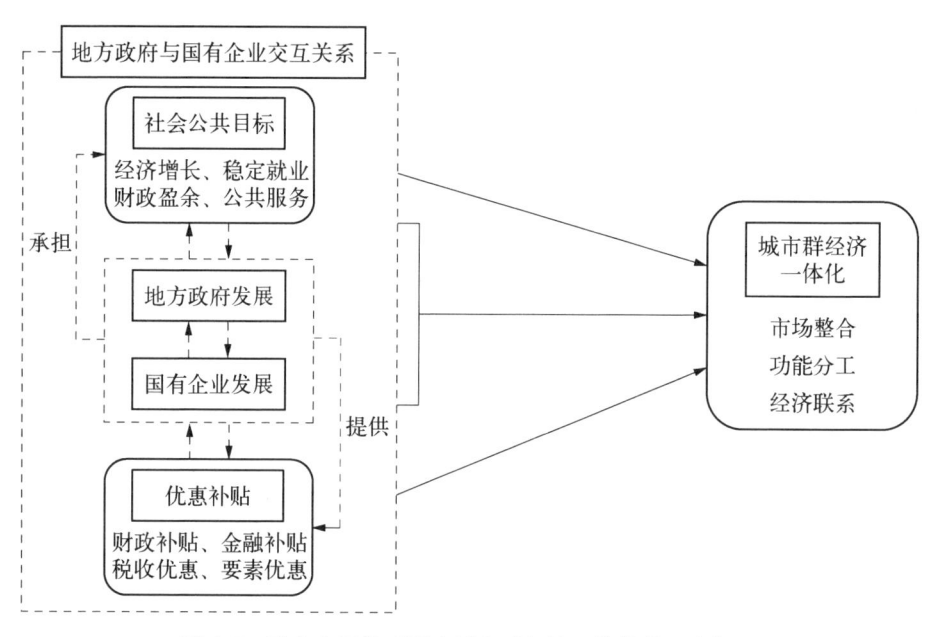

图1.5 政企交互关系影响城市群经济一体化的理论框架

四、研究方法

（1）文献综述法。文献综述是任何一项研究开展的基础，本研究采用的文献综述法主要集中在第二章，归纳并整理了城市群经济一体化的内涵、测度方法以及影响因素，提出本研究的研究视角，接下来从地方政府在城市群经济一体化中发挥的作用、地方政府与国有企业交互行为两方面整理了现有研究的不足，为本研究的展开提供理论基础。在第三、四、五章关于城市群经济一体化测度方法中，通过整理对比现有文献的测算方法，选择适用于本研究的测算方法。

(2) 数理模型法。对于地方政府行为或者国有企业比重对城市群经济一体化的影响,在很多文献中均有涉及,然而现有文献仅仅只是简单理论叙述了地方政府与国有企业的交互行为会影响城市群经济一体化的进程。本研究试图通过构建政企交互关系影响城市群经济一体化进程的理论模型,来验证地方政府与国有企业的交互行为对城市群经济一体化的影响,并提出本文的研究命题。

(3) 回归分析法。通过整理城市群中各地级市的相关数据,测算出各城市群经济一体化的现状,并通过空间回归分析方法,分别从城市群经济一体化的竞争、分工和协作三个维度来验证国有经济比重、政企交互行为的影响效果,这种方法通过利用客观数据来检验前文的理论分析,增强文章结论的可信度与科学性。

第三节　创新之处与研究不足

一、创新之处

本研究以文献梳理、理论推演、模型推导等方法为工具,首先,对城市群经济一体化的内涵进行了重新解读;其次,对政企交互关系的概念进行了初步界定;再次,在上述概念界定与内涵解读的基础上,通过构建政企交互关系影响城市群经济一体化的理论模型,探讨国有经济比重和政企交互关系究竟如何影响我国城市群经济一体化的内在机制;最后,利用我国 1998—2014 年间具有代表性的 10 个城市群中的 100 个城市的面板数据为样本,对政企交互关系如何影响竞争、分工以及协作,进而对城市群经济一体化产生作用,分别加以实证检验,为以后的研究提供一些具有建设性与开创新的思路。

第一,研究样本有突破。现有文献在探讨城市群经济一体化的水平测度、影响因素以及社会效应时,主要聚焦在京津冀、长三角、珠三角等城市群的数据验证。考虑到我国地域辽阔、区域差异明显,因此,相关研究结论缺乏普适性,对推进我国城市群经济一体化的政策难以具有建议性意义。本研究将立足《全国主体功能区规划》,收集和整理我国多个城市群的样本数据,横跨东中西三大区域,囊括同省规划区和跨省规划区的城市群样本,从而确保数据的全面性,争取在研究样本上有新的突破。

第二,研究视角有创新。现有文献主要从历史地理或技术因素、制度因素等方面来解释城市群经济一体化水平迟缓的原因。特别是,一些学者(白重恩等,2004;陈敏等,2007)在分析财政分权背景下地方政府行为、国有企业比例对一体化的影响时,没有清晰地解释其中内在机制。因此,本研究在科学界定地方政府与国有企业传统交互行为的基础上,试探性地分析其对我国城市群经济一体化的作用效果与内在机制。在已有的研究基础上,这也是一种全新的视角。

第三,研究内容有亮点。本研究在首先运用文献综述法、理论推演法对城市群经济一体化内涵、政企交互关系进行科学界定,其次运用数理模型对政企交互关系影响城市群经济一体化进行演算推导,最后运用我国城市群的数据进行验证。因此,在内容安排上,实现了理论与实证的相互统一、数理推导与数据分析的相互验证。

第四,测度方法有整合。现有成果主要运用贸易流量法、产业结构法、价格法、社会网络法、指标体系法中的某一种方法来测算城市群经济一体化。然而每种方法各有侧重、优缺点明显。因此,利用单一方法对城市群经济一体化的测度将不够准确与全面。本研究将运用价格法、产业结构法、引力模型来综合考察城市群经济一体化,并加以比较,从而力争静态与动态、直接与间接于一体,实现优势互补。

二、不足之处

本研究通过对城市群经济一体化的内涵和政企交互关系的内在动力进行全面探析,并构建了政企交互关系影响城市群经济一体化的数理模型,最后运用我国十大成熟城市群的数据进行实证分析,从而对城市群经济一体化发展、区域协调发展以及市场机制的形成具有重要的拓展意义。但是在研究推进过程中也存在一些不足,也是后续需要继续深入探讨的地方。

第一,在政企交互关系影响城市群经济一体化数理模型的构建与推导过程中,假设条件较为单一。数理建模是十分抽象而严谨的科学分析方法,现有研究成果中也并没有匹配的、完全适用本研究的成熟理论模型。因此,本研究从前提假设提出、效用函数构建、均衡求解、结果分析与总结等步骤进行展开,构建了政企交互关系影响城市群经济一体化的数理模型。对于如何确保模型构建与推导的过程具有科学性与严谨性,是本研究的一个重点与难点。由于本研究在构建数理模型中,假定地方政府实现一体化的意愿在于对比一体化前后的效用水平,如果效用提高了,则地方政府实行一体化的意愿增强;如果效用减弱,则地方政府实行一体化的意愿减弱,而本研究假定政府的效用水平仅跟地区的经济增长有关,后续研究中可放松这一假定,比如在效用函数中引入地方政府的政治晋升潜力、市场准入效能指标、社会稳定和环境绩效等因素。

第二,城市群经济一体化指标测度的数据样本缺乏普遍性。本研究在测度城市群经济一体化时,根据其内涵外延出竞争、分工和协作三个维度,并对三个维度进行分别测算。其中,竞争采用较为主流的价格法来衡量,涉及城市层面1998—2014年的食品、烟酒及用品、服饰、家用设备及维修服务、医疗保健和个人用品、交通和通信、娱乐教育文化用品及服务和居住8大类商品的居民消费价格指数。但由于我国各地区开展统计工作的年限、实施统计的口径具有差异性,因此,大规模、大跨度地收集城市群内部各城市的数据存在难度,尤其是一些统计制度不完善的城市。同时,本研究选取我国1998—2014年较为成熟的10个城市群作为分析样本,囿于数据可得性,研究样本截止到2014年,主要是因为本文中采用的是规模及以上国有工业企业的微观数据,其数据来源于中国工业企业数据库,样本时间跨度较短,未能全面测算新时期城市群经济一体化的时空演化趋势,这也一定程度上导致研究结论存在局限性。因此,未来需要在城市群类型更丰富、时间跨度更长的研究样本中,来深入探析政企交互关系对城市群经济一体化的影响。

第三,政企交互关系的测度可继续延伸拓展。现有文献中并没有关于政企交互关系的权威测度方法,一般均采用国有企业比重与地方政府的财政支出总额来衡量(褚敏、靳涛,2013a、2013b;赵文哲、杨继东,2015)。而本研究的测度方法在已有文献基础上,通过对内涵的深度解读,认为政企交互关系应包括国有企业承担的社会公共目标和获得的优惠补贴两个维度。因此,本研究对政企交互关系的测度从两个方面展开,一方面表现为地方政府希望实现的社会公共目标,采用经济增长率、超额雇员量以及财政缺口来测度,利用因子分析方法,将三个指标合成为一个指标;另一方面表现为国有企业获得的优惠补贴,采用财政补贴率、国有企业投资率和国有企业贷款率来衡量,同理将三个指标合成为一个指标,最后两者的交互项构成了本研究的政企交互关系指标。这种指标测量方法虽然并没有严格依据科学的量表开发步骤进行开展,但本研究选取的两个维度六个指标是在数据可获得性条件下的最优选择,未来可从国有企业承担的社会公共目标和获得的政策优惠指标继续拓展。另外,本文中也未对国有企业进行分类,未来可按照国有企业的功能进行分类,如将国有企业分为公益类和商业类,在不同分类下,地方政府目标是否存在差异,这种差异性如何影响城市群经济一体化。

第二章 文献综述

本部分首先梳理城市群经济一体化的主题文献,主要囊括城市群经济一体化的概念界定、测度方法、影响因素、经济效应等;其次整理地方政府与国有企业交互关系的相关文献,系统阐述地方政府的政策目标与实施手段、国有企业效率评价与影响因素、地方政府与国有企业交互关系等;再次汇总政企交互关系与区域经济发展的相关文献;最后对文献进行简要评述与总结。

第一节 有关城市群经济一体化的文献综述

一、城市群经济一体化的概念界定

在界定城市群经济一体化的具体内涵之前,本研究需要引入区域经济一体化的概念。关于区域经济一体化的含义,它经历了"现象反馈""概念提炼""内涵界定""外延拓展"的过程。伴随着经济全球化的浪潮,各国或地区之间的分工与协作、贸易与投资现象明显,区域经济的发展呈现一体化的特征。直到1954年,荷兰诺贝尔经济学奖得主廷伯根(Tinbergen,1954)在其著作《国际经济一体化》(*International Economic Integration*)中首次提出"区域经济一体化",他认为"区域经济一体化就是消除阻碍经济有效运行的人为因素,通过相互协调和统一,创造最适宜的国际经济结构"。并将其分为"消极一体化"和"积极一体化",所谓消极一体化,即是指消除歧视和管制制度,引入经济变量自由化;积极一体化,即是指运用强制的力量改造现状,建立新的自由化政策和制度。随后的美国学者巴拉萨(Balassa,1961)提出,区域经济一体化既是一个过程(a process),即取消国家间的经济歧视,消除各国经济单位之间差别待遇,强调动态性质;又是一种状态(a state of affairs),即各国间的差别待遇、经济歧视的消失,强调静态性质。在此基础之上,彼得·林德特(Linder,1992)、邓宁(Dunning,1996)、罗伯森(Robson,2001)对区域经济一体化的概念进行了丰富与拓展,他们认为区域经济一体化使各国之间达成共同协议以促进商品、要素跨区自由流动(具体见表2.1)。

表2.1　区域经济一体化定义的代表性论述

学　者	主　要　定　义
Tinbergen(1954)	区域经济一体化就是消除阻碍经济有效运行的人为因素,通过相互协调和统一,创造最适宜的国际经济结构
Balassa(1961)	区域经济一体化既是一个过程(a process),即取消国家间的经济歧视,消除各国经济单位之间差别待遇;又是一种状态(a state of affairs),即各国间的差别待遇、经济歧视的消失
彼得·林德特(1992)	通过共同的商品市场、共同的生产要素市场,或两者的结合,达到生产要素价格的均等
Robson(2001)	一种能使各成员凭借本国的相对优势,通过合作或一体化行为,在共同的目标下获得各国单方面行动而不能获得的经济利益的状态或过程
Dunning(1996)	经济相互依存的一种形式,其特征是所有成员国之间达成一种协议。对一体化经济体内各成员国而言,该协议放弃成员国部分国家主权,以建立跨国市场,或者建立一个代表所有成员国的超国家的权威机构
于光远(1992)	两个或两个以上国家在社会再生产领域内实行不同程度的经济联合和共同经济调节,向结成一体的方向发展,通常根据国家间的协定建立共同的机构
伍贻康、周建平(1994)	两个或两个以上国家的产品和生产要素可以无阻碍的流动和经济政策的协调,一体化程度的高低是以产品和生产要素自由流动的差别或范围的大小来衡量的,从而区域性国际经济一体化组织也有不同的形式
朱金海(1995)	冲破行政管理体制的界限,以市场为纽带,以企业为主体,并由宏观调控组织引导,建立功能合理分工、资源合理配置、产业相互协调、资金互为融通、技术相互渗透、人才互为流动的现代经济一体化区域
徐宝华(1995)	两个或更多的国家为促进经济发展,通过预定的方式和手段,有步骤、分阶段地消除它们之间所存在的经济政策的差别待遇,最终建立一个更大的经济区域或空间的活动

续 表

学　者	主　要　定　义
孟庆民、杨开忠（2001）	区域经济体为了共同利益，在地域分工及其区际利益分配中，采取的协调行动的行为过程和组织
田青（2005）	各成员体之间凭借本国的相对优势，通过不断糅合和整合而达成的消极的或积极的一体化行为，在共同的目标下获得各国单方面行动不能获得的经济利益，最终形成一个统一整体，并实现资源最佳配置的制度安排和制度创新的过程或状态
戴学珍（2005）	两个或者两个以上地区，由于发展共同利益的需要，促销各种经济和非经济壁垒，促使商品以及生产要素自由流动，以实现生产过程顺利实现的过程
聂华林（2006）	地域临近或者地理特征相似的省区，为获取生产、消费、贸易等领域的利益，通过经济主体之间市场一体化的过程，空间过程表现为各种生产要素的空间流动，空间状态变现为经济集聚核心和经济扩散点

资料来源：作者整理获得。

近年来，我国学者对区域经济一体化产生了浓厚兴趣与密切关注，具有代表性的是于光远（1992）在《经济大辞典》中将"区域经济一体化"界定为两个或两个以上的国家在社会再生产领域内实行不同程度的经济联合和共同的经济调节，向结成一体的方向发展，通常根据国家间的协定建立共同的机构。伍贻康和周建平（1994）认为，区域经济一体化是指"两个或两个以上国家的产品和生产要素可以无阻碍的流动和经济政策的协调，一体化程度的高低是以产品和生产要素自由流动的差别或范围的大小来衡量的，从而区域性国际经济一体化组织也有不同的形式"。以此为基，朱金海（1995）特别强调区域经济一体化需要区域之间的功能合理分工、资源合理配置、产业相互协调、资金互为融通、技术相互渗透、人才互为流动；徐宝华（1995）着重指出各国需要消除彼此间所存在的经济政策的差别待遇，从而建立一个更大的经济区域或空间的活动；孟庆民和杨开忠（2001）则关注区域经济体之间的区域分工与利益分配。随后众多学者继续进行了深入解析与广泛探讨，区域经济一体化的内涵得到了进一步扩充与发展（见表2.1）。

综上所述，可以发现，区域经济一体化主要指两个或两个以上国家或地区，消除成员间各种经济或非经济壁垒，实现经济共同发展的过程或状态。就研究对象的进程来看，区域经济一体化可以分为自由贸易区、关税同盟、共同市场、经济联盟和完全经济一体化;就区域经济体的范围来看,区域经济一体化主要分为三个层面:世界经济一体化(全球一体化)、国际经济一体化(集团内部多个国家的一体化)、国家经济一体化(一国范围内多个地区间的一体化)。由于"城市群"主要指一国范围内地域相连的几个城市,由于产业分工、经济协作、文化相融合而形成产业集聚体,城市群泛指一个区域范围。因此,城市群经济一体化隶属区域经济一体化的范畴,是后者第三层次的主要代表形式。归纳来说,城市群经济一体化是城市群发展与区域经济一体化的耦合,城市群形成的过程体现了区域经济一体化的过程,而区域经济一体化的进程也需要城市群作为重要的依托。两者之间具有紧密的内在联系:(1)区域经济一体化是城市群发展的"黏合剂"。区域经济一体化主要表现在区域内城市间基础设施的互联互通、产业的合理分工与布局、资源要素的优化配置等方面(Van et al.,2010;Lin et al.,2011),从而有助于推动区域内各个城市的"组团式"发展,即城市群的发展。(2)城市群发展是区域经济一体化的"支撑平台"。城市群发展实现了各城市间的人流、物流、资金流、信息流的频繁流动,城市之间的经济联系、产业布局必将更加深入与合理,由此推动了区域经济一体化进程(郑继承,2013;Kriegerboden & Soltwedel,2013)。基于此,城市群经济一体化主要指同一城市群内的各个城市,为了共同的经济利益,在地域分工与利益分配的基础上,消除城市间的各种贸易、非贸易壁垒及经济歧视,进而协调各城市的经济政策及调控措施,推动商品和服务自由流动,实现资源合理配置、地域合理分工和经济协同发展。

二、城市群经济一体化的测度方法

随着城市群经济一体化现象在市场经济运行中的地位日益突出,如何准确客观地测量城市群经济一体化水平的问题在学术界、政府界以及实务界中备受关注,它是理论研究和政策制定的起点。现有学者主要从区际贸易角度、行政边界角度、产业分工角度、市场整合角度的方面进行了尝试,由此形成了城市群经济一体化测度的贸易流量法、生产法、价格法、社会网络法、指标体系法。下面将对各种方法进行汇总与梳理。

(一)贸易流量法

贸易流量法是从流通和贸易视角出发(余东华、刘运,2009),通过引力模型和边界效应模型以测算城市之间的贸易流量、贸易强度和贸易结构,进而衡量区域经济一体化程度。这种凭借城市间的贸易量来测度城市群经济一体化程度是最为直接与客观的方法(黄赜琳、王敬云,2006),它体现了城市之间的产品分配模式。麦卡勒姆(McCallum,1995)开创性地运用边界效应方法实证考察了美国与加拿大之间的贸易联系,同时考虑了语言、文化、制度等因素的影响,结论显示,加拿大国内的区际贸易量是各区与美国贸易量的22倍,边界效应相当明显。随后,魏尚进(Wei,1996)在控制了国家规模、地理距离以及语言联系等因素后,研究表明,OECD(经济合作与发展组织)国家消费的当地产品大约是从OECD内部其他国家进口产品的2.5倍。沃尔夫(Wolf,2000)运用1993年美国州内与州际商品流动调查数据为样本,实证测算了美国国内经济一体化水平,结果发现,各州之间的边界效应在3.0—3.7之间。在此基础上,海德·基斯和梅耶·蒂埃里(Head & Mayer,2000)、沃尔特·尼特西(Nitsch,2000)利用欧盟成员国贸易的数据、大久保敏郎(Okubo,2003)利用日本国内贸易的数据、娜塔莉·陈(Chen,2004)利用OECD国家间贸易的数据、吉尔-帕瑞佳等(Gil-Pareja,2004)利用1995—1998年期间西班牙国内外贸易流量数据、埃布勒(Helble,2007)利用德国与法国之间贸易的数据,均验证了国际或区际边界效应的大小。对于我国区域经济一体化水平的样本研究,诺顿(Naughton,1999)采用1987—1992年我国25个省的省际工业品贸易流量数据为样本,测量了省际之间的边界效应,结果说明了国内经济一体化的水平不断提升。庞赛特(Poncet,2003,2005)进行了进一步扩展,通过对1987—1997年中国投入产出表数据的分析,结果显示,从国内外贸易流量的增长来看,国内市场贸易量增长率远远低于国外进口的增长。从各省贸易流量的构成来看,省内贸易和国际贸易比重的上升补偿了省际贸易比重的下降。我国参与国际经济一体化水平不断提升,而国内经济一体化水平却较低。国际经济一体化趋势与各省自给自足倾向的合力将国内市场推向了"非一体化"。国内学者黄赜琳和王敬云(2006)通过对国家信息中心编制的《中国区域间投入产出表(2005)》中1997年八大区八大行业投入产出数据的考察,实证测算了我国区际的边界效应,结论说明,我国经济一体化水平因区域、行业不同而存在差异,整体水平不高。随后,赵永亮和才国伟(2009)通过对国内各省1985—2006年三个子时期样本数据的观察,研究发现,我国市场潜力受到省际边界效应的影响。并且,国内市场一体化的推进有利于外部市场一体化程度的提高。范剑勇和张雁(2009)同样也对1997年八大地区30个部门投入产出数据进行分析,结果显示我国区域间贸易的边界效应仅为7.31—7.61倍,略高于美国在1993年州际之间的边界效应,但远低于欧盟同期各成员国之间的水平。除此以外,黄赜琳(2007)运用1997—2006年中国各省11个制造业部门的贸易数据,赵永亮和徐勇(2007)利用1992—2004年中国各省经济贸易数据,行伟波和李善同(2009,2012)采用2003—2005年中国省际产品贸易及缴纳增值税数据,何雄浪和张泽义(2014)运用1996—2011年中国28个省份的贸易数据,实证测算了我国省际经济一体化水平大小。

(二) 生产法

生产法是从生产视角出发(余东华、刘运,2009),通过计算城市群内部各城市的产业集中度、专业化程度以及产业结构差异来反映城市群经济一体化。其内隐两个逻辑关系:一是各城市产业集中度越大、专业化水平越高,城市群的集聚经济越强,各城市间的要素流动、贸易与投资联系必越紧密,城市群经济一体化水平也将越高;二是产业结构差异越明显,各城市的产业分工与专业化水平增强,进而城市群经济一体化水平提高。通览现有文献,目前衡量区域产业集中度、产业结构差异的指标主要有基尼系数(Gini-coefficient)、区位基尼系数(Hoover系数)、空间分散度指数(SP指数)、克鲁格曼指数(Krugman指数)、产业集聚指数(EG系数)等。比如,代表性学者永(Young,2000)通过对1978—1997年中国各省市GDP和制造业的基尼系数的测度与比较,从而观察中国区域经济结构与一体化水平。结果显示我国区域经济结构具有趋同趋势,并且各省的商品零售价格、农产品收购价格以及劳动生产率的差异呈现出扩大趋势,区域经济一体化水平不断降低。梁琦(2003)采用1994年、1996年、2000年我国30个省市24个行业数据为样本,测算了我国各地区不同行业的基尼系数,结论表明我国区域经济结构具有行业差异。以此为基,戴平生(2015)利用2004年和2008年经济普查中19个产业的数据、侯韵和孙铁山(2016)运用1994—2012年中国12个城市群的数据,通过基尼系数法来测算我国产业分工指数与变化差异。白重恩等(2004)采用1985—1997年期间中国29个省市的32个行业数据为样本,通过计算各地区的Hoover系数以观察区域专业化水平,结果显示我国区域专业化呈现上升区域,一体化程度不断提高。并且,区域专业化水平主要受到利税率、国有经济成分、地方保护主义的影响。随后,保建云(2008)运用1978—2003年中国各省市第二产业数据、范剑勇和姚静(2011)运用1998—2007年中国工业企业数据,通过测算我国各省市或地区的 Hoover 系数进而来反映区域专业化程度与一体化水平。陈良文和杨开忠(2006)利用 1993—2003 年间我国各省份 20 个制造业工业总产值的数据为样本,通过计算各省市制造业的 SP 指数,研究发现我国各省市的专业化水平呈显著上升趋势。此后,黄新飞和郑华懋(2010)利用 2003—2007 年我国珠三角 9 个城市的 30 个制造业的数据、孙久文和姚鹏(2015)利用 2006—2012 年京津冀三地 22 个制造业的数据,通过测度我国珠三角、京津冀地区的 SP 指数,结论显示各地区的专业化程度不断增强。胡向婷和张璐(2005)运用 1996—2002 年中国 31 省市 37 个行业的产值数据为样本,通过计算各地区 Krugman 指数以衡量区域产业趋同度,结果显示我国产业结构向着尊重比较优势的差异化发展。此外,陈景新和王云峰(2013)采用 1980—2011 年中国 17 个制造业数据、赵骅和施美娟(2016)采用 2002—2014 年中国 20 个制造业数据,通过计算 Krugman 指数以测度区域产业结构情况。埃利森和格莱泽(Ellison & Glaeser,1997)创造性地构建了 γ_i 系数(agglomeration,用来衡量行业区域聚集程度)和 γ_i^c 系数(co-agglomeration,用来衡量产业链上下具有较强关联性行业的区域共同聚集程度),并以美国 459 个制造业数据为基准,测算了美国区域聚集水平。在此基础上,路江涌和陶志刚(2006)采用 1998—2003 年中国工业企业数据库中汇总的 2 861 个县区、539 个 4 位代码行业数据为样本,研究结果显示中国行业区域聚集程度呈现出上升趋势。在此之后,杨洪焦等(2008)利用 1988—2005 年中国 18 个制造行业数据、王燕和徐妍(2012)运用 2000—2008 年中国 20 个制造行业的面板数据、张云飞(2014)采用 2003—2011 年山东半岛城市群 28 个制造业行业面板数据,均通过测算 EG 系数来反映中国产业集中度与结构差异,取得了一定的进展。

(三) 价格法

价格法衡量城市群经济一体化的理论基础是"一价定律",即城市之间没有贸易壁垒以及交易成本(如信息成本、运输成本等),同种商品和要素在不同城市之间的价格是一致的。在"一价定律"的基本原理之上,萨缪尔森(Samuelson,1954)提出了"冰川成本"模型,其认为交易成本的存在,城市之间的商品与要素价格不会绝对相等,相对价格将在一定的区间内波动。因为两个城市之间交易成本不仅包含了自然地理的阻隔,也包括制度性的障碍,因此,城市之间产品的相对价格差异反映了两者之间的经济一体化水平。目前,运用价格法测度与辨识经济一体化的估计方法主要包括相关分析法、协整分析法和相对价格法。帕斯利和魏尚进(Parsley & Wei, 1996, 2001a, 2001b)先后利用美国 48 个城市的 51 种商品价格数据以及美国和日本 96 个城市的 27 种商品价格数据为样本、魏尚进(Wei, 2001)运用 OECD 国家的数据,通过国家或地区之间商品贸易的相对价格差异,以此衡量了区域经济一体化水平。此外,武拉平(Wu, 2001)以同样的方法研究了大米、小麦、玉米、大豆、猪肉与花生油六种主要农产品的市场整合程度,结果表明,这些农产品的国内市场在长期内将走向一体化;喻闻和黄季焜(1998)以 1988—1995 年中国各省大米市场的每 10 日观测价格数据为样本,分析了中国大米市场的整合度,结论显示中国粮食市场整合程度不断提高。随后,黄季焜等(2002)采用 1996—2000 年中国 15 个省市的农产品价格数据、李杰和孙群燕(2004)采用 1997 年 1 月至 2003 年 3 月中国啤酒市场价格、黄新飞等(2014)采用 2011 年 5 月至 2014 年 5 月长三角 15 个城市、224 个市场、37 种农产品价格数据,运用价格法测算了中国农产品市场、啤酒市场在区域内的整合程度。相较于上述学者对单个行业市场整合程度的分析,桂琦寒等(2006)在系统比较了贸易法、生产法和价格法以后,利用 1985—2001 年中国 28 个省市 9 种商品零售价格数据为样本,计算了中国地域相邻省份的商品相对价格系数,结果表明,国内区域市场还是趋于整合的,一体化水平不断提升。在此基础上,陈敏等(2007)、陆铭和陈钊(2009)同样利用上述数据为样本,进一步分析了中国市场分割的影响因素及其对经济增长的影响。接下来,陈红霞和李国平(2009)运用 1985—2007 年京津冀三省市 9 类主要商品相对价格的面板数据、柯善咨和郭素梅(2010)运用 1995—2007 年中国 29 个省市的 8 类商品价格数据、杨凤华和王国华(2012)运用 1985—2008 年长三角两省一市 9 类商品价格指数数据、宋冬林等(2014)运用 1990—2012 年中国 28 个省市(细分四大区域)8 类商品价格数据,运用价格法测算了我国区域经济一体化水平,取得了一定的进展与成效。相较于上述学者运用商品价格指数来测量国内产品市场一体化水平,陈勇兵等(2013)利用 1999—2007 年中国工业企业数据库中 30 个制造业数据为样本,结论显示,中国要素市场整合程度较低,省际之间存在明显的劳动力流动限制。赵奇伟和熊性美(2009)则采用 1995—2006 年中国分地区的居民消费价格分类指数、固定资产投资价格指数和职工平均实际工资指数为样本,系统测算了国内消费品市场、资本品市场和劳动力市场的市场分割情况。

(四) 社会网络法

社会网络法主要以城市间经济联系为基础,并结合网络分析方法来测度城市群经济一体化。具体包含两个步骤:第一是利用引力模型测算城市群内部各城市之间的经济联系大小;第二是基于城市间经济联系大小来构建城市群经济网络,通过社会网络法中的密度、网络中心度、凝聚子群、结构相似性、核心-边缘结构指标来衡量城市群经济一体化情况。侯赟慧等(2009)利用我国长江三角洲地区16个中心城市的数据为样本,运用社会网络法计算了长三角城市群经济一体化水平,结果发现,目前长三角经济一体化程度并不高,但有向一体化发展的趋势。在此基础上,方大春和孙明月(2015)利用社会网络法分析了2009年、2011年、2013年我国长三角城市群的空间经济联系强度,并比较高铁开通前后的经济联系强度的变化,从而验证高铁对长三角城市群空间结构重构的影响。王珏等(2014)则利用1982—2010年长三角地区各城市人口数据为样本,通过社会网络法验算了长三角城市群人口迁移与演化。关于社会网络法测算其他城市群经济一体化情况的样本案例,廉同辉和包先建(2012)利用2010年皖江城市带9市经济数据加以考量该区域经济一体化进程,王圣云等(2016)则基于1990年、2000年、2012年长江中游14个城市的数据探析了长江中游城市群经济一体化水平,王燕军等(2011)采用1999年、2002年、2005年、2008年关中-天水经济区6个城市经济指标数据分析了该区域的经济协调情况,尚雪梅(2012)利用2010年京津冀城市群13个中心城市旅游人口数据分析了此区域的旅游经济空间格局。由此可见,社会网络法在城市群经济一体化的测算中得到了较为广泛的运用。

(五) 指标体系法

指标体系法的操作思路主要如下:(1)通过文献综述、理论推演以及专家打分的方法来构建城市群经济一体化的指标体系,细化一体化的测量指标;(2)基于测算指标来收集数据,运用因子分析、聚类分析、层次分析等方法来计算各因子得分,并测算城市群经济一体化水平;(3)对一体化水平进行分析与评价,代表性学者党兴华等(2007)从经济、社会、资源、人口、环境五个子系统构建了城市群经济一体化的评估指标,并以陕西关中城市群为案例,运用指标体系法分析了本区域经济协调发展情况。研究发现,关中城市群协调发展水平在不断提高,但资源和环境两个子系统的协调程度却不高。随后,周立群和夏良科(2010)从市场一体化、政策一体化两个维度出发,构建了含有21个子指标的区域经济一体化评价体系,测算并比较了京津冀、长三角和珠三角经济一体化水平。结论显示,京津冀一体化程度最高,长三角次之,珠三角最低。在探究影响因素后发现,经济发展水平不平衡、制度创新滞后以及地方政府"利己"策略是主要障碍。以此为基,曾鹏等(2012)利用2008年中国十大城市群的数据从市场、税收、金融、公共服务和交通一体化五个方面,李雪松和孙博文(2013)运用2000—2010年长江中游城市群的数据从密度、距离、分割三个维度,娄文龙(2014)基于1990—2011年长三角、珠三角、京津冀三大城市群的数据从市场一体化、政策一体化两个角度,宋迎昌和倪艳婷(2015)采用2012年中国18个城市群的数据从经济、公共服务、基础设施、生态环境、空间五个方面,王浩等(2017)立足2005—2014年淮海城市群的数据从经济、社会、资源三个视角,对指标体系进行补充与完善,对我国各个城市群经济一体化水平进行了测算、分析与评价。

表2.2 城市群经济一体化测度方法的研究情况

测度方法	代表性学者	测度方法评述
贸易流量法	McCallum(1995)、Wei(1996)、Wolf(2000)、Head & Mayer(2000)、Nitsh(2000)、Okubo(2004)、Chen(2004)、Gil-Pareja等(2004)、Heble(2006)、Naughton(1999)、Poncet(2002,2003)、黄颖琳、王敬云(2006)、赵永亮、才国伟(2009)、范剑勇和林云(2011)、黄颖琳(2007)、徐勇、赵永亮(2007)、行伟波、李善同(2009,2012)、何雄浪、张泽义(2014)、刘育红、张曦(2014)	通过"边界效应"来衡量区域之间一体化水平,该效应是基于引力模型和垄断竞争模型的基础发展而来,体现了城市之间的贸易流量中,区内产品与区外产品的分配模式
产业结构法	Young(2000)、梁琦(2003)、戴平生(2015)、侯韵、孙铁山(2016)、白重恩等(2004)、保健云(2008)、范剑勇、姚静(2011)、陈良文、杨开忠(2006)、黄新飞、郑华懋(2010)、孙久文、姚鹏(2015)、胡向婷、张璐(2005)、金戈(2010)、陈景新、王云峰(2013)、赵骅、施美娟(2016)、Ellison & Glaeser(1997)、路江涌和陶志刚(2006)、杨洪焦等(2008)、王燕和徐妍(2012)、张云飞(2014)	产业结构法主要通过计算城市群内部各城市的产业集中度或产业结构差异来反映城市群经济一体化。主要指标有基尼系数(Gini-coefficient)、Hoover系数、SP指数、Krugman指数、EG系数等

续 表

测度方法	代表性学者	测度方法评述
价格法	Parsley & Wei(1996，2001a，2001b)、Wei(2001)、Fan & Wei(2006)、Wu(2001)、Pérezpascual & Sanzcarnero(2011)、喻闻、黄季焜(1998)，黄季焜等(2002)，李杰、孙群燕(2004)，黄新飞等(2014)，桂琦寒等(2006)，陈敏等(2007)、陆铭、陈钊(2009)，陈红霞、李国平(2009)，柯善咨、郭素梅(2010)，杨凤华、王国华(2012)，宋冬林等(2014)，陈勇兵等(2013)，赵奇伟、熊性美(2009)	基于"一价定律"的基本原理，通过城市之间产品的相对价格差异反映了两者之间的经济一体化水平
社会网络法	侯赟慧等(2009)，王燕军等(2011)，尚雪梅(2012)，廉同辉、包先建(2012)，王珏等(2014)，方大春、孙明月(2015)，王圣云等(2016)	(1)利用引力模型测算城市群内部各城市之间的经济联系大小；(2)基于城市间经济联系大小来构建城市群经济网络，通过社会网络法的密度、网络中心度、凝聚子群、结构相似性、核心-边缘结构指标来衡量城市群经济一体化情况
指标体系法	党兴华等(2007)，周立群、夏良科(2010)，曾鹏等(2012)，李雪松、孙博文(2013)，娄文龙(2014)，宋迎昌、倪艳婷(2015)，王浩等(2017)	(1)指标体系构建。主要运用文献综述、理论推演以及专家打分的方法；(2)城市群经济一体化水平计算。基于因子分析、聚类分析、层次分析等方法来完成；(3)城市群经济一体化水平的分析与评价

注：作者整理获得。

三、城市群经济一体化的影响因素

为了给我国城市群经济一体化程度与趋势的结论不一致性提供有力的解释，众多学者将注意力转移到寻找和解读城市群一体化的影响因素上。总结下来，阻碍城市群经济朝着一体化发展的因素主要包括以下类型：一是体制因素，二是经济因素，三是技术因素。并且从体制方面进行解析为主，下面将详细进行归纳。

(一) 体制因素

所谓影响城市群经济一体化发展的体制因素,主要指改革开放背景下,中国由计划经济体制向社会主义市场经济体制转变过程中,所形成的以"行政分权"+"地方政府竞争"+"地方保护主义"为主要特色的行政区经济。关于行政分权对经济一体化影响而言,早在2001年,以银温泉为代表的国家计委宏观经济研究院课题组曾进行了关于打破地方市场分割、建立全国统一市场的对策研究,课题组系统论证了地方市场分割的发源和基础,即财政分权。报告指出,财政分权一方面带有地方财政倾斜的色彩,另一方面分权式财政将导致各地盲目投资、重复建设严重,地区间产业结构趋同,降低了资源配置效率。从而区域间的经济一体化进程产生限制。刘小勇和李真(2008)、刘小勇(2012)采用1986—2005年中国28个省市经济数据为样本,在控制对外开放度、政府规模、财政支出结构、地理距离、经济发展水平等因素的情况下,运用面板回归模型、分位数回归等方法,着重检验了财政分权对市场一体化的影响,结论显示,财政分权加剧了市场分割,处于高分位的地区,这种影响更显著。

关于地方政府竞争对经济一体化的影响而言,周黎安(2004,2007)构建了一个地方政府政治晋升博弈模型,推论显示,处于政治锦标赛中的地方政府不愿意进行区域分工与合作,一方面地方政府会支持和鼓励本区域企业的成长和经济发展,从而实行地方保护主义;另一方面地方政府会进行区域内大量投资与重复建设,为"经济增长而竞争",甚至是"不择手段"的"恶性竞争"。在此基础上,徐现祥等(2007)深化和拓展了地方官员晋升博弈模型,进一步分析了官员晋升对区域经济一体化的影响。唐志军等(2012)通过构建地方政府竞争模型,探析了政府竞争对产业选择、就业水平与收入差距的影响。于良春和付强(2008)利用1983—2006年中国29个省市数据为题材、付强和乔岳(2011)采用1978—2006年中国28个省市数据为样本,在考虑区域经济发展水平、消费水平、市场因素的情况下,重点探析了行政垄断、地方政府竞争对产业同构与市场分割的影响。王凤荣和董法民(2013)运用1999—2010年中国30个省市数据为样本,以GMM方法为工具,研究发现,政府竞争对地区专业化具有两方面效应,一方面地方政府会通过税收竞争、开发区建设等手段促进流动要素的优化配置,从而推动区域专业化的提高;另一方面地方政府也会采取"以邻为壑"的恶性竞争和地方保护主义,从而抑制区域专业化的发展。余霞民(2016)通过对1995—2014年长三角城市群产业与金融发展的观察,研究发现地方政府竞争导致了长三角地区的产业同构,而产业同构又导致资本在地区与产业之间产生错配,进而影响长三角的金融配置效率。

关于地方保护对经济一体化的影响而言,白重恩等(2004)通过对1985—1997年中国29个省市32个行业数据的观察,以Hoover地方化系数来衡量区域专业化水平,以国有经济比重来衡量地方保护程度,深入探讨了地方保护主义对区域产业集中度的影响。随后,谭真勇等(2009)通过将地方政府经济保护行为融入克鲁格曼的"中心-外围"模型,推导发现地方保护将限制厂商的跨区迁移和产业集聚,从而造成地区间分工弱化、市场分割、重复建设与产业同构。邓路(2010)采用2000—2007年京津冀城市群的数据为样本,探讨了地方保护对区域产业同构的影响。范剑勇和林云(2011)通过我国1997年投入产出表中15个制造业数据的考察,实证检验了产品同质性、地方保护主义对区域经济一体化的影响。结果表明,地方保护主义是产品市场一体化发展的主要壁垒。行伟波和李善同(2012)从地方财政收支、国有经济发展、劳动力市场三个维度衡量地方保护程度,进而全面探究地方保护对我国省际贸易的影响。后续很多学者均发现地方政府的保护性政策限制了经济一体化,并且不同行业或区域的保护水平存在差异(孙久文、原倩,2014;魏后凯,2014;赵勇、魏后凯,2015;Langbein J,2016)。

关于转移支付对经济一体化的影响而言,范子英和张军(2010)利用1995—2005年中国省级面板数据为样本,深入探讨了财政分权、转移支付对国内市场整合的作用效果,研究发现,转移支付能够显著促进国内市场的整合,特别是专项转移支付的作用效果最为显著,而财力性转移支付和税收返还的积极作用则没有得到体现。谢姗和汪卢俊(2015)利用1995—2012年河北省11个城市的面板数据为样本,在综合考虑外商直接投资、财政分权度、国有企业就业比重、地区间的技术差距、地理距离等因素的情形下,重点分析转移支付对河北与京津市场整合的作用。研究表明,中央对河北省的转移支付对促进河北融入京津冀一体化的整体作用效果并不显著。分类而言,专项转移支付显著促进了河北与京津的市场整合;税收返还反而阻碍了河北参与京津冀一体化的进程;一般性转移支付的促进作用则没有得到验证。

除此以外,一些学者还从政治经济学的视角出发,深入探讨了府际关系(王明安、沈其新,2013;杨爱平、黄泰文,2014;谷松,2014)、区域政府合作(陈剩勇、马斌,2004;杨爱平,2007;李辉,2014)、区域治理(张紧跟,2009;徐晓新、张利华,2011)等体制对区域经济一体化的影响。

(二) 经济因素

所谓影响城市群经济一体化发展的经济因素,主要指不同地区经济发展水平、经济结构、对外开放程度等方面的相似与差异性,进而引致整个城市群经济一体化发展的缓慢。庞赛特(Poncet,2005)通过对1992—1997年中国各省市商品市场数据为样本,将财政预算占GDP比重及政府消费和失业率等解释变量纳入了回归方程。估计结果显示,失业率和政府对市场的干预均加剧市场分割。陈敏等(2007)利用1985—2001年中国28个省市经济数据为样本,深入分析中国经济进行规模化发展的影响因素,研究发现各个地区的经济开放度、国有企业就业比重、政府消费的相对规模、地区间的技术差异和地理距离决定了区域市场分割的程度,进而阻碍规模效应的发挥。以此为基础,范爱军等(2007)采用1985—2005年中国28个省市的经济数据为样本,也证实地区经济发展水平、政府财政支出、国有企业就业比重、进出口以及外商直接投资等因素决定了国内商品市场的整合程度。陆铭和陈钊(2009)在进一步分析市场分割对经济增长的影响时,结论显示,对外开放会正向加强市场分割对经济增长的促进作用,对外开放反而会推动了地方保护主义的盛行。保健云(2008)采用1978—2003年中国各省市第二产业数据为样本,实证检验了地区间收入差距、地区就业压力与地方保护主义的正相关关系,地方政府获取的中央财政支持将一定程度上降低地方政府的区域保护壁垒。任志成等(2014)运用1996—2012年中国省级面板数据为样本,系统全面地分析了财政分权、贸易开放、地方竞争、中央转移支付、政府干预、国有经济比重、本地市场规模、铁路公路网密度、技术差距九个因素对国内市场分割的影响。并提出从对外开放、税收改革、转移支付等路径推动国内市场整合发展的政策建议。

(三) 技术因素

所谓影响城市群经济一体化发展的技术因素,主要指不同城市的交通运输能力、高速公路与铁路、信息技术水平等硬件设施对城市群经济一体化的影响。刘生龙和胡鞍钢(2011)利用2008年我国交通部省际货物运输周转量的普查数据为样本,凭借各省市的公路、铁路和内河航道里程之和除以各自国土面积来进行衡量交通密度水平,进而探讨交通基础设施对区域经济一体化的影响。结论显示,良好的交通基础设施极大地促进了区域间贸易的发生、边界效应弱化,最终推动区域经济一体化发展。除此以外,沿着这一研究方向,王晓红(2013)以2010年长三角城市群16市数据为样本,探讨了城际交通对长三角城市群经济一体化的促进作用。林木西等(2013)以2011年大东北城市群数据为案例,梳理了高铁对大东北城市群一体化进程的推动作用。陈宇峰和叶志鹏(2014)以1996—2011年中国31个省市的面板数据为样本,研究发现铁路基础设施能够显著地促进农产品市场整合。刘育红和张曦(2014)采用2001—2011年"新丝绸之路"经济带上17个城市的交通基础设施数据为样本,通过构建引力模型以度量各城市的交通密度,从而检验经济带中城际交通基础设施对区域经济一体化的影响,结论表明,交通基础设施改善了区域之间的贸易水平,促进了区域经济一体化发展。李雪松和孙博文(2015)利用1997—2012年长江中游城市带的面板数据为样本,研究发现,区域的交通密度以及通讯设施对经济一体化具有重要作用。

四、城市群经济一体化的经济效应

积极推进我国城市群经济一体化的进程,不仅是经济全球化浪潮下的外在驱动,而且也是我国经济新常态背景下区域经济发展的重要战略部署。城市群经济一体化对于提升我国区域整体竞争力,实现可持续发展具有深远意义。目前,学者们关注城市群经济一体化的社会效应主要包括如下几个方面:贸易效应、经济增长效应、产业区位效应、环境效应等。

(一)城市群经济一体化的贸易效应

区域经济一体化理论发端于国际贸易理论,而美国经济学家瓦伊纳(Viner,1950)的《关税同盟问题》出版标志着区域经济一体化理论的正式形成(钟慧中,1997)。文中指出,关税同盟作为区域经济一体化的重要形式,主要是两个或两个以上国家缔结协定,建立统一的关境,对内实行减免关税、贸易限制和商品自由流动,对外实行统一的关税和对外贸易政策。瓦恩纳在研究关税同盟对世界经济效应与社会福利的影响时,开创性提出了贸易创造效应与贸易转移效应。贸易创造即是指因关税同盟的建立,而引起的有高成本的国内生产转向低成本的伙伴国的生产;贸易转移则是指因关税同盟的组建,而引起的由同盟外的最低成本的生产者转向同盟内的较高成本的商品供给来源。顺延这一脉络，英国学者罗布森(Robson)在《国际一体化经济学》中提出了自由贸易区理论，该理论强调缔约国之间要取消绝大部分货物的关税和非关税壁垒，促进商品和服务的自由流动。此后，斯巴克、米德和沃顿(Spak、Meade 和 Wooton)等学者共同提出了共同市场理论，该理论强调缔约双方不仅要商品和服务自由流动，而且要加强要素自由流动，建立共同的产品和要素市场；西托夫斯基、斯科特和利特(Scitovsky, Scott & Litter)等学者从动态角度提出了市场大小直接决定竞争强度的大市场理论，该理论强调内部市场的竞争机制，从而通过扩大市场以获得规模经济。拜内和库隆布(Beine & Coulombe, 2006)以美国与加拿大之间的区域贸易为例，研究了经济一体化与区域贸易多样化之间的关系，研究发现，一体化能长期促进贸易多样化。坎道和迪内施(Candau & Dienesch, 2015)分析了美国劳动力技术水平与区域贸易一体化的关系，研究发现，在区域一体化过程中，技术水平较高的工人才更倾向于流入核心城市，中等技术水平的人力资本由于高住房成本，倾向于流入外围区域，在区域一体化水平较高区域的人力资本投资都经历了先分散后集中的过程，人力资本水平同样影响了区域贸易一体化水平。国内学者行伟波和李善同(2012)从地方财政收支、国有经济发展、劳动力市场三个维度衡量地方保护程度，研究发现，地方政府财政收支和劳动力市场分割对省际贸易的影响不显著，但是地方政府对本地国有企业的保护将抑制地区间贸易。

（二）城市群经济一体化的经济增长效应

从理论基础方面来说，主要包括：(1) 大市场理论，该理论认为一体化能够强化竞争机制，从而促使各成员国能够获取规模经济，实现经济增长；(2) 协议分工理论，该理论认为一方面一体化促进了区域之间的分工，各区域能够发挥自身的比较优势，提升专业化水平，另一方面一体化有助于各区域之间的协作，降低贸易不确定性和信息不对称性；(3) 交易成本理论，一体化的进程就是交易成本不断降低的过程，特别是区域之间的制度性壁垒的降低，有助于区域经济的增长。从经验研究方面来说，陈敏等(2007)指出国内的市场分割(非一体化)阻碍了规模效应发挥，限制了经济增长。柯善咨和郭素梅(2010)通过建立商品市场一体化与区域经济增长的联立方程，以我国 1995—2007 年 29 个省市的数据为样本，研究表明，区域市场一体化促进了中国省域的经济增长(Ke, 2015)。随后，盛斌和毛其淋(2011)采用 1985—2008 年中国 28 个省市数据为样本、丁振辉和刘漫与(2013)运用 1996—2011 年京津冀城市群数据为样本、黄新飞等(2013)利用1993—2007年中国28个省市数据为样本、林志鹏(2013)通过对2000—2009年长三角16个城市、珠三角9个城市数据的观察、姚丽(2015)通过对2000—2012年长三角城市群数据的考察,均发现区域经济一体化有助于促进经济增长。威廉·莱斯特和阮氏迈(Lester & Mai,2016)以美国大都市的数据为样本,发现经济一体化程度能显著促进区域经济复苏。但是,陆铭和陈钊(2009)通过对1985—2001年中国28个省市数据的考察,研究发现我国的市场分割(非一体化)与经济增长之间具有倒U型关系,且对于大多数省际区域而言,市场分割是有利于区域经济增长的。亚麻和高希(Yamarik & Ghosh,2015)也得出类似的结论,区域一体化并不能在长期内促进经济增长。由此可见,区域经济一体化的经济增长效应并没有得到一致意见。

(三) 城市群经济一体化的产业区位效应

产业区位效应又称为投资区位效应,泛指一体化背景下,城市群内部各城市依据自身优势、区域分工、市场竞争等机制而进行产业定位与投资选择。20世纪80年,以克鲁格曼(Krugman)为代表的经济学家创造性地将空间因素纳入到主流经济学中,创立了新经济地理学。随着学者们的深入探讨,新经济地理学将运输成本、贸易壁垒等地理因素纳入经济模型分析,创建了区域经济一体化中的"中心-外围"理论,该理论认为,区域的中心与边缘地区应集聚着不同产业。在此基础上,隆吉和穆索莱西(Longhi & Musolesi,2007)以欧洲区域为样本,均发现经济一体化会导致区域之间制造业更均匀分布;考里奥拉斯和彼得拉考斯(Kallioras & Petrakos,2010)以欧洲区域1991—2000年工业就业人口数,验证了产业结构与地理区位的交互作用负向影响经济一体化。范剑勇(2004)通过对长三角1998年、2000年、2002年产业发展数据的观察,研究发现,上海的劳动密集型产业已经大量转移到浙江、江苏地区,而上海集聚了资本技术密集型、港口型、都市信息型等产业。赵伟和张萃(2009)通过对1993—2005年中国28个省市数据的考察,结果表明各区域市场一体化水平的提高推动了制造业的集聚。于斌斌和金刚(2013)探讨了区域一体化对制造业空间转移的影响程度,以杭州都市圈为样本,研究发现,杭州集中了资本密集型、技术密集型和信息都市型等少数产业,绍兴和嘉兴专注与发展通用设备制造业等重工业,湖州则积极通过承接产业转移使劳动密集型产业。此外,范兆斌等(2006)构建了多国单一公司模型,推论显示区域一体化决定着跨国公司的投资区位选择。邱风等(2015)运用2004—2013年中国30个省市面板数据为样本,分析发现,由地方保护而引起的市场分割不利于地区产业结构的差异化。余振和葛伟(2014)研究发现,随着中国东盟自贸区经济一体化水平的提高,制造业向中国集中的现象越明显。黄新飞和郑华懋(2010)以1993—2007年珠江三角洲地区9个城市为样本、张鹏等(2013)以2010年长吉区域为样本、王开科(2011)以1979—2008年长三角城市群为样本,均发现一体化水平的提高促进了区域内部各产业的合理布局。

(四) 城市群经济一体化的环境效应

经济一体化对城市群内部环境的影响主要存在两个方面:一是直接效应,即城市群内部一体化水平提高,各城市之间必将建立各种跨区域的协调组织,对区域内的空气污染、流域污染进行综合治理,从而突破行政区的限制、提升生态环境保护的效果。二是间接效应,即各城市依据自身的资源禀赋、区位优势、劳动力水平等安排产业定位,通过专业化经济、规模经济降低污染排放。同时,各城市通过以产业转移为主要形式的内部产业空间布局,避免彼此之间的产业同构与内部消耗,提升生产效率、降低环境污染。曹卫东等(2012)通过从经济空间格局变化、产业集聚发展与污染转移、人口增长压力及外商直接投资增长等多个方面对长三角区域一体化的环境影响机制和效应进行分析,并从区域环保合作(环保一体化)、区域生态补偿及环保规制等方面探讨解决长三角区域一体化环境效应的途径。罗斯等(Rose et al.,2014)将一体化经济形容成生态经济,认为一体化经济有利于环境的净化与循环。贺祥民等(2016)通过2000—2012年长三角城市群内部各城市的污染排放数据进行自然实验研究,结果发现,一体化水平的提高降低了各省的污染排放,从而促进各地区污染排放强度下降。宋马林和金培振(2016)利用2002—2014年29个省际面板数据为样本,并结合空间计量和非参数DEA分析方法,试图解析地方保护、资源错配对区域环境福利绩效的影响。研究结果显示,以市场分割为主要表现形式的地方保护限制了要素的跨区自由流动,从而扭曲区域资源配置、降低环境福利绩效。

除此以外,范剑勇(2004)、梁琦等(2012)、欧阳志刚(2014)探析了经济一体化对区域收入差距的影响,徐现祥和李郁(2005)探讨了区域经济一体化对协调发展的作用,张少军和刘志彪(2010)以长三角城市群为样本,考察了区域经济一体化对国内价值链的影响。值得强调的是,上述城市群经济一体化的各种效应是紧密交织在一起的,各自代表着不同的侧重点与关注方向。

第二节 有关地方政府与国有企业交互关系的文献综述

一、地方政府的政策目标与实施手段

政府要不要参与社会经济发展、其经济职能如何定位、行政边界在哪里?这一话题一直以来都是众多学者与政府官员长期聚讼不休的焦点。回顾漫长的世界经济思想史,可以发现,政府经济职能的理论要点大致可以分为三类:(1)政府干预经济最小化。以亚当·斯密(Adam Smith)和巴蒂斯特·萨伊(Jean Baptiste Say)为代表人物的古典经济学派、以马歇尔(Alfred Marshall)和冯·哈耶克(Friedrich von Hayek)为代表的新古典经济学派、以米尔顿·弗里德曼(Milton Friedman)为代表的新自由主义学派。他们主张充分发挥价格机制、自由竞争以及市场"看不见的手"的作用,经济就能获得发展,市场就能达到均衡状态。政府只需充当经济发展的"守夜人"与"消防员",做好市场经济中规则制定者和裁判员角色。政府对经济发展的任何干预将是多余的,也是有害的。(2)政府积极干预经济。以威廉·斯塔福(William Stafford)和托马斯·孟(Thomas Mun)为代表的重商主义、以弗里德里希·李斯特(Friedrich List)为代表的历史学派、以凯恩斯(John Maynard Keynes)、萨缪尔森(Paul A. Samuelson)为代表的新古典学派,他们认为,为了克服市场失灵、经济外部性以及社会公共产品提供不足,政府应该通过财政政策和货币政策等手段干预经济发展,从而成为市场经济的"调节者"。(3)自由放任与积极干预相结合。以科斯(Ronald Coase)、诺斯(Doagass C. North)为代表的新制度理论学派,他们认为经济增长取决于基本制度环境的特征以及这些基本规则实行的程度,因此,政府需要制定各种规则与政策干预经济发展,影响收入分配和资源配置效率。但是,这种政府干预又需要限制在一定的范围内,做到既不"越位",又不"缺位"。着眼我国经济发展历程,特别是当前建设具有中国特色的社会主义市场经济的阶段,政府在经济发展过程中扮演了重要角色。众多学者针对这一问题展开了大量研究,出版了很多论著,比如,徐滇庆的《政府在经济发展中的作用》(1999)、胡鞍钢和王绍光的《政

府与市场》(1999)，以及曾国安的《政府经济学》(2002)，曾国安在书中对市场经济下政府经济职能的必要性、范围和方式进行了系统阐述，他认为政府应该在国民经济总量与结构调节、居民收入差距调节、公共物品供应、经济秩序的建立与维持、解决信息不对称问题等方面发挥重要作用。

关于地方政府在城市群经济一体化进程中的作用与地位，现有研究成果主要从两个角度进行展开。一是验证地方政府干预、保护主义对城市群经济一体化的影响，比如，周黎安(2004，2007)构建了一个地方政府政治晋升博弈模型，推论显示，处于"政治锦标赛"中的地方政府不愿意进行区域分工与合作，一方面地方政府会支持和鼓励本区域企业的成长和经济发展，从而实行地方保护主义；另一方面地方政府会进行区域内大量投资与重复建设，为"经济增长而竞争"，甚至是"不择手段"的"恶性竞争"。在此基础上，徐现祥等(2007)深化和拓展了地方官员晋升博弈模型，进一步分析了官员晋升对区域经济一体化的影响。随后，唐志军等(2012)发现地方政府竞争影响了地区的产业选择、就业水平与收入差距。于良春和付强(2008)、付强和乔岳(2011)发现，行政垄断、地方政府竞争加剧了产业同构与市场分割。余霞民(2016)发现，地方政府竞争导致了长三角地区的产业同构，而产业同构又导致资本在地区与产业之间产生错配，进而影响长三角的金融配置效率。此外，白重恩等(2004)在探析我国区域产业专业化时，发现地方政府主导的地方保护主义严重阻碍了区域产业集中度。谭真勇等(2009)通过将地方政府经济保护行为融入克鲁格曼的"中心-外围"模型，推导发现，地方保护将限制厂商的跨区迁移和产业集聚，从而造成地区间分工弱化、市场分割、重复建设与产业同构。随后，邓路(2010)、范剑勇和林云(2011)、行伟波和李善同(2012)分析了地方保护对产业同构、专业化、省际贸易的影响。他们的研究结论认为，地方政府作为我国"投资推动经济增长战略"的主要实践者，其承担着经济增长、稳定就业、创收财政、推进城镇化等一系列的政治任务。政府之间形成了"为增长而竞争"的局面(林毅夫等，1997)，与此同时，地方政府通常会对经济实施干预与地方保护，这些政策的实行严重地阻碍了区域经济一体化程度。

二是完善城市群经济一体化进程中的地方政府合作机制与政策设计。市场机制与计划机制是资源配置的两种手段，市场机制主要通过价格信号来实现全社会资源的优化配置，它有利于调动和利用行为主体的积极性与竞争意识，从而提高经济效率。但是，市场机制对于外部性、公共品、收入分配不平衡、区域经济一体化等问题则无法解决，即存在市场失灵问题。因此，充分发挥地方政府在城市群经济一体化中的计划机制,具有重要的意义。在合作机制方面,杨爱平(2007)提出区域间政府合作是区域经济一体化发展的重要手段,作者从区域范围的视角将政府合作类型分为超国家的宏观区域间政府合作、毗邻国家间的次区域政府合作和国家内部的微观区域间政府合作三大类型,并从全球的具体实践中总结出区域一体化下的政府合作的六种模式。值得强调的是,作者以中国区域经济一体化水平较好的长三角与珠三角为案例,发现"一国两制"下政府合作范式和市长联席会议的政府合作范式对推动城市群经济一体化发展具有至关重要的作用。许焰妮和唐娜(2013)基于中央政府两种行为(调控或不调控)、地方政府两种行为(积极或不积极)构建了府际关系的网络模型,将我国区域一体化模式划分为四种:"单打独斗模式""貌合神离模式""柔性协调模式"和"上下协力模式"。随后,王明安和沈其新(2013)、刘书明(2013)、董姝娜和武向平(2013)、谷松(2014)、杨爱平和黄泰文(2014)分别探讨了地方政府之间的协同合作模式、共同治理机制对区域经济一体化发展的推动作用;在政策设计方面,刘瑞娜和王勇(2015)、张晓杰(2021)则分析了推进经济一体化的财政政策,涉及基本公共服务、横向转移支付、扶持产业发展、财政绩效管理等方面;在实施内容方面,陈剩勇和马斌(2004)认为地方政府推进城市群经济一体化的手段主要包括:制定和实施规划、建立基础设施、促进要素流动、推进产业布局、管制生态环境等。

二、国有企业的效率评价与影响因素

国有企业改革始终是我国学界和业界内一个历久弥新的话题,而国有企业的效率评价不仅是理论工作者关注的焦点,而且也是政策制定者工作的起点。纵览现有文献,国有企业效率较低得到了众多学者的统一认定。整体来说,主要体现在两个方面:(1)从所有权性质的角度来看,姚洋(1998)利用1995年第三次工业普查的企业资料为样本,在对12个行业中的14 670个企业的数据进行分析发现,国有企业在各类所有制企业中的效率最低。刘小玄(2002)同样也利用1995年全国工业普查的数据为基础,从中筛选出20余个行业中约17万家企业。以生产函数模型和OLS计量方法为工具,实证测算并比较了不同所有制企业效率。结果显示,私营个体企业的效率最高,三资企业其次,股份和集体企业再次之,国有企业效率最低。在此基础上,姚洋和章奇(2001)、吴延兵(2011)、倪国华等(2016)在他们的研究中也得到了国有企业效率低下的结论。随后,吴延兵(2012)选取1998—2003年中国30个省市大中型国有企业和民营企业的数据为样本,运用劳动效率计量模型估计和全要素效率计量模型估计等方法,研究发现,国有企业不仅具有生产效率的损失,而且还具有创新效率的损失,并且,创新效率损失比生产效率损失还要严重。董晓庆等(2014)通过对2000—2011年5大类高新技术行业中的国有企业与民营企业数据的考察、肖仁桥等(2015a,2015b)通过对2005—2010年中国国有及国有控股企业、民营企业、港澳台商投资企业以及外商投资企业数据的观察,运用DEA模型测算企业创新效率,均发现国有企业的创新效率依次低于民营企业、港澳台企业和外资企业。此外,刘瑞明和石磊(2010)构建了一个由民营企业、国有企业和政府的三部门模型,推理发现,国有企业效率低下不仅影响了自身发展,而且还抑制其他类型企业的成长,对整个经济具有拖累效应。通过对1985—2004年29个省市面板数据的实证检验,证实了上述推论。(2)从所有权结构的角度来看,霍维(Hovey,2005)通过对1997—2001年3 835个企业观测值进行逐年分析法与混合回归发现,政府所有权与企业绩效之间有着负向相关关系。随后,魏左宝和万利拉(Wei & Varela,2003)、魏左宝等(Wei et al.,2005)的研究中也得到类似的结论。国内学者刘小玄(2003)凭借1995年中国工业企业普查数据为样本、刘小玄和李利英(2005)通过对1994—1999年451家企业的调查数据,检验我国转轨经济中产权结构和市场结构对产业绩效的作用效果时,分析发现,国有产权对产业绩效具有明显的负效应。夏立军和方轶强(2005)利用2001—2003年期间的上市公司为样本,并将上市公司细分为非政府控制型企业、县、市、省或中央控制型企业,研究发现,政府控制尤其是县级和市级政府控制对公司价值产生了负面影响。温军和冯根福(2012)分析了2004—2009年923家上市公司的数据,结果显示,企业的国有股权占比与企业创新绩效之间具有负向关系。

考究国有企业效率低下的影响因素时,一些学者也进行了大量的探索。整体来说,主要包括如下几种:(1)委托代理问题。所有权与经营权的分离是现代企业制度的象征,然而国有企业面临"所有者缺位"和"虚委托人"问题,国有企业名义上属于国有,但是在实际运行的过程中国家委托的公民又不能够行使委托人的权力,不存在真正的委托人,导致"内部人控制"现象严重(石磊,1995;Clarke,2003;Lin,2004;Li et al.,2011)。此外,国有企业委托代理层次太多将产生高昂的代理成本。而且,创新剩余控制权和索取权的分离(Shleifer & Vishny,1994;吴延兵,2012a;肖仁桥等,2015a,2015b)。比如,吴延兵(2012)在分解国有企业的效率时,通过对 1998—2003 年中国 30 省市大中型国有企业和民营企业数据的比较发现,国有企业具有生产效率和创新效率的双重损失,而造成这种局面的主要原因在于国有企业难以实现创新中的剩余索取权与剩余控制权的匹配。(2) 公司治理不完善。国有企业的管理层通常由政府直接任命产生,国有企业内部未能建立起董事会、经理层、股东和其他利益相关者的相互制衡机制,或者有名无实,难以发挥真正的激励约束机制。此外,股权结构不合理,国有股一股"独大"使得公司治理形同虚设(Li et al.,2007;夏冬,2007;陈岩、张斌,2013;刘和旺等,2015;吴延兵,2014)。比如,陈岩和张斌(2013)通过对现有文献的梳理,从企业所有权的视角来审视创新绩效时,发现企业中的政府所有权比重越大,内部治理问题越严重,从而影响了企业创新绩效。(3) 政策性负担。在我国赶超战略实施和现代化建设的时期,国有企业承担了大量的政策性负担,导致国有企业进行逆向选择和软预算约束问题,企业失去了利润最大化的追求,从而致使国有企业效率低下(Shapiro & Willig,1990;Shleifer & Vishny,1994;林毅夫等,1997;林毅夫、李志赟,2004;徐朝阳,2014;廖冠民、沈红波,2014;吴延兵,2014)。比如,徐朝阳(2014)构建了一个扩展的预算软约束模型,推理发现,由于地方政府主动追求非经济性的政策收益的目标驱使,致使国有企业在承担政府职能以后进行了预算软约束和道德风险问题。廖冠民和沈红波(2014)通过对 2005—2010 年我国 A 股国有上市公司的 3 764 个观测值的考察,结论显示,国有企业 CEO 为了获取晋升机会往往承担了大量的政策性负担,而企业承担政策性负担将有损于经营业绩和股票回报。

三、地方政府与国有企业交互关系

(一) 国有企业成为地方政府政策性负担的承担者

改革开放以来,我国经济发展取得了举世瞩目的成就,这种"增长奇迹"得益于地方政府所主导的"投资推动增长战略"。与此同时,地方政府也承担着促进经济增长、稳定就业水平、完善基础设施、提供公共服务等多重职责。特别是随着财政分权与分税制改革的深入,地方政府的收入份额快速下降,造成地方政府的事权与财权不对称的局面(赵文哲、杨继东,2015)。因此,地方政府迫切希望下放与转移这些政策性负担,而国有企业将成为其选择的首要目标。部分学者在研究中均发现,国有企业承担了大量的政策性负担(Kornal,

1986；Shapiro & Willig，1990；Shleifer & Vishny，1994；Horner et al.，2007；Koppell，2007；林毅夫及其合作者1997，2004）。特别是，林毅夫和李志赟(2004)指出，中国从20世纪50年代开始推行重工业优先发展的战略，国有企业不仅肩负振兴重工业发展的重任，而且承担着解决就业等政策性负担。随后，黄速建和余菁(2006)在探究国有企业的性质、目标与社会责任时，他们认为，社会主义市场经济体制中的国有企业将成为地方政府参与经济的重要手段，国有企业在培育市场经济体制、提供就业岗位、调节收入分配、维护市场秩序等方面发挥重要的作用。徐传谌和刘凌波(2010)、王文成和王诗卉(2014)的研究结论也支持了上述观点。廖冠民和沈红波(2014)利用2005—2010年我国A股国有上市公司数据为样本，研究发现，国有企业承担大量冗余就业等政策性负担有助于其CEO获取晋升机会，但同时降低了经营业绩和股票回报。此外，程仲鸣等(2008)以2002—2006年中国地方国有上市公司的3 115条企业年度观测值为样本、章卫东等(2014)以2004—2011年中国上交所和深交所的国有上市公司的2 202条观测值为样本，研究发现，地方政府为了公共治理目标(经济增长、就业率、地方财政赤字、城镇化率)会干预国有企业，进行过度投资。潘红波等(2008)通过对2001—2005年515个上市公司收购非上市公司的事件为样本，研究发现，地方政府出于缓解当地失业率问题或者实现政治晋升目标，通常会干预国有企业的并购战略。对于亏损样本公司而言，地方政府主导下的并购有益于企业绩效的提升，符合"支持之手理论"。对于盈利样本公司而言，地方政府干预国有企业并购反而损坏了企业绩效，符合"掠夺之手理论"。

(二) 地方政府成为国有企业优惠补贴的提供者

通过上文论述与总结，可以发现国有企业是地方政府政策性负担的承担者。与此相对应，地方政府也是国有企业优惠补贴的提供者。林毅夫和李志赟(2004)发现，由于信息不对称，政府无法确知政策性负担给国有企业带来的亏损是多少，也很难分清楚一个企业的亏损是政策性负担造成的还是由于企业自身管理不当或是企业经理人员的道德风险造成的。在激励不相容的情况下，国有企业便会把所有亏损都归咎于政策性负担，而地方政府在信息劣势的情况下只好把企业的所有亏损的责任都承担起来，并为国有企业提供事后补贴。樊纲(2000)在系统整理地方政府对国有企业的隐形补贴主要形式时，发现主要存在如下三条途径：一是地方政府财政补贴偏向于国有企业，由于国有企业往往与地方政府具有千丝万缕的联系,特别是国有企业高层管理人员大多由政府机构人员"转业"或是地方政府指派而定,他们身上携带了大量政治资源,并为获取优惠政策与补贴争取了机会。比如,聂辉华等(2008)利用2001—2005年中国规模以上工业企业的面板数据为样本,以托宾(Tobit)模型为估算方法解析了企业创新活动的影响因素。研究发现,国有企业由于与政府具有紧密联系,从而具有更多的创新活动。并且这种相对优势伴随着企业规模变大而更加显著。李春涛和宋敏(2010)通过对世界银行关于中国18个城市1483家制造业企业调查数据的考察,也证实了上述观点。随后,贺京同和高林(2012)以1991—2009年上市公司数据为样本、陶虎等(2013)以2000—2010年山东省77家工业企业数据为样本,研究发现,国有企业凭借其与地方政府的密切关系,能够容易获取财政科技资助。二是变向的金融补贴,随着改革开放的深入,金融补贴替代了财政补贴,成为补贴国有企业的新方式(Cull & Xu,2003;Luo et al.,2011;刘瑞明,2011;余超、杨云红,2016)。比如,戴静和张建华(2013)选取2001—2010年中国各省市大中型工业企业的面板数据为样本,发现国有企业容易从国有银行获取更优惠的资金支持,当这些贷款形成"坏账",最终的买单者将是地方政府或全体人民。三是直接融资情况下发生的"坏股",这也就是科尔奈(Kornai,1986)所提出的软预算约束。比如,克勒尔(Kleer,2010)发现因国有企业与政府之间的关系,其合法性较高,从而可以帮助企业获得更多外部投资者的青睐,但融资风险也上升。除此以外,张曙光(2001)发现地方政府为了维护国有企业的垄断地位,往往通过行政垄断将具有巨大经济价值的资源无偿或抵偿授予国有企业,而只收取少量的资源税和资源使用费。

第三节 有关政企交互关系与区域经济发展的文献综述

关于政企交互关系对区域经济发展的影响研究,已有研究成果并不丰富,但是近期学者们对这一话题倍加青睐。归纳来说,现有文献主要体现在两个方面:

(一)行政垄断对区域经济发展的影响

行政垄断主要是指政府通过法律、行政法规或规定等形式设置了市场准入壁垒、差别性待遇等,从而维护本地政府部门、本地区所属企业的利益(过勇、胡鞍钢,2003)。因此,行政垄断对区域经济发展具有重要影响。一部分学者探讨了行政垄断对经济增长的影响。比如,付强(2008)利用1978—2006年中国28个省市数据为样本,结合模型推导和数据验证两种方法,研究发现,地方政府实施的行政垄断严重阻碍区域的技术进步,导致地区进行粗放式发展方式的选择与锁定。于林和于良春(2010)通过对1997—2006年中国28个省市、自治区数据的观察,分析发现,地区行政垄断与区域经济增长之间具有显著的倒U型关系。张卫国等(2011)也得到了类似的结论。一部分学者验证了行政垄断对经济效率的影响。比如,杨骞(2010)利用2000—2006年中国28个地区的数据为样本,研究发现,行政垄断阻碍了地区能源效率的提高。于良春和张伟(2010)基于ISCP分析框架,分析了1993—2006年中国各地区数据为样本,结果显示,行政垄断造成了大量的产业效率损失。此外,盛丹(2013)以1998—2006年中国工业企业数据为样本,史长宽和梁会君(2013)以2004—2008年中国分地区工业企业数据为样本,研究发现,行政垄断造就了出口企业的"生产率悖论"问题。靳来群等(2015)通过对1998—2007年中国工业企业数据的观察、陈林等(2016)通过对1998—2007年中国172个工业行业数据的考察,发现行政垄断导致了资源错配与要素价格扭曲。还有一部分学者分析了行政垄断对收入差距与财富分配的影响。比如,邱兆林(2014)运用2003—2012年中国34个工业行业的面板数据为样本,研究发现,行政垄断仍是行业收入差距扩大的主要引致因素。此外,陈爱贞和刘志彪(2013)采用2000—2009年10个行业中167家上市公司数据为样本,考察行政垄断的收入和财富分配效应时,发现行政垄断企业榨取了消费者巨额的垄断利润,并导致收入与财富分配的不公。其中,对低收入阶层的影响愈加明显。以此为基础,李治国和孙志远(2016)利用2009—2013年我国石油行业中15家上市公司的投入产出数据,测算了行政垄断下我国石油行业行政垄断的效率和财富损失。

(二) 政企合谋对区域经济发展的影响

政企合谋主要指信息不对称的背景下,地方政府出于自身或本区域利益的考虑,与本地企业达成一致行为而违背中央政府的政策(聂辉华、李金波,2006)。因此,政企合谋对于中央政府主导下的区域经济协调发展具有至关重要的影响。一些学者探析了政企合谋对区域经济增长的影响。比如,聂辉华和李金波(2006)构建了一个包含中央政府、地方政府、企业的三部门契约模型,其中中央政府为委托人,地方政府为监管人,企业为代理人。在信息不对称的影响下,由于中央政府监管成本太高、地方政府缺乏长远预期、企业被过度抽税、第四方监督失效和惩罚不可置信等因素的影响下,地方政府与本地企业通常会选择一些有利于自身利益的发展行动,从而影响中央政府的区域全面与协调发展战略。借鉴上述理论模型,王永明和宋艳伟(2010)进行了扩展并系统分析了地方政府合谋对资源配置效率的影响。田彬彬(2014)、范子英和田彬彬(2016)系统分析了政企合谋对企业偷税以及经营绩效的影响,运用1998—2009年中国制造业企业数据库数据、中国国税与地税系统数据为样本,研究发现政企合谋导致了企业偷税行为的发生。一些学者解析了政企合谋对区域环境污染的影响。比如,聂辉华和蒋敏杰(2011)凭借1995—2005年中国各省国有重点煤矿企业死亡事故为样本,分类讨论政企合谋对矿难发生的影响。结论显示,当国有煤炭企业管理权下放到省级政府以后,事故发生率上升。龙硕和胡军(2014)利用1991—2010年中国28个省份的面板数据为样本,研究发现政企合谋加剧了地区环境污染。张俊和钟春平(2014)采用1993—2011年中国30个省级的面板数据为基础,考察了政企合谋对环境污染的影响,结果发现政企合谋导致地区工业二氧化硫排放量和工业废水排放量分别增加了8.9%和12.5%。随后,张跃胜和袁晓玲(2015)、蒋丹璐和曹国华(2015)、袁凯华和李后建(2015)、刘朝和赵志华(2017)在他们的研究中也得到了类似结论。

值得强调的是,褚敏和靳涛(2013a,2013b)采用1995—2010年中国29个省市面板数据为样本,通过从财政压力、政府影响力、地方保护、政府调控四个方面来衡量地方政府行为,从劳动力价格扭曲、资本要素扭曲、国有企业规模扩张三个部分来测度国有企业垄断,以此为据,系统测算了地方政府行为、国有企业垄断以及两者之间交互行为对地区收入差距、产业结构升级的影响。结论显示,政企交互关系是扩大区域收入差距、阻碍产业结构升级的主要因素。赵文哲和杨继东(2015)结合2003—2010年中国149个地级城市面板数据和2003—2008年中国工业企业数据的综合分析,结果发现,当地方政府面临着经济增长和财政缺口的压力时,地方政府通常会以协议出让、较低价格等方式向国有企业转让土地。国有企业以此获取了更多价格低廉的土地作为投入,从而提高企业的营业收入,并最终为地方政府缴纳更多的税收收入。由此可见,政企交互关系促进了地方政府以协议转让方式出让土地。

第四节 文献简要评述

通过对城市群经济一体化、地方政府与国有企业交互关系文献的梳理总结,我们可以发现:

从城市群经济一体化的内涵来看,现有学者从区域经济一体化的理论起点出发,对区域经济一体化的概念、内容与层面进行了科学、系统的归纳与总结,相关研究取得了一定的进展。城市群经济一体化主要指同一城市群内的各个城市,为了共同的经济利益,在地域分工与利益分配的基础上,消除城市间的各种贸易、非贸易壁垒及经济歧视,进而协调各城市的经济政策及调控措施,推动商品和服务自由流动,实现资源合理配置、地域合理分工和经济协同发展。如果将城市群看成领地相连、经济相通、文化相融的城市联结体,那么城市群经济一体化内涵将是复杂与多维的。它应该囊括分工、竞争与协作三个维度,并且是三者之间相互作用、相互权衡而形成的有机统一。然而现有文献侧重从竞争方面来测度城市群经济一体化(刘志彪等,2009)。比如,白重恩等(2004)、陈敏等(2007)、陆铭和陈钊(2009)等学者分析了市场分割(市场的竞争没有一体化)的影响因素及其对社会经济发展的作用效果。随着经济全球化浪潮的风涌云起以及我国市场化进程的不断推进,我国区域的市场一体化水平取得巨大突破。区域之间协作将成为经济一体化的未来拓展方向,可以说,我国城市群将进入"协作时代"。因此,为了适应区域经济发展的新背景,理论界迫切地需要对城市群经济一体化内涵进行新的解读。

从城市群经济一体化的测度方法来看,现有测度方法主要包括贸易流量法、产业结构法、价格法、社会网络法和指标体系法等,相关研究硕果颇丰。其中贸易流量法是最直接的测度,其他方法为间接测量;社会网络方法是动态测算,其他方法是静态反映;指标体系法是多指标衡量,其他方法是单指标计算。然而各种方法也存在明显的不足:贸易流量法难以获取城市群内部各城市之间准确的贸易交易数据;产业结构法、价格法通过计算各城市的产业集中度、产业结构差异、相对价格差异来表征城市群的一体化水平,它们没有反映城市之间的联系。社会网络法通过引力模型来测算城市之间联系,这是一种不太准确的间接计算。指标体系法难以控制指标选择的科学性。因此,利用单一方法对城市群经济一体化的测度将不够准确与全面,未来需要集静态与动态、直接与间接于一体,采用多种方法来进行综合测量,并对各种方法加以比较。

从城市群经济一体化的影响因素来看,现有文献对城市群经济一体化影响因素的解释并不全面,主要包括三个层次:一是体制因素,包括财政分权、地方政府竞争、地方保护以及政府转移支付对区域经济一体化的影响。二是经济因素,现有研究发现不同地区的经济发展水平、经济结构、对外开放程度等方面存在的差异性是影响城市群经济一体化发展缓慢的重要因素。三是技术因素,现有研究分析了不同城市的交通运输能力、高速公路与铁路、信息技术水平等硬件设施对城市群经济一体化的影响。言而总之,城市群经济一体化是一项复杂的系统工程,这项工程能否顺利、有序地完成受到众多因素的影响。因此,未来需要继续更深层次地挖掘城市群经济一体化发展的制约因素。

从城市群经济一体化的社会效应来看,现有文献主要体现在以下几个部分:一是区域经济一体化的贸易效应,这些研究发现经济一体化的过程能促进要素、产品的自由流动,具有贸易转移、贸易创造效应,并形成区域大市场。二是区域经济一体化的经济增长效应,区域经济一体化扫除了区域之间的种种市场壁垒,从而促进经济增长。三是区域经济一体化的产业区位效应,区域经济一体化有利于尊重和发挥各地区的资源禀赋与比较优势,从而促进各区域合理有序规划产业布局、降低产业同构、提高产业集聚与专业化水平。四是区域经济一体化的环境效应,区域经济一体化不仅有利于各城市突破行政区的限制建立各种跨区域的协调组织,对区域内的空气污染、流域污染进行综合治理,从而提升生态环境保护的效果。而且可以通过专业化经济、规模经济来降低污染排放,形成以产业转移为主要形式的内部产业空间布局,从而提升生产效率、降低环境污染。未来仍可以从三个方向来进行拓展与完善:一是新案例,即利用其他城市群或多个城市群的数据来对一体化社会效应进行重新验证,考虑到我国地域辽阔,区域差异较大,而现有文献仅从京津冀、长三角、珠三角等主要城市群进行研究,因此所得的结论缺乏普适性。二是新理论,现有城市群经济一体化社会效应的理论基础主要是贸易理论、区位理论、分工理论等,未来是否可以从生态学的角度来进行阐述,值得学者们的关注与深入研究。三是新效应,现有文献分析了一体化对贸易、经济增长、产业区位、环境治理等方面的作用,未来仍需要继续丰富一体化的外部性。

从地方政府的政策目标和实施手段来看,政府经济职能经历了漫长与反复的辩论,在理论上主要形成三种代表性的观点:政府干预经济最小化、政府积极干预经济、自由放任与积极干预相结合。着眼我国经济发展的实践,可以发现地方政府在经济发展过程中起到了举足轻重的作用,特别是财政分权和增长竞争的锦标赛制度下,地方政府成为区域经济发展的"大管家"与"掌门人",由此承担了社会稳定、经济增长、财政创收、增加就业、推进城镇化等一系列政策性任务。对于地方政府在城市群经济一体化进程中的作用与地位,现有研究成果主要从两个角度进行展开。一是验证地方政府干预、保护主义对城市群经济一体化的影响,地方政府实行的干预经济与地方保护导致了区域市场分割与产业同构,进而制约了区域经济一体化的发展。二是城市群经济一体化进程中的地方政府合作机制与政策设计,地方政府间的合作模式、协同治理对区域经济一体化发展具有重要作用。

从国有企业效率评价与影响因素来看,纵览现有文献,国有企业效率较低主要体现在两个方面:一是基于所有权性质的视角,研究发现,国有企业具有生产效率和创新效率的双重损失。二是基于所有权结构的视角,研究发现,企业国有股权占比与企业绩效之间具有显著的负向关系。考察研究到国有企业效率低下的内在成因时,学者们认为主要包括如下几种:一是国有企业运行存在委托代理问题;二是国有企业公司治理制度不完善;三是国有企业存在某些政策性负担。因此,未来需要进一步探讨国有企业的效率低下对经济社会发展的影响。

从地方政府与国有企业交互行为来看,在城市群经济一体化的背景下,现有研究成果可以得出如下几点建设性的结论。第一,地方政府将成为城市群经济一体化的参与者与推动者。比如,一些学者研究发现,地方政府所主导的地方保护主义限制了经济一体化,而地方政府之间的协同机制与合作模式有利于推进经济一体化,如地方政府可通过制定和实施协同规划、建立联通基础设施、促进要素流动、推进产业布局、管制生态环境等手段来促进经济一体化。第二,国有企业将成为区域经济发展和一体化的主要拖累者。众多文献显示,由于国有企业存在委托代理问题、公司治理不完善以及承担了政策性负担等问题而导致整体效率低下,进而影响区域经济增长和区域经济一体化进程。第三,地方政府与国有企业之间具有交互行为,国有企业成为地方政府政策性负担的承担者,地方政府成为国有企业隐形补贴的提供者。那么,政企交互关系是否影响城市群经济一体化的进程,值得学者进行深入探讨。

从政企交互关系对区域经济发展的影响来看,已有研究成果主要体现在两个方面:(1)行政垄断对区域经济发展的影响。行政垄断主要是指政府通过法律、行政法规或规定等形式设置了市场准入壁垒、差别性待遇等,从而维护本地政府部门、本地区所属企业的利益。因此,行政垄断对区域经济发展具有重要影响。一部分学者探讨了行政垄断对经济增长的影响,一部分学者验证了行政垄断对经济效率的影响,还有一部分学者分析了行政垄断对收入差距与财富分配的影响。(2)政企合谋对区域经济发展的影响。政企合谋主要指信息不对称的背景下,地方政府出于自身或本区域利益的考虑,与本地企业达成一致行为而违背中央政府的政策。因此,政企合谋对于中央政府主导下的区域经济协调发展具有至关重要的影响。一些学者探析了政企合谋对区域经济增长的影响,一些学者解析了政企合谋对区域环境污染的影响。

值得强调的是,白重恩等(2004)运用产业结构法,分析了地方保护主义对地区产业结构的影响,作者认为国有企业比重越高,地方保护主义越重,产业的地区集中度(非一体化)也相应较低。随后,陈敏等(2007)运用价格法,从对外开放的视角分析了市场分割(非一体化)对规模经济的影响,作者也同样指出,经济开放、国有企业就业比重、政府消费的相对规模、地区间的技术差异和地理距离对于市场分割程度具有重要影响。但是,他们并没有阐释国有企业比重上升为什么会导致地方保护主义和市场分割加重,某种意义上来说,地方政府是否推进经济一体化,取决于一体化政策前后的效应比较。如果一体化能够促进地方政府获取正的溢出效应,那么政府还是具有很大的积极性(徐现祥等,2007)。虽然国有企业不愿意通过经济一体化来降低自身的行业或地区垄断地位,但是国有企业作为企业也难以单方面阻碍地方政府进行一体化的动向。因此,从路径依赖理论出发,真正影响城市群经济一体化的因素是政企交互关系,国有企业能够实现地方发展的社会公共目标,同时地方政府为了助力国有企业成长也更多地配置资源要素,双方形成了长期而紧密的交互关系。综上所述,未来需要从政企交互关系的视角来解释城市群经济一体化进程迟缓的原因,这也是本研究的主要努力方向与研究内容。

第三章 政企交互关系影响城市群经济一体化的理论分析

本部分首先在文献梳理和逻辑推理的基础上,具体从分工、竞争、协作三个维度对城市群经济一体化的内涵进行了解构与重构;其次对政企交互关系的概念进行了科学界定,并对相关概念进行了辨析;最后构建了政企交互关系影响城市群经济一体化的理论模型,推导模型均衡状态,并提出几点推论与待检验假设。

第一节 城市群经济一体化的内涵解读

通过对现有文献的广泛阅读与系统梳理,特别是对区域经济一体化概念以及区域经济一体化与城市群发展互动关系的详细解读基础上,可以发现,城市群经济一体化隶属区域经济一体化的范畴,是区域经济一体化在一国范围内的主要表现形式。并且,区域经济一体化是城市群发展的"黏合剂",城市群发展也成为区域经济一体化的"支撑平台"。因此,城市群经济一体化主要指同一城市群内的各个城市,为了共同的经济利益,在地域分工与利益分配的基础上,消除城市间的各种贸易、非贸易壁垒及经济歧视,进而协调各城市的经济政策及调控措施,推动商品和服务自由流动,实现资源合理配置、地域合理分工和经济协同发展。

从城市群经济一体化的理论基础来看,一体化的理论发展可谓是源远流长、意义重大。归纳来说,可以分为四个部分。

一是区位理论。比如,冯·杜能(Von Thunen)于 1826 年在其著作《孤立国的农业和国民经济关系》一书中阐述了农业区位理论,他认为在排除土质条件、土壤肥力、河流、气候等因素干扰的情况下,农产品的地租收入将取决于农产品价格、生产费用以及产地与城市之间的距离。由于农产品特质和运费差异,因此形成了以城市为中心并由内向外逐渐分层的农业土地圈层结构(自由式农业圈—林业圈—轮式农业圈—谷草式农业圈—三圃式农业圈—畜牧圈)。德国经济学家阿尔弗雷德·韦伯(Alfred Weber)于1909年在其著作《工业区位论》中系统阐述了工业区位理论,在资源均匀分布、劳动力供给无限、需求充足、运费取决于距离等系列假设下,工业区位影响因子在于运费指向、劳动费指向、集聚指向等,这种工业区位因子的地区差异将导致不同地点设厂存在收益差异。德国地理学家沃尔特·克里斯塔勒(Walter Christaller)于1933年在其著作《德国南部的中心地》中提出了城市区位理论体系,系统地论述了中心地、补充区域、中心性、商品服务范围、经济距离等概念,详细阐明了城市中心地的数量、规模及分布模式。德国经济学家廖什(A. Losch)于1940年在其著作《经济空间秩序》构建了市场区位论,假设市场区位中的运输条件等同、农业人口和原材料均匀分布且充足、消费习惯相似等。通过引入空间均衡思想,分析发现,企业区位选择受到市场规模、市场需求结构等因素的影响。

二是分工理论。比如,亚当·斯密(Adam Smith)1776年在其出版的《国民财富的性质及原因研究》中提出了"绝对优势理论",他认为每个国家或地区都拥有其生产特定产品的绝对有利条件,如果每个国家或地区都按照这些绝对有利条件进行产品生产与出口,并进口其他国家或地区的绝对优势产品,那么这种贸易模式对彼此双方都有利,根本内因在于专业化生产有助于发挥规模经济、提高劳动生产率。随后,大卫·李嘉图(David Ricardo)1817年在其著作《政治经济学及赋税原理》中构建了"相对优势理论",他弥补了绝对优势理论的不足,他认为,即使一个国家与地区在国际贸易体系中没有绝对优势的产品,由于劳动力和资本的流动性限制和差异性,也依旧存在生产某种产品的相对比较优势。如果国际市场上不同的贸易主体都按照自己的比较优势产品进行生产与交易,就有助于不同国家或地区劳动力和资本的有效配置、彼此福利水平的提高。瑞典经济学家赫克歇尔(E. Heckscher)于1919年率先提出"要素享赋"的观点,在此基础上,俄林(B. Ohlin)于1933年出版《区际贸易与国际贸易》一书,系统阐述了"要素禀赋理论"。他们认为气候、地理等自然条件造就了不同国家或区域初始的生产要素差异,每个地区应按照自己生产素禀赋优势生产特定产品。

三是自由贸易理论。比如,美国经济学家维纳(Viner)于1950年在其著作《关税同盟问题》中提出了关税同盟理论,关税同盟作为两个或两个以上国家缔结的双边协定,对内实行减免关税、贸易限制和商品自由流动,对外实行统一的关税和对外贸易政策。因此,关税同盟区具有贸易创造、贸易转移、贸易扩张效应。在此基础上,米德(J. E. Meade,1955)和约翰逊(H. G. Johnson,1965)弥补了关税同盟理论的不足,并提出自由贸易理论。英国学者罗伯森(Robson)的《国际一体化经济学》出版标志着自由贸易区理论的成熟,该理论强调缔约国之间要取消绝大部分货物的关税和非关税壁垒,促进商品和服务的自由流动。此后,米德(Meade,1995)和伍顿(Wooton,1988)等学者共同提出了共同市场理论,该理论首次将自由贸易思想扩展到要素市场中,强调缔约双方不仅要实现商品和服务自由流动,而且要加强要素自由流动,建立共同的产品和要素市场;西托夫斯基(T. Scitovsky,1971)等学者从动态角度提出了市场大小直接决定竞争强度的大市场理论,该理论强调内部市场的竞争机制,从而通过扩大市场以获得规模经济。

四是协同理论。比如,德国理论物理学家哈肯(Haken)创立在其1981年出版的《协同学:大自然构成的奥秘》中指出:"协同是一切领域中普遍存在的现象,也是一切系统演化发展的必然趋势。协同发展是指构成系统的各个要素通过协调合作,达到系统整体功能大于各个要素功能之和的一种系统结构状态,它既反映了系统发展的协调合作过程,又反映了系统通过这一过程所达到的结构状态优化的结果。"不同地区中的生产要素、工业系统、城镇体系、制度框架构成了区域经济系统中的要素,这些空间要素既存在着各自的独立运转系统,又存在着相互影响相互制约的关联作用系统,区域经济的持续平衡发展有赖于不同地区的协同发展。英国古典经济学家阿尔弗雷德·马歇尔(Marshall,1920)提出外部性理论,随后,罗默(Romer,1986)、凯勒(Keller,2002)对外部性理论进行了丰富,并扩展到空间经济中。由于不同地区之间的经济联系,区域经济存在着空间依赖、空间溢出等特性。国内学者从我国经济发展实践中整理出区域协调发展理论,刘再兴(1993)认为区域协调就是各地区合理分工、优势互补、各展优势,从而集局部优势形成整体优势。曾坤生(2000)则认为区域协调发展囊括空间系统协调、经济与人口动态协调、产业结构协调、经济与资源环境协调。徐康宁(2014)认为区域协调发展体现在区域间相对均衡型发展水平以及区域间分工合作、交互、共赢、共享的一体化机制。

从城市群经济一体化的外在类型来看,现有研究主要包括以下几种类型:

(1) 产品一体化。比如,周立群和夏良科(2010)构建了区域经济一体化的评价体系,具体从居民消费价格指数、固定资产投资价格指数、自有住房水电燃气消费价格指数三个方面衡量了区域的产品一体化水平,并利用1989—2007年中国京津冀、长三角和珠三角三大经济圈的数据为样本,对我国主要城市群经济一体化程度进行了测算。(2) 要素一体化。比如,娄文龙(2014)从信贷水平、外来人口或流动人口、技术交易额等方面来计算区域的要素市场一体化水平。除此以外,还有大量学者(都阳、蔡昉,2004;杨涛、盛柳刚,2007)集中考察了区域的劳动力一体化情况。(3) 基础设施一体化。比如,曾鹏等(2012)利用人均城市道路面积、每万人拥有公共汽车数两个指标来衡量区域交通设施一体化,并利用因子分析法对我国10个城市群一体化发展水平进行了综合评价。宋迎昌和倪艳亭(2015)则从国土面积交通运营里程数、每千人拥有汽车数、人均文教娱乐支出、人均长途光缆线路长度四个方面测度了基础设施一体化。(4) 政策一体化。比如,周立群和夏良科(2010)从政府规划、政策认同度、一体化效率、协作发展程度四个方面表征了政策一体化水平。李雪松和孙博文(2013)则从政府战略规划、产业发展规划、财政政策、高速路网建设、铁路网建设、机场设施建设、对话沟通机制、政策环境协调机制、利益协调机制、政府工作效率等方面考量了行政一体化。

综上所述,可以发现,城市群经济一体化的内涵主要包括三个层面的内容(见图3.1):(1) 分工是城市群经济一体化的基础,所谓"分工"即是指价值创造过程中,各个行为主体依据自身的禀赋与优势而选择特定的生产、分配、交

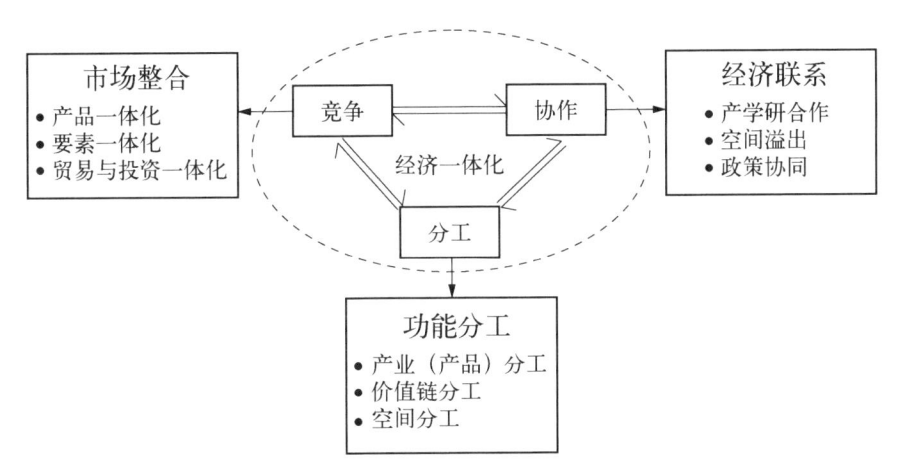

图 3.1 城市群经济一体化内涵的三个维度

换与消费活动。从经济一体化中的"绝对优势理论""相对优势理论""要素禀赋理论"来看,城市群内部的各城市应该根据自身的绝对优势、比较优势、区位优势与要素禀赋来进行产品生产与功能分工,从而实现劳动力与资本的有效配置、专业化生产以及规模经济。根据经济一体化中的区位理论,城市群中的不同城市因地理位置、市场需求、运输费用、劳动力费用、距离中心城市路程等因素的差异,会产生以中心城市为内核并逐步向外分层的不同产业聚集带。因此,就城市群分工的类型而言,主要包括产业分工、产品分工、价值链分工以及空间分工,分工是促进城市群经济一体化的基础。(2)竞争是城市群经济一体化的前提,所谓"竞争"即是指行为双方获取优势、实现自身利益的过程。正如斯密所言,竞争是经济发展的动力之源。从经济一体化的自由贸易理论来看,区域经济一体化主要是两个或两个以上国家或地区缔结双边协定,逐步消除区域间的贸易与投资壁垒、歧视性政策等,促进商品、要素以及资本的自由流动,推动各经济行为主体在更广阔的市场空间上进行自由竞争,从而有利于提高经济效率,获取贸易创造、贸易转移以及贸易扩张效应。因此,就市场整合的结果而言,主要包括产品一体化与要素一体化。就市场整合的过程而言,主要指贸易与投资一体化。在我国的城市群经济一体化进程中,"十三五"规划纲要也强调要确保竞争的核心地位、发挥市场机制在支配商品、服务与人才流动中的绝对性作用。由此可见,竞争是推进城市群经济一体化的前提。(3)协作是城市群经济一体化的手段,所谓"协作",是指系统中的各个要素通过协调合作,达到系统整体功能大于各个要素功能之和的一种系统结构状态。根据经济一体化的协同理论来看,城市群中各个城市的生产要素、工业系统、城镇体系、制度框架构成了区域经济系统中的要素,城市群经济一体化有赖于系统中各个要素通过协调合作,从而达到系统整体功能大于各个要素功能之和的一种系统结构状态。立足城市群经济一体化的过程,协作实现了城市群内部各城市之间的密切联系与协同发展。就城市间协作的主要内容而言,主要包括产学研合作、政策协同以及创新活动的空间依赖与空间溢出。并且,就城市间协作的机制而言,主要包括经济与人口动态协调机制、产业结构协调机制、经济与资源环境协调机制等。归纳来说,城市群经济一体化是上述三种要素的有机统一,只有竞争与协作,经济一体化将难以定位;只有分工与竞争,经济一体化将失去平衡;只有分工与协作,经济一体化将缺乏效率。

第二节 地方政府与国有企业
交互关系的界定

通过对地方政府政策目标或实施手段主题文献的梳理,结合对我国地方经济发展历程的回顾。可以发现,地方政府成为所辖区域中各项事务的"大管家",具体承担各地区的经济发展、社会稳定、促进就业、缩小收入差距、完善基础设施、提供公共服务等多种职责。伴随着我国财政分权和分税制改革的不断深入,中央政府与地方政府进行"分灶吃饭"。特别是近几年的财政政策(比如,从2003年开始,地方政府占有的所得税增量的比例下降到40%。并且,当期实行了"营改增"方案)的改革与实施,地方政府的收入份额快速下降,造成地方政府的事权与财权不对称的局面(赵文哲、杨继东,2015)。地方政府由此陷入巨大的财政赤字与缺口,地方政府在进行实施地区经济发展等方面的财政支出时也将捉襟见肘、财力不足。与此同时,我国地方政府之间兴起了激烈地"为增长而竞争"的锦标赛制度。此外,我国行政绩效考核体系还不太健全,经济增长水平成为上级政府对地方官员选拔的主要考量指标。面对这种形势,地方政府积极实施了各种形式与内容的"投资推动增长战略"(林毅夫、李志赟,2004),也迫切地需要将具体的政策性负担"分派到部门、分包到个人"。此时,地方国有企业成为了当地政府转移政策性负担的首选,这一点也是由国有企业的性质和运行机制决定的。

从国有企业的性质来看,国有企业不仅具有一般企业的性质,即通过产品创新、运营管理、营销布局等战略以追求效率最大化。而且国有企业也具有特殊企业的性质,即国有企业在培育市场经济体制、提供就业岗位、调节收入分配、维护市场秩序等方面发挥重要的作用。正如黄群慧(2022)的研究中提到,对于一家具体的国有企业而言,其始终无法摆脱企业使命冲突和经营逻辑矛盾,究竟是以追求盈利的市场经济目标为主还是以追求公益的政府公共目标为主?因此,从某种意义上来说,社会主义市场经济体制中的国有企业也将成为地方政府参与经济的重要手段(黄速建、余菁,2006),这也是国有企业存在的重点。从国有企业的运营机制来看,地方政府成为国有企业发展的主要监管者,国有企业高层领导人也是由当地政府进行任免。这种监管机制与人事制度决定了国有企业难以"逃脱"地方性的政策性负担。为此,地方国有企业一般通过冗员就业(廖冠民、沈红波,2014)、过度投资(程仲鸣等,2008;章卫东等,2014)、定向并购(潘红波等,2008)等形式来完成就业与经济增长等方面的任务。由此可见,国有企业成为当地政府调控区域经济社会发展、完成既定政策目标的重要抓手。

纵览国有企业效率评价与影响因素的文献,可以发现,部分文献认为国有企业的效率通常较低,并且具有生产效率和创新效率的双重损失(姚洋,1998;刘小玄,2002;姚洋、章奇,2001;吴延兵,2011,2012;肖仁桥等,2015a,2015b)。继续深入考察研究国有企业效率低下的影响因素时,除却委托代理问题(比如,"所有者缺位""虚委托人""内部人控制"、剩余控制权和索取权的分离等)、公司治理不完善(比如,国有股一股"独大"、激励约束机制不完善等)以外,国有企业承担了大量非经济性的政策性负担和社会公共目标,导致国有企业进行逆向选择和软预算约束问题,企业失去了利润最大化的追求,从而致使国有企业效率低下(Shleifer & Vishny,1994;林毅夫等,1997;徐朝阳,2014;廖冠民、沈红波,2014;吴延兵,2014)。由于信息不对称的存在,政府无法确知政策性负担给国有企业带来的亏损是多少,也很难分清楚一个企业的亏损是政策性负担造成的还是由于企业自身管理不当或是企业经理人员的道德风险造成的,在激励不相容的情况下,国有企业便会把所有亏损都归咎于政策性负担,而地方政府在信息劣势的情况下只好把企业的所有亏损的责任都负担起来,从而为国有企业提供事后补贴(林毅夫、李志赟,2004)。樊纲(2000)在系统整理地方政府对国有企业的优惠补贴主要形式时,发现主要存在如下三条途径:一是地方政府财政补贴偏向于国有企业,由于国有企业往往与地方政府具有千丝万缕的联系,特别是国有企业高层管理人员大多由政府机构人员"转业"或是地方政府指派而定,他们身上携带了大量政治资源,并为获取优惠政策与补贴争取了机会(聂辉华等,2008;李春涛、宋敏,2010;贺京同、高林,2012;陶虎等,2015)。二是变向的金融补贴,随着改革开放的深入,金融补贴替代了财政补贴,成为补贴国有企业的新方式(Cull & Xu,2003;Luo et al.,2011;刘瑞明,2011;余超、杨云红,2016)。三是直接融资情况下发生的"坏股",这也就是科尔奈(Kornai,1986)提出的软预算约束。当国有企业经营不善或投资项目失败时,他们往往会从地方政府获取"财务损失"的补偿(Kleer,2010;张曙光,2001)。

由此可见,地方政府通常会把促进经济增长、稳定就业水平、完善基础设施、提供公共服务等多重任务转移到本地的国有企业身上,希冀国有企业在发展过程中完成更多的社会公共目标,诸如经济增长、就业稳定、财政盈余以及公共服务供给等。与此同时,地方政府为支持本地国有企业发展壮大,会积极提供优惠补贴,诸如财政补贴、税收优惠、金融补贴以及资源要素优惠等。因此,本研究将地方政府与国有企业之间交互行为(简称"政企交互关系",下文同)界定为:以相互融合发展为纽带,国有企业承担着地方政府的某些社会公共目标,地方政府为国有企业提供优惠补贴作为发展支撑,双方形成紧密的交互关系(见图3.2)。现阶段,学者们对于政企交互关系概念并没有清晰地界定,其具体内涵与外部影响散见于相关主题的论述中。比如,刘瑞明(2011)在研究国有企业的经济增长拖累效应时,李勇和郭丽丽(2015)在考察国有企业就业拖累效应时,白重恩等(2004)、陈敏等(2007)、徐现祥等(2007)、范剑勇和林云(2011)在探究地方政府行政干预、保护主义对区域经济一体化时,他们的研究视角只涉及单个行为主体(国有企业或地方政府)对社会经济发展的影响。但是,他们在理论推演和内容论述时,总是会涉及地方政府和国有企业共同的行为影响。的确,国有企业的人事制度、经营战略与公司治理等方面受到地方政府的干预,而地方政府的公共治理目标、干预经济的手段也离不开国有企业的配合。在这样的背景下,褚敏和靳涛(2013a,2013b)分析了政企交互关系对地区收入差距、产业结构升级的影响,赵文哲和杨继东(2015)分析了政企交互关系对土地出让方式的影响。

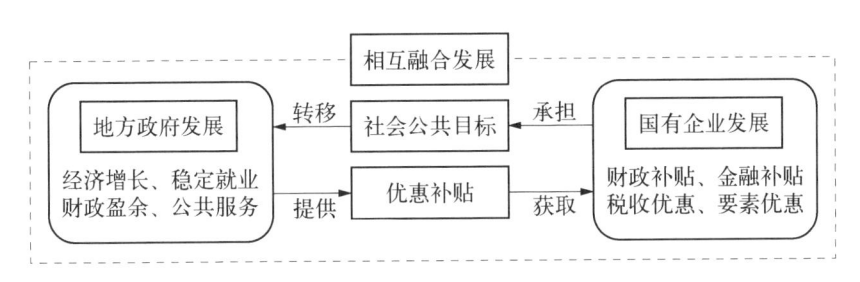

图 3.2 地方政府与国有企业交互行为

为了加强对政企交互关系概念的把握与理解,下面将对"行政垄断""政企合谋"等类似概念加以辨析。行政垄断主要是指政府通过法律、行政法规或规定等形式设置了市场准入壁垒、差别性待遇等,从而维护本地政府部门、本地区所属企业的利益(过勇、胡鞍钢,2003)。政企合谋主要指信息不对称的背景下,地方政府处于自身或本区域利益的考虑,与本地企业达成一致行为而违背中央政府的政策(聂辉华、李金波,2007)。本研究中提到的政企交互关系是指以相互融合发展为纽带,国有企业承担着促进经济增长、稳定就业水平、提供公共服务等地方政府的社会公共目标,而地方政府为国有企业提供财政补贴、金融补贴、税收优惠、要素垄断等隐形补贴作为企业发展支撑,双方形成紧密的交互关系。由此可见,行政垄断是地方政府为本地国有企业提供隐性补贴的主要手段,它主要立足地方政府的视角,强调当地政府为保护本地利益而实施的一系列地方保护政策。政企合谋泛指当地政府与本地企业之间达成"隐形契约"以保护地方性利益,而本书中政企交互关系偏重地方政府与国有企业之间形成的交互关系,强调以地方经济和国有企业的相互融合发展为根本前提。

第三节 政企交互关系影响城市群经济一体化的理论模型

本部分构建了一个简化的理论模型,通过对比地方政府实行一体化与非一体化时的目标函数,来评估地方政府实行一体化策略前后的效应,因此,理论模型分为三个部分。第一部分为政府非一体化时的初始状态,探讨国有企业和非国有企业的目标函数;第二部分为政府实行一体化时的后续状态,假定一体化状态下,地方政府辖区内的所有企业均在完全竞争状态下获取资源要素,以追求盈利的市场经济目标为主,进而决定企业长期均衡的产出水平;第三部分为政府衡量实现一体化与非一体化政策下目标效应水平,如果一体化所带来的效用水平明显高于非一体化状态下的效用水平,则地方推进一体化的意愿较强,反之亦然。

一、非一体化时,国有企业、非国有企业目标与政府目标

(一)国有企业目标

在王曦(2005)、褚敏和靳涛(2013a,2013b)研究的基础上,假设政府控制下的国有企业的目标函数为利润最大化与税收最大化的一个加权函数,权重为 θ(满足 $0<\theta\leqslant1$),表示地方政府与国有企业之间的交互关系程度,θ 越大,地方政府与国有企业之间交互关系越紧密,国有企业目标函数表达式为:

第三章 政企交互关系影响城市群经济一体化的理论分析 / 65

$$\max \int_{t=0}^{\infty} e^{-\gamma t}\{(1-\theta)[F(K_{st})-p_s(I_{st}+\delta K_{st})-C(I_{st})]+\theta\tau F(K_{st})\}dt$$

(3.1)

考虑到中国长期的经济增长主要表现为资本拉动型增长,且资本拉动型经济增长存在惯性(洪银兴,2017),因此将企业的生产函数表示为资本的函数:$F(K_{st})=\alpha K_{st}-\beta K_{st}^2$;$C(I_t)=mI_{st}^2$;$K'_{st}=I_{st}$;$K_{st}|_{t=0}=K_{s0}$。式中,$\gamma$ 为单个国有企业的时间贴现率,τ 为国有企业上缴的税率,满足 $\tau\geq 0$。K_{st} 表示 t 时刻国有企业的实际资本存量,$F(K_{st})$ 为国有企业的瞬时生产函数,α、β 大于0。I_{st} 表示 t 时刻国有企业的实际投资额,δ 为资本折旧率,满足 $0<\delta<1$;$C(I_{st})$ 表示投资的调整成本函数。p_s 为资本品对最终产品的相对价格,此处价格最终产品的价格指数为1,因此,p_s 值越小,表示地方政府配置给国有企业的资本要素价格越低,满足 $0\leq p_s\ll 1$。为求解上式函数,先建立当期的汉姆尔顿函数:

$$H_{st}=\{(1-\theta)[\alpha K_{st}-\beta K_{st}^2-p_s(I_{st}+\delta K_{st})-mI_{st}^2]+\\ \theta\tau(\alpha K_{st}-\beta K_{st}^2)\}+q_{st}I_{st}$$

(3.2)

一阶条件(FOC)为:

$$\partial H_{st}/\partial I_{st}=0,则\ (1-\theta)(-p_s-2mI_{st})+q_{st}=0 \quad (3.3)$$

$\partial H_{st}/\partial K_{st}=-q'_{st}+\gamma q_{st}$,则 $(1-\theta)(\alpha-2\beta K_{st}-p_s\delta)+\theta\tau(\alpha-2\beta K_{st})=-q'_{st}+\gamma q_{st}$

(3.4)

$$\partial H_{st}/\partial q_{st}=K'_{st},则\ K'_{st}=I_{st} \quad (3.5)$$

横截性条件(TVC)为:

$$\lim_{t\to\infty}e^{-\gamma t}q_{st}K_{st}=0 \quad (3.6)$$

对式3.3求导可得: $\quad (1-\theta)2mI'_{st}=q'_{st} \quad (3.7)$

将式3.3和式3.7代入式3.4中,可得:

$$I'_{st}=\gamma I_{st}+[(1-\theta)(\gamma+\delta)p_s-(\alpha-2\beta K_{st})(1-\theta+\theta\tau)]/2m(1-\theta)$$

(3.8)

在稳态时,K_{st} 为常数,则 $K'_{st}=0$,由式3.5可知,$I_{st}=0$,则 $I'_{st}=0$。将 I_{st}、I'_{st} 代入稳态系统式3.8中,可得均衡时的国有企业的资本存量:

$$K_s^* = \frac{\alpha(1-\theta+\theta\tau) - (\gamma+\delta)(1-\theta)p_s}{2\beta(1-\theta+\theta\tau)} \quad (3.9)$$

则国有企业的均衡产出为: $\quad Y_s = \alpha * K_s^* - \beta(K_s^*)^{\wedge}2 \quad (3.10)$

将 K_s^* 代入式 3.10 中,可得:

$$Y_s = \frac{\alpha[\alpha(1-\theta+\theta\tau) - (\gamma+\delta)(1-\theta)p_s]}{2\beta(1-\theta+\theta\tau)}$$

$$-\frac{[\alpha(1-\theta+\theta\tau) - (\gamma+\delta)(1-\theta)p_s]^2}{4\beta(1-\theta+\theta\tau)^2} \quad (3.11)$$

(二) 非国有企业目标

假设非国有企业处于完全竞争市场,相对于国有企业,地方政府不会对非国有企业实行相应的价格补贴,而非国有企业主要关注自身的盈利增长,而不用关注政府的社会公共目标实现。因此,本文将非国有企业的目标函数设定为仅关注自身利益最大化的函数,形式如下:

$$\max \int_{t=0}^{\infty} e^{-\gamma t} [F(K_{pt}) - p_p(I_{pt} + \delta K_{pt}) - C(I_{pt}) - \tau F(K_{pt})] dt \quad (3.12)$$

式 3.12 满足: $F(K_{pt}) = \alpha K_{pt} - \beta K_{pt}^2$,为使计算方便,本研究假定国有企业与非国有企业的生产参数一致; $C(I_t) = nI_{pt}^2$; $K'_{pt} = I_{pt}$; $K_{pt}|_{t=0} = K_{p0}$。式中,γ 为单个非国有企业的时间贴现率,τ 为非国有企业上缴的税率,满足 $\tau \geqslant 0$,需要说明的是,为简化分析,在理论模型构建过程中不考虑企业异质性的影响,假定所有内资企业的税率基本保持一致。K_{pt} 表示 t 时刻非国有企业的实际资本存量,$F(K_{pt})$ 为非国有企业的瞬时生产函数,α、β 大于 0。I_{pt} 表示 t 时刻非国有企业的实际投资额,δ 为资本折旧率,满足 $0 < \delta < 1$; $C(I_{pt})$ 表示投资的调整成本函数。p_p 为非国有企业资本品对最终产品的相对价格,此处最终产品的价格指数为 1,满足 $0 \leqslant p_s < p_p < 1$。同上求解,建立当期的汉姆尔顿函数:

$$H_{pt} = [\alpha K_{pt} - \beta K_{pt}^2 - p_p(I_{pt} + \delta K_{pt}) - nI_{pt}^2 - \tau(\alpha K_{pt} - \beta K_{pt}^2)] + q_{pt}I_{pt}$$

一阶条件(FOC)为:

$$\partial H_{pt}/\partial I_{pt} = 0, \text{则} - p_p - 2nI_{pt} + q_{pt} = 0 \quad (3.13)$$

$$\partial H_{pt}/\partial K_{pt} = -q'_{pt}+\gamma q_{pt}, 则 \alpha-2\beta K_{pt}-p_p\delta-\tau(\alpha-2\beta K_{pt})=-q'_{pt}+\gamma q_{pt} \tag{3.14}$$

$$\partial H_{pt}/\partial q_{pt} = K'_{pt}, 则 K'_{pt}=I_{pt} \tag{3.15}$$

横截性条件(TVC)为:

$$\lim_{t\to\infty}e^{-\gamma t}q_{pt}K_{pt}=0 \tag{3.16}$$

对式 3.13 求导可得：$2nI'_{pt}=q'_{pt}$ (3.17)

将式 3.13 和式 3.17 代入式 3.14 中,可得：

$$I'_{pt}=\gamma I_{pt}+[(\gamma+\delta)p_p-(\alpha-2\beta K_{pt})(1-\tau)]/2n \tag{3.18}$$

在稳态时,K_{pt} 为常数,则 $K'_{pt}=0$,由式(3.15)可知,$I_{pt}=0$,则 $I'_{pt}=0$。将 I_{pt}、I'_{pt} 代入稳态系统式 3.18 中,可得均衡时的非国有企业的资本存量：

$$K_p^*=\frac{\alpha(1-\tau)-(\gamma+\delta)p_p}{2\beta(1-\tau)} \tag{3.19}$$

则非国有企业的均衡产出为:

$$Y_p=\alpha\times K_p^*-\beta(K_p^*)^{\wedge}2 \tag{3.20}$$

将 K_p^* 代入式 3.20 中,可得：

$$Y_p=\frac{\alpha[\alpha(1-\tau)-(\gamma+\delta)P_p]}{2\beta(1-\tau)}-\frac{[\alpha(1-\tau)-(\gamma+\delta)P_p]^2}{4\beta(1-\tau)^2} \tag{3.21}$$

(三) 地方政府目标

从国有企业目标函数中,我们可以看出,地方政府与国有企业之间存在交互关系,国有企业承担了地方发展的社会公共目标,地方政府为支持国有企业发展提供资源要素优惠,因此,在非一体化情形下,政府的长期均衡目标函数设定为如下加权函数：

$$Y_{NI}=\eta Y_s+(1-\eta)Y_p \tag{3.22}$$

式 3.22 中,Y_{NI} 为非一体化情形下的总产出,假定地区的企业数量为 1,η 为地区内的国有企业占比,$1-\eta$ 为地区内的非国有企业占比,则地区的总产出为国有企业与非国有企业的加权和。将式 3.11 和式 3.21 代入式 3.22

中,可得政府非一体化情形下的总产出为:

$$Y_{NI} = (1-\eta)\left\{\frac{\alpha[\alpha(1-\tau)-(\gamma+\delta)p_p]}{2\beta(1-\tau)} - \frac{[\alpha(1-\tau)-(\gamma+\delta)p_p]^2}{4\beta(1-\tau)^2}\right\}$$
$$+ \eta\left\{\frac{\alpha[\alpha(1-\theta+\theta\tau)-(\gamma+\delta)(1-\theta)p_s]}{2\beta(1-\theta+\theta\tau)}\right.$$
$$\left. - \frac{[\alpha(1-\theta+\theta\tau)-(\gamma+\delta)(1-\theta)p_s]^2}{4\beta(1-\theta+\theta\tau)^2}\right\} \quad (3.23)$$

二、一体化时,国有企业、非国有企业目标与政府目标

区域之间实行一体化的主要表现为促进要素和商品的自由流动,在这种情形下,区域内的所有企业都可以在完全竞争的条件下,决定长期的均衡行为。本研究假定,在一体化情形下,国有企业与非国有企业都参与市场完全竞争,以产出最大化的目标函数进行生产,函数设定为:

$$\max \int_{t=0}^{\infty} e^{-\gamma t}[F(K_{it}) - p_i(I_{it}+\delta K_{it}) - C(I_{it}) - \tau F(K_{it})]dt \quad (3.24)$$

式 3.24 中,$F(K_{it}) = \alpha K_{it} - \beta K_{it}^2$,与上文同;$C(I_t) = hI_t^2$;$K_t' = I_{it}$;$K_{it}|_{t=0} = K_{i0}$。式中,$\gamma$ 为企业的时间贴现率,τ 为企业上缴的税率,满足 $0 \leq \tau < 1$。K_{it} 表示 t 时刻企业的实际资本存量,$F(K_{it})$ 为企业的瞬时生产函数,α、β 大于 0。I_{it} 表示 t 时刻企业的实际投资额,δ 为资本折旧率,满足 $0 < \delta < 1$;$C(I_{it})$ 表示投资的调整成本函数。p_i 为一体化情形下企业资本品对最终产品的相对价格,考虑到一体化情形下,要素充分流动,使得 p_i 满足 $0 \leq p_s < p_i < p_p < 1$。类似于上述求解方法,可得一体化情形下,企业的均衡资本投入和均衡产出分别为:

$$K_i^* = \frac{\alpha(1-\tau)-(\gamma+\delta)p_i}{2\beta(1-\tau)} \quad (3.25)$$

$$Y_I = \alpha * K_i^* - \beta(K_i^*)^{\wedge}2 \quad (3.26)$$

将式 3.25 代入式 3.26 可得:

$$Y_I = \frac{\alpha[\alpha(1-\tau)-(\gamma+\delta)p_i]}{2\beta(1-\tau)} - \frac{[\alpha(1-\tau)-(\gamma+\delta)p_i]^2}{4\beta(1-\tau)^2} \quad (3.27)$$

此种情形下,企业的产出函数即为政府的目标函数。

三、政府从非一体化转变为一体化的效用函数比较

假定地方政府通过对比一体化前后的效用函数,进而决定推进一体化的意愿,因此,本研究将地方政府一体化决策的函数表示一体化前后的效用函数的隐函数,表达式为 $I(U)$,满足 $I'(U)>0$,一阶导数大于0,说明如果地方政府从非一体化状态转化为一体化状态时获得的效用函数越大,则说明地方政府推进一体化的意愿越强,反之,如果地方政府从非一体化状态转变为一体化状态时,获得的效应函数越小,则地方推进一体化的意愿也会越弱。此处,假定地方政府在关注其效用时,主要考虑国有企业与非国有企业为之带来的经济增长,则地方政府从非一体化状态转化为一体化状态时,可获得的效用函数可简化为:

$$U = Y_I - Y_{NI} \tag{3.28}$$

将式3.23中的 Y_{NI} 和式3.27中的 Y_I 分别代入式3.28中,可得效用函数为:

$$\begin{aligned}U =& \frac{\alpha[\alpha(1-\tau)-(\gamma+\delta)p_i]}{2\beta(1-\tau)} - \frac{[\alpha(1-\tau)-(\gamma+\delta)p_i]^2}{4\beta(1-\tau)^2} \\ &- (1-\eta)\left\{\frac{\alpha[\alpha(1-\tau)-(\gamma+\delta)p_p]}{2\beta(1-\tau)} - \frac{[\alpha(1-\tau)-(\gamma+\delta)p_p]^2}{4\beta(1-\tau)^2}\right\} \\ &- \eta\left\{\frac{\alpha[\alpha(1-\theta+\theta\tau)-(\gamma+\delta)(1-\theta)p_s]}{2\beta(1-\theta+\theta\tau)}\right. \\ &\left. - \frac{[\alpha(1-\theta+\theta\tau)-(\gamma+\delta)(1-\theta)p_s]^2}{4\beta(1-\theta+\theta\tau)^2}\right\} \end{aligned} \tag{3.29}$$

假定 $1-\theta+\theta\tau=A$ 且 $0<A<1$,则 U 可化简为:

$$U = \frac{(\gamma+\delta)^2\theta^2}{4\beta A^2(1-A)^2}\left[\eta\left(\frac{1-\theta}{\theta}\right)^2(1-A)^2(p_s^2)+A^2(p_p^2-p_i^2)-\eta A^2 p_p^2\right] \tag{3.30}$$

将式3.30分别对 η 和 θ 求导,由于 $0\leqslant p_s<p_i<p_p<1$,$0\leqslant\tau<1$,$0<A=1-\theta+\theta\tau<1$ 对 η 求导可得:

$$\frac{\partial U}{\partial \eta} = \frac{(\gamma+\delta)^2\theta^2}{4\beta A^2(1-A)^2}\left[\left(\frac{1-\theta}{\theta}\right)^2(1-A)^2(p_s^2)-A^2 p_p^2\right]$$

$$< \frac{(\gamma+\delta)^2\theta^2}{4\beta A^2(1-A)^2}[(1-\theta)^2(1-\tau)^2p_p^2-(1-\theta+\theta\tau)^2p_p^2]$$

$$=\frac{(\gamma+\delta)^2\theta^2 p_p^2}{4\beta A^2(1-A)^2}[(A-\tau)^2-(A)^2]<0 \tag{3.31}$$

由于 $\frac{\partial I}{\partial \eta}=\frac{\partial I}{\partial U}\times\frac{\partial U}{\partial \eta}$，且 $\frac{\partial I}{\partial U}>0$ 和 $\frac{\partial U}{\partial \eta}<0$，因此，$\frac{\partial I}{\partial \eta}<0$。

式 3.30 结果表明，国有企业比重是政府推进一体化进程的减函数，因此，我们可以得到命题 1：政府在决定是否快速推进一体化的时候，会考虑当地国有企业比重，即当一个地区的国有比重越高的时候，政府推进一体化的速度减慢，说明国有企业的大量存在是阻碍当地政府推进一体化的因素。

式 3.30 只能说明国有企业这一状态变量的存在阻碍了政府推进一体化，但是并没有解释为什么国有企业的存在会阻碍政府推进区域一体化，因此，本研究继续考察地方政府与国有企业交互关系如何影响城市群经济一体化。θ 变量可以很好地衡量政府与国有企业与国有企业之间的交互关系，一方面代表了政府对国有企业的要素配置偏好程度，θ 越高，则国有企业获得的要素价格 p_s 越低；另一方面，θ 代表了国有企业承担的社会公共目标，θ 越高，则表征国有企业需要承担的社会公共目标程度越高，因此，随着 θ 上升，二者交互水平也会提高。因此，对 θ 求导可得：

$$\frac{\partial U}{\partial \theta}=\frac{\eta(\gamma+\delta)^2(1-\tau)^2(p_s^2)}{4\beta(1-\tau)^2}[(1-\theta)^2(1-\theta+\theta\tau)^{-2}]$$

$$=\frac{\eta(\gamma+\delta)^2(1-\tau)^2(p_s^2)}{4\beta(1-\tau)^2}[-2(1-\theta)(1-\theta+\theta\tau)^{-2}$$

$$-2(1-\theta)^2(1-\theta+\theta\tau)^{-3}(\tau-1)]$$

$$=\frac{-2\eta(\gamma+\delta)^2(1-\tau)^2(p_s^2)}{4\beta(1-\tau)^2}\left[\frac{(1-\theta)(1-\theta+\theta\tau)-(1-\theta)^2(1-\tau)}{(1-\theta+\theta\tau)^3}\right]$$

$$=\frac{-2\eta(\gamma+\delta)^2(1-\tau)^2(p_s^2)}{4\beta(1-\tau)^2}\left[\frac{(1-\theta)\tau}{(1-\theta+\theta\tau)^3}\right]<0$$

同理，$\frac{\partial I}{\partial \theta}=\frac{\partial I}{\partial U}\times\frac{\partial U}{\partial \theta}$，且 $\frac{\partial I}{\partial U}>0$ 和 $\frac{\partial U}{\partial \theta}<0$，因此，$\frac{\partial I}{\partial \theta}<0$。

以上结果表明，政府与当地国有企业的交互程度是政府推进一体化进程的减函数，因此，我们可以得到命题 2：地方政府在决定是否快速推进一体化的时候，会考虑非一体化时政府与国有企业之间的交互行为，即当一个地区的国有企业与政府之间交互关系越紧密,地方政府推进一体化的意愿会减弱,在一定程度上阻碍了城市群经济一体化的快速推进。

以上两个命题的经济含义是重要而明显的,国有企业的大量存在,会更多地承担地区发展过程中的社会公共目标,同时也能更多地获取地方政府给予的优惠补贴,两者之间的交互行为会在一定程度上减弱或阻碍地方政府快速推进一体化的意愿。

第四节 政企交互关系影响城市群经济一体化的机制探讨

通过对现有文献的整理与回顾发现,部分学者一方面验证了体制因素中的地方保护和地方政府竞争对城市群经济一体化的抑制作用,另一方面验证了国有企业占比越高的区域,其城市群经济一体化水平越低,比如,白重恩等(2004)、陈敏等(2007)、徐现祥等(2007)、范剑勇和林云(2011)探究了地方政府行政干预、保护主义对区域经济一体化的影响,刘瑞明(2014)研究了国有企业的经济增长拖累效应,李勇和郭丽丽(2015)考察国有企业的就业拖累效应。虽然他们的研究视角只涉及单个行为主体(国有企业或地方政府)对社会经济发展的影响,但是,他们在理论推演和内容论述时,总是会涉及地方政府和国有企业共同的行为影响。的确,国有企业的人事制度、经营战略与公司治理等方面受到地方政府的干预,而地方政府的公共治理目标、干预经济的手段也离不开国有企业的配合。因此,从路径依赖理论出发,真正影响城市群经济一体化的因素是政企交互关系。地方政府与国有企业之间以相互融合发展为纽带,国有企业承担着地方政府的某些社会公共目标,地方政府为国有企业提供优惠补贴作为发展支撑,双方形成紧密的交互关系是影响城市群推动一体化的重要因素,其内在机制在于政企交互关系的存在会引致地区要素配置倾向化,这种倾向化要素配置影响了城市群的市场整合、功能分工以及经济联系,进而影响城市群经济一体化水平。

要素配置倾向化主要指地方政府利用其对所属行政区内要素使用的裁决权,从而对特定对象的倾向化配置,直接结果是要素错配。要素配置对于区域经济发展具有重要意义,部分学者深入探讨了我国要素配置的影响因素与作用效果。从要素配置对象来看,地方政府的要素配置倾向于本地、国有、大型的企业(张天华、张少华,2016;陈诗一,2017;李艳、杨汝岱,2018),本地大型国有企业具有获取要素配置的所有权优势和规模优势。从要素配置内容来看,地方政府主要从金融抑制、劳动力流动管制、土地转让、科技补贴、市场规制等方面进行倾斜化配置(Wei et al.,2017;盖庆恩等,2017)。从要素配置手段来看,地方政府主要运用隐形补贴、政策歧视、行政垄断、本地保护等手段实现对特定对象的倾斜配置(樊纲,2000;宋马林、金培振,2016)。对于地方政府进行要素配置倾向化的原因而言,现有研究结论主要体现在税负、人民币汇率、住房价格、产业集聚、地方保护(靳来群,2015;陈斌开等,2015;刘竹青、盛丹,2017;刘启仁、黄建忠,2018)等因素。值得强调的是,靳来群(2015)研究发现,资源错配问题的根本原因并不在于所有制差异本身,而在于政府行政权力与国有企业垄断结合而形成的行政垄断。诚然,地方政府对本地国有企业进行倾向化要素配置的动机在于政企之间存在交互行为,该结论可以从中国经济发展历程中得到证实。改革开放以来,特别是我国财政分权和分税制改革的不断深入,中央政府逐步下放行政审批权,极大地增加了地方政府的决策自主性与自由度。与此同时,地方政府将承担着所属区内的经济发展、促进就业等多重公共目标(林毅夫、李志赟,2004)。当地方政府面临的社会发展压力越大、公益公共目标越多,其对所属行政区内的资源进行倾向化配置的意愿越强。由于国有企业具有特殊的所有权性质和运行机制,从而决定了本地国有企业成为地方政府实现社会公共目标和要素集中配置的首选对象,其中优惠补贴是要素倾向化配置的重要手段。

要素投入是经济发展的前提条件,要素配置方式决定了区域经济发展模式与效率水平。那么,由政企交互关系引致的要素倾向化配置势必对我国城市群经济一体化产生决定性作用。首先,要素配置倾向化将导致本地保护主义的盛行,影响城市群市场整合。为了使本地企业更好地实现地区发展过程的社会公共目标,地方政府将对本地国有企业进行倾向化要素配置以助力其发展壮大。但是,受软预算约束等因素的影响,国有企业往往表现出效率低下(Kleer,2010)。为此,地方政府又会加大对国有企业的事后补贴,从而形成了要素配置倾向化的累积循环。地方政府为了维持国有企业在资本密集型、人力资本密集型和能源行业的垄断地位(Naughton,2017),通常实行严格的本地保护主义。政企交互关系引致的地方化保护将严重阻碍城市群内部不同区域之间统一大市场的形成,抑制城市群的市场整合,进而影响城市群经济一体化。其次,要素配置倾向化引致了产业同质化布局的热潮,影响城市群功能分工。在"为增长而竞争"的锦标赛制度催促下,地方政府之间为了实现经济赶超,纷纷实施了一批由本地国有企业重点参与建设的基础设施项目、要素密集型项目以及新兴产业项目。由于城市群内不同地区要素禀赋的相似性,导致各个地方政府竞相进行相同产业或重点项目布局,由此掀起了区域间的同质化竞争、低水平重复建设以及产业同构性,这将严重打破了城市群内部各区域之间的功能分工格局。从20世纪80年代的轻纺热、90年代的"开发区热",到21世纪初的"造车大跃进""机场建设大战"等现象均说明了这一问题(周黎安,2004)。政企交互关系引致的要素配置倾向化使得城市之间产业布局出现同质化竞争和低水平重复建设局面,抑制了城市群的功能分工,进而影响城市群经济一体化。再次,要素配置倾向化引致了区域竞相化发展的浪潮,影响城市群经济协作。由于我国行政绩效考核体系还不太健全,对地方政府而言,本地区社会公共目标实现的评估结果往往被作为上级政府考察地方官员的重要指标,这导致同层级乃至不同层级的地方政府之间竞争十分激烈,地方政府都倾向于通过行政配置资源与地方保护的方式来保障本地企业优先快速发展,以获得政治竞争优势,而国有企业成为优先支持发展的重点对象。这种要素配置倾向化引致了区域竞相化发展浪潮,弱化了城市之间的经济协作,进而影响城市群经济一体化。

综上所述,可以发现,地方政府通常会把促进经济增长、稳定就业水平、完善基础设施、提供公共服务等多重任务转移到本地的国有企业身上,希冀国有企业在发展过程中完成更多的社会公共目标,诸如经济增长、就业稳定、财政盈余以及公共服务供给等。与此同时,地方政府为支持本地国有企业发展壮大,会积极提供优惠补贴,诸如财政补贴、税收优惠、金融补贴以及资源要素优惠等,两者之间以相互融合发展为纽带,形成紧密交互关系。政企交互关系的存在会引致地区要素配置倾向化,这种倾向化要素配置影响了城市群的市场整合、功能分工以及经济联系,进而影响城市群经济一体化水平。

第五节 本章小结

本章以文献梳理、理论推演、模型推导等方法为工具,首先从分工、竞争、协作三个维度对城市群经济一体化的内涵进行了重新解读。综合来说,分工是城市群经济一体化的基础,竞争是城市群经济一体化的前提,协作是城市群经济一体化的手段。并且,城市群经济一体化是上述三种要素的有机统一,只有竞争与协作,经济一体化将难以定位;只有分工与竞争,经济一体化将失去平衡;只有分工与协作,经济一体化将缺乏效率。其次对政企交互关系的概念进行了初步界定,本研究认为,政企交互关系主要是指地方政府与国有企业之间以融合发展为纽带,国有企业承担着促进经济增长、稳定就业水平、提供公共服务等社会公共目标,地方政府据此为国有企业提供财政补贴、金融补贴、税收优惠、要素垄断等优惠补贴以支撑其发展,双方形成紧密的交互关系。最后,基于上述概念界定与内涵解读的基础上,本章构建了政企交互关系制约城市群经济一体化的理论模型,通过对比经济一体化政策实施前后,地方政府效应大小的变化,推论发现,国有经济比重越高、政企交互关系越强,地方政府推进城市群经济一体化的速度越慢。

接下来对政企交互关系影响城市群经济一体化的机制进行探讨,发现地方政府通常会把促进经济增长、稳定就业水平、完善基础设施、提供公共服务等多重任务转移到本地的国有企业身上。与此同时,地方政府为支持本地国有企业发展壮大,会积极提供优惠补贴。政企交互关系的存在会引致地区要素配置倾向化,从而影响城市群的市场整合、功能分工以及经济联系,进而影响城市群经济一体化水平。

第四章 政企交互关系与城市群的市场整合——基于一体化的竞争视角

本章将基于经济一体化的竞争视角,运用1998—2014年我国10个城市群的数据为样本,并以价格法来测算城市群内部不同城市间的市场整合程度,试图分析政企交互关系对城市群市场整合的影响效用。结构安排如下:第一节为引言,第二节为城市群市场整合的测度,第三节为政企交互关系对城市群市场整合的实证分析,第四节为本章研究的主要结论。

第一节 引　　言

改革开放以来,中国积极推动以市场化为导向的经济改革,致力于实现国际国内经济市场的统一。虽然在经济领域的市场整合程度相较于改革开放前有所提高,但随着分权制改革的实施与推进,市场分割现象依然存在,使得我国城市群的一体化水平仍然较为迟缓。现有关于市场分割的研究主要聚焦于两个方面:一是中国省份和城市的市场分割现状,二是引致市场分割的原因。其中,关于中国国内市场一体化水平究竟如何一直聚讼不休,一部分学者认为中国国内商品市场的分割程度在逐渐下降,也有一部分学者则认为其在逐渐上升。如Naughton(1999)选取1987—1992年中国省际间贸易流量的数据为样本,发现制造业内部行业间的贸易是省际贸易的主导部分,且中国的市场分割现象在逐渐下降;桂琦寒等(2006)以1985—2001年间中国61对相邻城市数据为样本,研究发现,省份之间的相对价格方差在逐渐缩小,城市之间的市场分割程度在逐渐减少,后续很多学者均发现中国国内的市场正从分割走向整合(范剑勇、林云,2011;洪涛、马涛,2017等)。而庞赛特(Poncet,2003)则认为诺顿(Naughton,1999)的研究由于时间样本过短,会引致研究结论不可信,因此其在诺顿的基础上,将分析样本延长至1997年,研究结论显示,中国国内省际贸易水平是在持续降低的,当地产成品占总消费品的比重趋于下降,因此他认为中国的市场分割程度在逐年上升,并不是走向逐渐一体化的。后续很多学者利用不同的分析样本均得出中国的市场分割现象依旧很严重(郑毓盛、李崇高,2003;陆铭、陈钊,2009;付强、乔岳,2011)。关于引致市场分割的原因,现有研究发现可以从自然分割因素和非自然分割因素来考察(石磊、马士国,2006)。自然分割因素包括运输费用、风俗习惯、地理区位等,而非自然分割因素则表现为地方政府保护、企业寻租、官员腐败等人为因素。

  关于自然分割因素的分析我们不作过多赘述,这里主要简单探讨非自然分割因素。虽然很多学者论证了在改革过程中,地方政府基于保护自身利益目的,通常会采取相应的地方保护措施,如通过行政手段或者其他管制手段阻碍外地资源要素和产品流入本地市场或者限制本地资源要素流向外地市场,这种"以邻为壑"的政府间恶性竞争行为虽然会在短期内实现本地政府的经济增长,但却损害了经济的长期发展(银温泉、才婉茹,2001)。李等(Li et al.,2003)通过构建两阶段博弈模型,发现地区间贸易保护、财政分权以及国际贸易保护程度提高均会引致地区间贸易保护程度的提高,进而提高区域间的市场分割水平。白重恩等(2004)认为,地方政府通过设置区际竞争壁垒能够获得利益,所以地方政府将倾向于保护国有企业和高利税率的企业;虽然后续很多学者均发现地方政府的保护行为(刘培林,2005;皮建才、殷军,2012;邱风等,2015)和国有企业占比(余东华、刘运,2009;任志成等,2014)较高,会引致更高的市场分割,但对于其内在深层次的原因缺乏系统探讨与验证。因此本部分从地方政府与国有企业这一紧密结合体来考察我国城市群市场分割的成因,以期为我国城市群市场整合的速度迟缓提供一种解释的新视角。

  中国改革开放以来,"市场保护型财政联邦政府"在促进本地经济上起着重要作用(Weigast,1995;Montionla et al.,1995;Qian & Weigast,1996;Lin & Liu,2000)。现有研究认为地方政府在实现地方保护时动机有三种:一是地方政府为了实现税收基础稳定、地区经济增长以及社会就业稳定等政策性目标,会自发构建各种壁垒以保护本地企业免受外部企业的竞争,尤其是保护税基稳定且承担了政府政策性目标的国有企业;二是在重工业优先发展的赶超战略逻辑框架下,地方政府出于自身政绩考核需要,总是会选择优先发展本地企业;三是财政分权背景下,地方政府的发展战略使然。上述三种观点有其融合交叉的部分,第二种"政治锦标赛"观点和第三种弥补财政缺口的观点其实均隐含在第一种观点中,即地方政府要实现自身发展,如实现经济增长、就业稳定、财政收支平衡等社会公共目标,采取的一些战略保护举措,而国有企业因为其特殊的体制属性,成为了地方政府实现战略发展保护举措的首选对象。

从本质上来讲,在财政分权制度下,地方政府通过保护本地企业的市场、税基以及资源,可以为其管辖的本地区域带来更多的财政收入,同时国有企业因为其特殊的体制机制,可以为地方政府实现某些特定的社会公共目标,比如稳定社会就业,维持经济增长,维护本地市场份额等;同时,地方政府为支持当地国有企业发展,会配套一些优惠补贴,如土地要素优惠、税收优惠、财政补贴等以支持国有企业发展壮大。地方政府与国有企业之间交互融合发展的行为和目标一定程度上会引致城市间市场分割,进而减缓城市群经济一体化的进程。本章沿着这一思路,试图实证检验城市群经济一体化的竞争视角下,政企交互关系对城市群内部城市之间市场整合的影响。

第二节 研 究 设 计

一、实证模型与估计方法

为了对政企交互关系与市场整合之间的关系进行验证,本节构建如下待检验基准模型:

$$Market\_unit_{i,t} = \partial_0 + \partial_s Soe_{i,t} + \partial_c C_{i,t} + u_{i,t} \quad (4.1)$$

$$Market\_unit_{i,t} = \partial_0 + \partial_s Soe_{i,t} + \partial_h Gosoh_{i,t} + \partial_c C_{i,t} \quad (4.2)$$

从区域的实际运作来看,市场分割其实是区域经济制度互动的结果,因此也可将其看作地区之间采取不同的经济策略溢出的一种形态。而基于这种制度溢出,大部分研究采用空间计量模型展开,例如,杨友才(2010)基于1998—2008年中国省级面板数据,利用空间计量模型验证了地区间产权制度引致的空间溢出;邓明(2014)以1992—2010年的省级数据面板数据为分析对象,利用空间计量模型分析了地方政府决策在市场分割方面的策略互动行为;吴友、刘乃全(2016)选取1998—2014年中国省级的国有企业、民营企业、外资企业和港澳台资企业的创新数据为样本,利用空间计量模型分析了不同所有制企业间的创新溢出效应。如上,基于已有研究的分析框架,考虑到本研究的研究对象为中国十大城市群,城市之间政府的决策行为存在明显的空间溢出效应,因此,本研究在上述基准模型的基础上,同样通过构建空间计量模型来验证国有企业比重和政企交互关系对城市群市场分割的影响。

$$Market\_unit_{i,t} = \partial_0 + \partial_s W_i * Soe_{i,t} + \partial_c C_{i,t} + u_{i,t} \tag{4.3}$$

$$Market\_unit_{i,t} = \partial_0 + \partial_s W_i * Soe_{i,t} + \partial_h W_i * Gosoh_{i,t} + \partial_c C_{i,t} \tag{4.4}$$

式 4.4 中,$Market\_unit_{i,t}$ 是被解释变量,表示城市 i 在第 t 年的市场整合情况;$Soe_{i,t}$ 是主要观测的解释变量,表示城市 i 在第 t 年的国有企业占比情况;$Gosoh_{i,t}$ 用来衡量城市 i 在第 t 年地方政府与国有企业之间交互关系;W 为城市之间的空间权重矩阵;$C_{i,t}$ 为本节中的控制变量,同时采用面板模型和空间面板模型来估计。

空间权重矩阵设定。本研究结合已有的研究成果,根据城市的自然属性和非自然属性设定两类权重(W_{i1} 和 W_{i2})。其中 W_{i1} 根据城市的地理位置属性设定权重,借鉴已有大部分研究中的邻接矩阵方法,即城市之间相邻为 1,不相邻为 0,而本研究考虑以城市群作为分析对象,因此在整体回归模型中,选取城市之间是否为同一个城市群作为标准,建立 0-1 矩阵,如果两城市属于同一个城市群,则为 1,否则为 0。同时由于这类完全对称性的 0-1 权重矩阵,没有衡量出城市与城市之间影响的异质性。如天津与北京、廊坊均相邻,但是北京对天津的影响与廊坊对天津的影响并不完全一样。基于此,本研究依据非自然属性设定第二类权重 W_{i2},利用城市之间的公路里程数来构建城市之间的可通达性,权重矩阵构建如下:

$$w_{ij}^{trs} = w_{ij} diag(trs_1/\overline{trs}, trs_2/\overline{trs}, \cdots trs_n/\overline{trs}); \ w_{ij} = 1/d_{ij};$$
$$w'^{trs}_{ij} = w_{ij}^{trs} / \sum_j w_{ij}^{trs}$$

其中,w_{ij} 为城市之间球面欧式距离倒数权重,trs 为城市之间的公里里程数,表征城市之间的通达便利性,$\overline{trs}$ 为所有观测样本的公路里程数均值。上述空间权重的设定方法考虑了城市之间的可通达性,兼顾地理因素权重,所以,城市之间交通越便捷的地区对与其距离相近、城市基础设施较好的城市的空间影响较大。如北京对天津的辐射作用要明显高于廊坊对天津的辐射作用。

二、样本与变量

本部分以中国十大城市群 1998—2014 年的数据为分析样本,具体包括长三角城市群、珠三角城市群、京津冀城市群、长江中游城市群、中原城市群、山东半岛城市群、辽中南城市群、海峡西岸城市群、川渝城市群以及关中城市群,共计 100 个城市①。本部分数据起始年份选定为 1998 年,主要出于以下几点考虑:第一,现有的工业企业数据库的最早年限为 1998 年;第二,城市层面的市场分割指数需要采用 8 种商品的销售价格指数,为了保证数据的可获得性和连续性,选取起始年限为 1998 年。截止年份选定为 2014 年,主要囿于工业企业微观数据的不可获得性。下面具体介绍各指标的计算方法与数据来源。

(一) 市场整合程度

1. 测度方法

本研究借鉴帕斯利和魏尚进(Parsley & Wei 2001)、陆铭和陈钊(2009)的研究成果,采用 1998 年至 2014 年间我国十大城市群中 100 个城市的 8 大类商品价格指数来计算不同城市间相对价格差异,并通过两两配对方式汇总至单个城市在整个城市群中的市场整合程度。其思想来源于萨缪尔森 1954 年提出的"冰川成本"模型,该理论是对"一价定律"的修正,指出商品在贸易的过程中不仅存在运输成本,还存在自身损耗等形式的交易成本,例如冰川在贸易过程中会融化掉一部分,因此,商品贸易即使存在完全套利,商品在两地的价格也不会完全相等,相对价格在一定的价格区间内波动,因此本研究采用相对价格法来测算中国 10 大城市群的市场整合程度($Market\_unit_{i,t}$),具体计算公式为:

$$Market\_unit_{i,t} = 1/\sum\nolimits_{j=n-1} q_{ij,t} \qquad (4.5)$$

其中,$q_{ij,t}$ 表示第 t 年城市 i 与 j 之间多种商品共同形成的价格方差,城市之间的价格方差越大,则市场整合程度越低。价格方差则采用价格法进行

---

① 考虑到本研究的数据样本为 1998—2014 年,所以选取的城市样本为扩容之前的城市样本,长三角城市群包含 16 个城市,珠三角城市群包含 9 个城市,京津冀城市群包含 13 个城市,山东半岛城市群包含 8 个城市,川渝城市群包含 11 个城市,辽中南城市群包含 10 个城市化,中原城市群包含 9 个城市,长江中游城市群包含 12 个城市,海峡西岸城市群包含 7 个城市,关中城市群包含 5 个城市。

测算，具体计算公式如下：

$$q_{ij,t} = \sum_{k=1}^{8} q_{ij,t}^k \tag{4.6}$$

$$q_{ij,t}^k = abs(\Delta q_{ij,t}^k) - abs(\overline{\Delta q_t^k}) \tag{4.7}$$

$$\Delta q_{ij,t}^k = \ln(P_{i,t}^k/P_{j,t}^k) - \ln(P_{i,t-1}^k/P_{j,t-1}^k) \tag{4.8}$$

式 4.7 和式 4.8 中，$q_{ij,t}^k$ 表示第 k 类商品在城市 i 与城市 j 之间第 t 年的相对价格变动方差，$\Delta q_{ij,t}^k$ 表示第 k 类商品在城市 i 与城市 j 之间第 t 年的相对价格变动，$\overline{\Delta q_t^k}$ 表示第 k 类商品第 t 年在所有城市的平均价格变动，$P_{i,t}^k$、$P_{j,t}^k$ 分别表示第 k 类商品在城市 $i(j)$ 在第 t 年的消费价格指数，$P_{i,t-1}^k$、$P_{j,t-1}^k$ 分别表示第 k 类商品在城市 $i(j)$ 在第 $t-1$ 年的消费价格指数。

以往的研究中采用价格法衡量一体化指数时，常基于省级层面考虑，并采用 14 种销售价格分类指数，具体包括：粮食、油脂、肉禽及其制品、蛋、水产品、菜、干鲜瓜果、烟酒及用品、衣着、家庭设备用品及维修服务、医疗保健和个人用品、交通和通信、娱乐教育文化用品及服务、居住（洪涛，马涛，2017）。而本研究基于城市层面，考虑到数据的不可获得性，因此选取 1998—2014 年中国 10 大城市群中 100 个城市的食品、烟酒及用品、衣着、家用设备及维修服务、医疗保健和个人用品、交通和通信、娱乐教育文化用品及服务和居住 8 大类商品的居民消费价格指数，其中的食品包含了以往研究中的粮食、油脂、肉禽及其制品、蛋、水产品、菜、干鲜瓜果 7 类。此处需要说明的是，虽然国家实行价格改革首年是在 1985 年党的十二届三中全会后，但由于本研究的数据聚焦于城市层面细分商品的居民消费价格指数，为了保证数据在时间、地点和商品种类上的三维连续，本研究最终选择 1998 年作为分析的时间起点，期间对于个别城市个类商品的价格指数缺失，按照如下办法进行处理。首先，采用对应城市对应年份对应商品的零售价格指数予以补充，如九江 1998—2001 年的烟酒类消费价格指数采用九江 1998—2001 年的烟酒类零售价格指数补充；其次，如果对应城市对应年份对应商品的零售价格指数也缺失时，继续采用一阶相邻城市对应年份对应商品的居民消费价格指数的均值来补充，如衡水 1999 年的居住类商品的居民消费价格指数采用沧州、保定、石家庄和邢台的居住类商品的消费价格指数替代。虽然这种处理方法在一定程度上会引致市场整合程度的计算偏误，但根据价格法的原理，相对价格在一定区间内波动是存在且合理的。

2. 市场整合数据来源

市场整合的原始数据主要来源于城市所在省份对应年份的统计年鉴、对应城市的统计年鉴和年鉴，如苏州1998年8类商品的居民消费价格指数主要来源于1997年《江苏统计年鉴》《苏州统计年鉴》和《苏州年鉴》。通过在城市群内部对城市进行两两配对，最后汇总到单个城市在整个城市群中的市场统一度。如长三角城市群包含了16个城市，首先对每一年的每种商品在城市之间两两配对，共形成16 320（$C_{16}^2 \times 8 \times 17$）条观测数据①。其中上海的市场分割度为上海与其余15个城市的价格方差总和，而上海的市场整合程度为市场分割程度的倒数。最后，为了使市场整合的系数不至于太大，对所有的系数均除以100。同理，对其余9个城市群数据采用类似处理方法。在此基础上，接下来详细分析我国10个城市群的市场整合程度的时空演变趋势。

3. 时空演化

根据1998—2014年10个城市群中的100个城市汇总的市场整合指数，笔者绘制了市场整合程度的时间趋势图（图4.1）和空间分布表（表4.1）。从时间趋势上来看，各城市群的市场整合指数大体上表现为"波浪式"上升趋势，从1998年到2014年的平均年增长率为0.168。京津冀、珠三角和长江中游城市群的市场整合程度逐年提升，提升的幅度较大；而长三角、川渝、山东半岛以及海峡西岸城市群的市场整合程度上升趋势较为缓慢；关中、辽中南和中原城市群的市场整合指数则呈现先上升后下降的趋势，尤其在2013年和2014年的下降趋势十分明显。

从表4.1来看，1998年市场整合程度较低的城市主要聚集在西部城市群，如川渝、辽中南、长江中游、山东半岛和中原城市群内的大部分城市均划分在市场整合程度较低组别，另外，部分沿海城市群内的小部分城市的市场整合程度也较低，如长三角城市群中的湖州和嘉兴，珠三角城市群中的深圳、珠海、江门以及广州。市场整合程度较高的城市则主要分布在京津冀、长三角、关中以及中原城市群内部。2014年，城市群内部城市之间的市场整合程度得到明

---

① 川渝城市群包含11个城市，配对共生成7 480条观测值；关中城市群包含5个城市，配对共生成1 360条观测值；海峡西岸城市群包含7个城市，配对共生成2 856条观测值；京津冀城市群包含13个城市，配对共生成10 608条观测值；辽中南城市群包含10个城市，配对共生成6 120条观测值；山东半岛城市群包含8个城市，配对共生成3 808条观测值；长江中游城市群包含12个城市，配对共生成8 976条观测值；中原城市群和珠三角城市群均包含9个城市，配对共生成4 896条观测值。

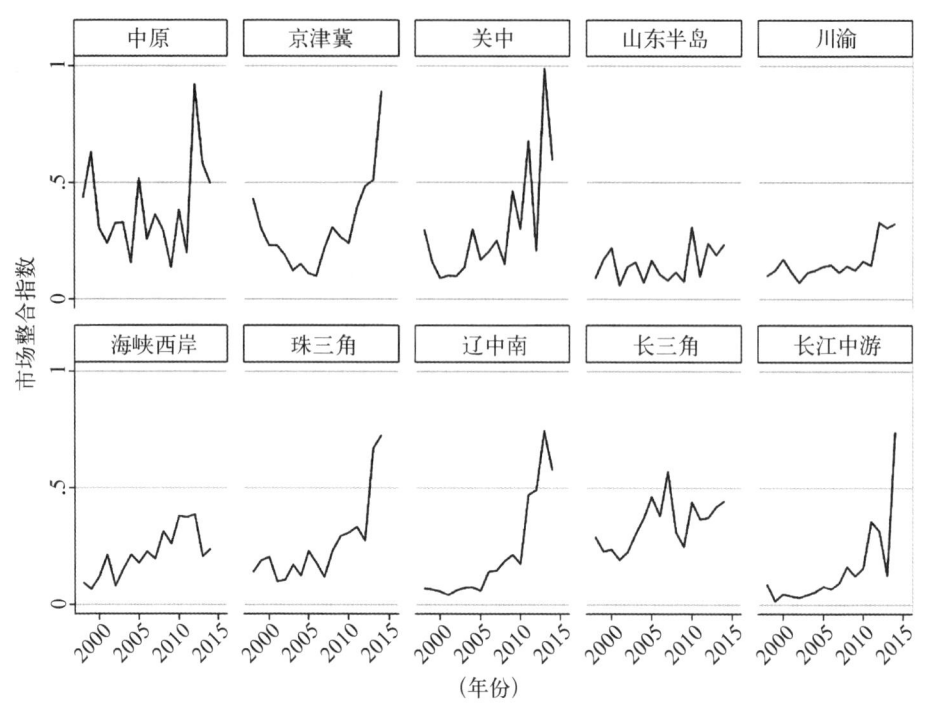

图 4.1　十大城市群的市场整合程度的时间变化趋势

表 4.1　1998、2014 年十大城市群市场整合程度的空间演化

市场整合	1998 年，城市群（城市）	2014 年，城市群（城市）
程度较低	川渝（成都、德阳、泸州、眉山、绵阳、宜宾、资阳、自贡、乐山、内江、重庆）；京津冀（沧州、廊坊、秦皇岛、天津）；海峡西岸（龙岩、宁德、莆田、漳州）；辽中南（鞍山、本溪、大连、丹东、辽阳、盘锦、沈阳、铁岭、营口）；长江中游（黄冈、黄石、九江、鄂州、随州、武汉、孝感、信阳）；长三角（湖州、嘉兴）；山东半岛（东营、济南、青岛、烟台、日照、威海、潍坊、淄博）；珠三角（广州、江门、深圳、珠海）；中原（焦作、漯河、平顶山、新乡、许昌、济源）	长江中游（随州、咸宁、孝感、黄石）；山东半岛（东营、济南、青岛、日照、威海、潍坊、烟台、淄博）；辽中南（盘锦）；海峡西岸（龙岩、宁德、漳州）；中原（漯河、平顶山、济源）

续　表

市场整合	1998年，城市群（城市）	2014年，城市群（城市）
程度较高	京津冀（保定、北京、承德、邯郸、衡水、石家庄、唐山、邢台、张家口）；关中（宝鸡、铜川、渭南、西安、咸阳）；海峡西岸（福州、泉州、厦门）；辽中南（抚顺）；长江中游（荆门、荆州、咸宁、岳阳）；长三角（常州、杭州、南京、南通、上海、绍兴、苏州、台州、泰州、无锡、扬州、镇江、舟山、宁波）；中原（开封、洛阳、郑州）；珠三角（东莞、佛山、惠州、肇庆、中山）	川渝（成都、德阳、乐山、泸州、眉山、绵阳、内江、宜宾、重庆、资阳、自贡）；海峡西岸（福州、莆田、泉州、厦门）；京津冀（保定、沧州、邯郸、秦皇岛、天津、邢台）；长三角（常州、杭州、湖州、嘉兴、南通、宁波、绍兴、台州、泰州、无锡、镇江、南京、上海、苏州、扬州、舟山）；关中（宝鸡、铜川、渭南、西安、咸阳）；京津冀（北京、承德、衡水、廊坊、石家庄、唐山、张家口）；辽中南（鞍山、本溪、大连、丹东、抚顺、辽阳、沈阳、铁岭、营口）；长江中游（鄂州、黄冈、荆门、荆州、九江、武汉、信阳、岳阳）；中原（焦作、开封、洛阳、新乡、许昌、郑州）；珠三角（东莞、佛山、广州、惠州、江门、深圳、肇庆、中山、珠海）

注：市场整合程度的较高、较低划分标准，依据1998年十大城市群的市场整合程度均值来划分，当取值≤0.381时，则划分为市场整合程度较低组；当取值高于0.381时，则划分为市场整合程度较高组。

显提升，从组别分类来看，只有长江中游、山东半岛、辽中南、海峡西岸以及中原城市群内的小部分城市的市场整合程度处于较低组别，大部分城市的市场整合程度位于较高组别。整体来看，1998年到2014年的17年里，我国城市群内大部分城市之间的市场整合程度经历了从低到高的飞跃，城市群市场整合程度总体上表现为上升趋势。

(二) 国企比重的测度

1. 国有企业比重测算

在中国的分权式改革框架下，城市中的大量隐性失业均存在于国有企业部门（袁志刚、陆铭，1998），尤其在20世纪90年代以来，国有企业由于其特殊的产权属性和福利丰厚的编制体系，导致国有部门的冗员数量不断上升（董晓媛、Putterman，2002）。本研究借鉴刘瑞明（2011）的做法，国有企业占比分别采用城市国有工业总产值比重（规模以上国有及国有控股企业工业总产值/规模以上工业企业总产值）、国有职工比重（规模以上国有及国有控股企业就业人数/规模以上工业就业人数)、国有企业个数比重(规模以上国有及国有控股工业企业个数/规模以上工业企业个数)三个指标来衡量。国有企业比值的数据来源于1998—2014年的《中国工业企业数据库》,这里需要说明2个问题,一是从2012年开始《中国工业企业数据库》便不再统计工业企业的工业总产值,因此从2012年开始采用主营业务收入指标来替代工业企业总产值;二是从《中国工业企业数据库》的企业层面数据直接加总至城市层面会存在误差,但本研究考虑的是城市层面的比重问题,会在一定程度上减小这种差异(刘叶、刘伯凡,2016)。

2. 国有企业比重的变化趋势

图4.2描绘了国有企业工业总产值比重,图4.3和图4.4分别描绘了员工人数比重和企业个数比重的时间趋势分布。从图中我们可以看到,随着时间的推移,国有工业总产值比重和国有从业人员比重呈现出波动中下降后保持稳定的趋势,而采用国有企业个数表征的国企占比呈现出逐年下降后趋于稳定的趋势,2010年左右为临界点,2010年以前表现为波动中下降,2010年以后国有经济占比逐渐趋于平稳。国有企业占比指标之所以表现出这种趋势,主要与国家大力推进国有企业之间的兼并重组的改革政策有关,致使国有企业无论从产值和就业人员数都出现了较大程度的下滑。由于本研究的数据

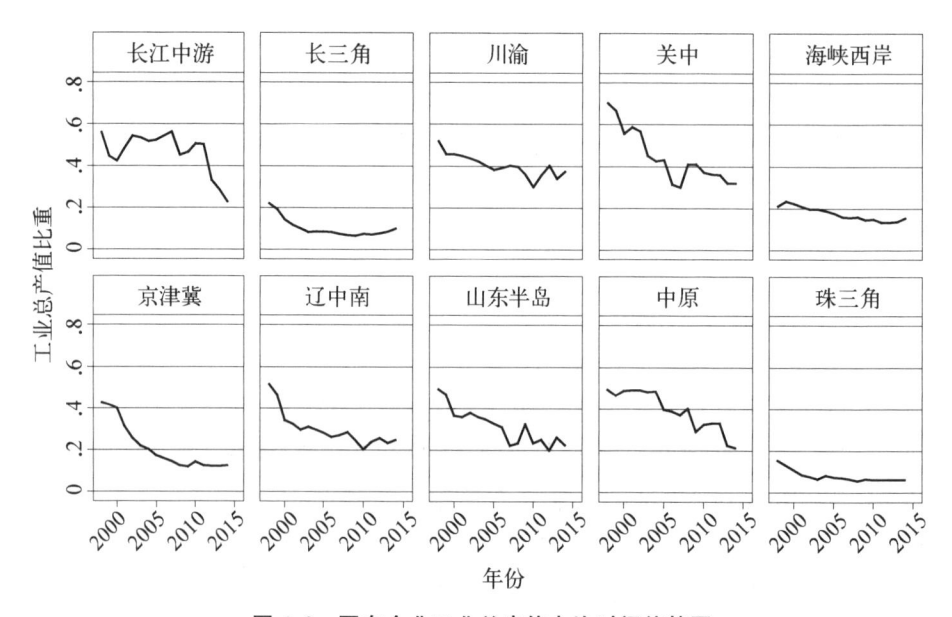

图 4.2　国有企业工业总产值占比时间趋势图

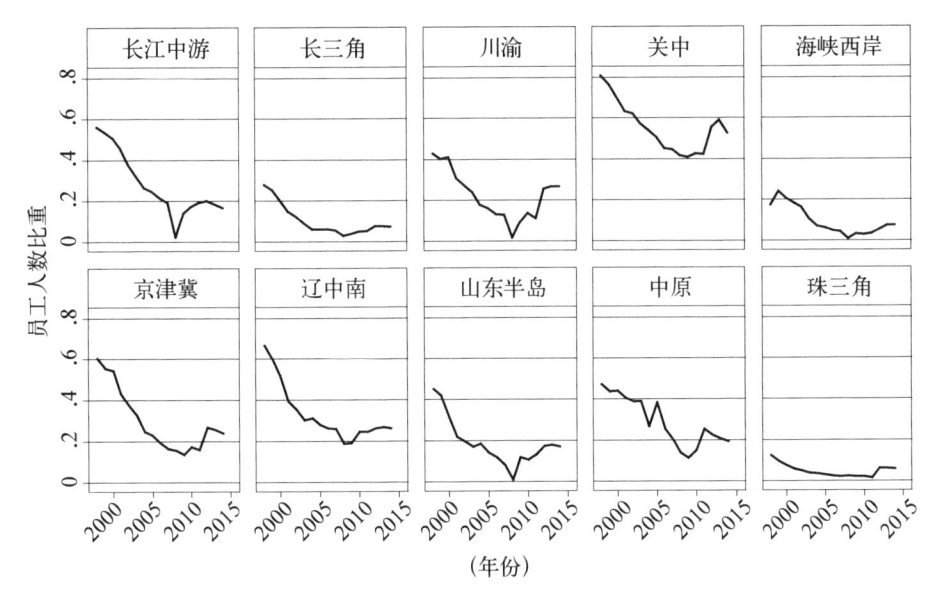

第四章 政企交互关系与城市群的市场整合——基于一体化的竞争视角 / 85

图 4.3 国有企业从业人员占比时间趋势

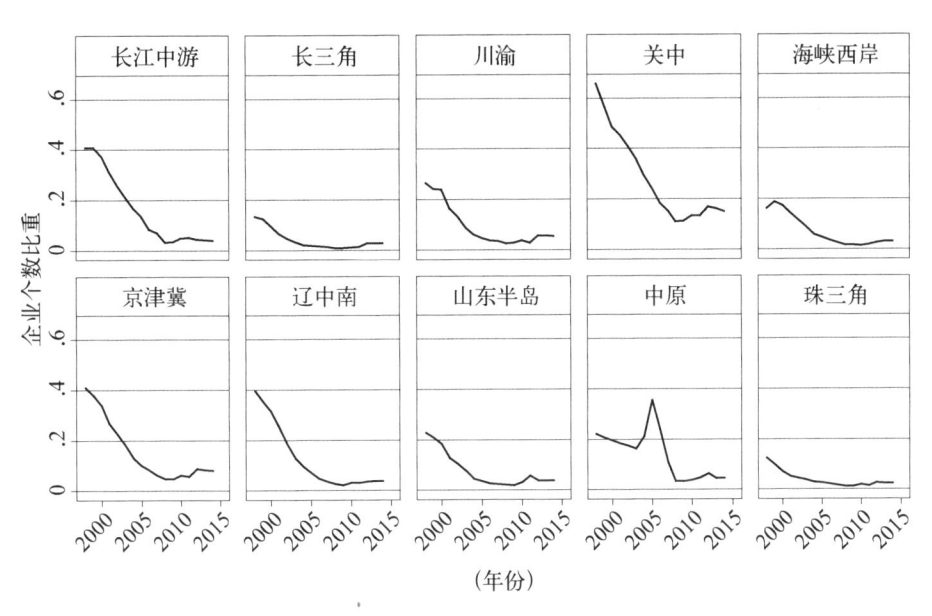

图 4.4 国有企业个数占比时间趋势

截至 2014 年,从 2014 年的趋势来看,国有企业比重出现迅速下降的趋势,这与国家的供给侧改革和去产能政策密切相关,这些政策旨在将国有工业企业中产能过剩、生产效率低下的企业进行全面的改革重组,淘汰落后的国有企业,提升主要国企的竞争力。

(三) 政企交互关系测度

1. 政企交互关系指标选取与测度

地方政府希望国有企业承担一定的社会公共目标,比如持续的经济增长、稳定的就业水平(超额雇员量)、高企的财政收入;而国有企业承担社会公共目标的同时,享受了信贷、司法等方面的政策优惠(袁淳等,2010),地方政府也给予财政补贴、贷款优惠、政策支持国有企业发展。因此,政企交互关系的测度从两个方面展开,一方面表现为地方政府希冀国有企业承担的社会公共目标,采用经济增长率、超额雇员量以及财政缺口来测度,利用主成分分析方法,将三个指标合成为一个指标;另一方面表现为国有企业获得的优惠补贴,采用财政补贴率、国有企业投资率和国有企业贷款率,同理将三个指标合成为一个指标。接下来对每个指标的测度方法进行详细地说明。

经济增长率采用城市的经济增长率减去当年全国经济增长率,以衡量城市的经济增长率与全国增长率的偏差程度;超额雇员量借鉴廖冠民、沈红波(2014)的做法,采用国有企业的员工人数－国有企业的工业总产值×城市的平均员工数/城市工业总产值来衡量;财政缺口借鉴赵文哲、杨继东(2015)的做法,采用(城市财政支出－财政收入)/财政收入来衡量。财政补贴率采用国有企业获得的补贴收入/工业总产值总额来衡量;而国有企业贷款率衡量了国有企业相对于本地区民营企业获得的贷款优惠,现有公开的出版数据中并没有按照企业所有权性质细分的信贷配给的城市层面信贷数据,因此我们借鉴刘瑞明和石磊(2010)的做法,利用计量模型来估算出国有企业贷款占比数据。

国有企业贷款占比估算。考虑到银行在给国有企业发放贷款时会密切关注国有企业的产出份额(张军、金煜,2005),可以采用"残差结构一阶自相关"(AR_1)的固定效应(FE)面板数据方法来估计城市层面的金融中介深度或金融发展水平。我们借鉴此类思想,假设银行信贷只发放给国有企业和非国有企业两个团体,那么银行分配给国有企业的信贷份额可以用对应城市国有企业工业总产值与工业企业总产值比重变化的固定倍数来表示。考虑到我国的国有企业资金来源主要表现为银行信贷,因此国有企业总产值比重与银行信贷的分配结构之间的关系应该相对稳定。因此我们利用如下计量模型,估算出各城市国有企业的贷款比例:

第四章 政企交互关系与城市群的市场整合——基于一体化的竞争视角

$$Loan_{i,t} = \alpha_0 + \alpha_1 Soepr_{i,t} + u_{i,t} \tag{4.9}$$

$$u_{i,t} = \rho_0 + \rho_1 u_{i,t-1} + v_{i,t} \tag{4.10}$$

式中,$Loan_{i,t}$ 表示城市 i 在年份 t 的国有经济比重,本研究采用国有及国有控股工业企业总产值与城市工业企业总产值的比重来衡量,$Soepr_{i,t}$ 表示城市 i 在年份 t 的银行信贷总额与国内生产总值比重,α_1 衡量了城市的银行信贷总额中分配给国有企业的信贷总额比例,为我们主要估计的对象。

为了利用上述计量模型估算出城市历年的国有企业的贷款比例 α_1,首先需要估算出城市层面的银行信贷总额数据。对于该指标,本研究分别采用两种方法进行核算。方法一,直接采用城市层面的地区银行信贷总额原始数据[①];方法二,借鉴刘瑞明和石磊(2010)的估算方法,以省级层面的地区银行信贷总额为原始数据,利用复合权重来估算市级层面的银行信贷总额数据,权重构建如下:$w_{i,t} = (w_{i,t}^1 + w_{i,t}^2)/2$,$w_{i,t}^1$ 为对应城市对应年份的国有企业个数与城市所在省份国有企业个数比重,$w_{i,t}^2$ 为对应城市对应年份的国有企业工业总产值与城市所在省份国有企业工业总产值比重。最后采用固定效应模型估算出了各城市银行信贷中给予国有企业的比例 α_1,同时采用一阶自回归(AR_1)过程来调整误差项中信贷的序列相关问题。

表 4.2 方法 1 和方法 2 计算出的国有企业历年贷款比例与总额

(单位:万元)

年份	贷款比例(方法1)	贷款比例(方法2)	贷款总额(方法1)	贷款总额(方法2)
1998	0.017 1	0.023 0	137 387.275 6	132 578.844 7
1999	0.042 7	0.042 2	328 717.038 8	249 705.803 8
2000	0.094 5	0.080 5	482 470.482 7	510 786.470 4
2001	0.146 4	0.120 0	614 388.077 2	858 047.418 1
2002	0.168 7	0.134 9	948 533.858 3	1 145 448.659 8
2003	0.196 4	0.151 9	1 242 445.786 9	1 601 835.345 2

---

① 本研究对比了部分城市的信贷总额数据与公布出来的信贷余额数据,两者一致,所以此处的信贷余额采用信贷总额来表示。

续 表

年份	贷款比例(方法1)	贷款比例(方法2)	贷款总额(方法1)	贷款总额(方法2)
2004	0.209 1	0.163 3	2 454 061.356 3	1 963 475.209 6
2005	0.206 4	0.165 2	2 666 283.666 5	2 179 193.490 1
2006	0.235 8	0.187 9	3 476 036.471 2	2 838 583.139 0
2007	0.256 4	0.205 1	4 459 691.623 5	3 654 869.836 6
2008	0.274 3	0.221 3	5 507 812.191 7	4 493 216.158 0
2009	0.298 9	0.231 2	6 946 991.972 1	6 310 306.288 0
2010	0.273 2	0.203 8	6 230 836.062 9	7 492 402.885 6
2011	0.266 5	0.200 8	6 213 149.788 1	8 765 361.711 2
2012	0.200 9	0.143 6	6 519 995.702 7	7 168 756.822 6
2013	0.201 8	0.143 5	6 935 382.569 7	7 953 939.991 3
2014	0.201 8	0.142 2	7 414 815.753 5	9 272 269.690 5
均值	0.193 6	0.150 6	3 681 117.628 1	3 917 104.574 4

注：此处本研究采用的是每年不同的贷款比例，按照刘瑞明和石磊(2010)的做法，换算成每年的平均比例分别为0.193 6和0.150 6，与刘瑞明得出的结论0.161 4虽存在差异，但也是目前较为可行的测算方法。

资料来源：作者整理所得。

刘瑞明和石磊(2010)的研究假定所有城市的国有企业获得的贷款比例系数在所有年份保持不变，本研究为了更好地表征该比例的时间变化趋势，加入1999—2014年的时间虚拟变量，通过对上述模型估算出1998—2014年100个目标城市获得的国有企业贷款总额数据，并对两种方法下1998—2014年国有企业获得的贷款总额进行比较，通过对历年城市的贷款总额进行加总至城市层面的贷款总额，如上表4.2。通过对比发现，直接从城市层面估算的国有企业贷款总额平均为368.111 7亿元，而利用方法2，从省级层面估算出来的城市国有企业贷款总额平均为391.710 4亿元，略高于城市层面估算的数据。

2. 政企交互关系的时间趋势

图 4.5 为直接采用城市层面的地区银行信贷总额原始数据测算出来的政企交互关系趋势图(方法 1)。从时间趋势来看,随着时间的推移,政企交互关系均呈现出先上升后下降的倒"U"型趋势,大部分城市群的政企交互关系均值在 2008 年左右达到最大值,之后呈现逐渐下降趋势。横向对比各城市群的政企交互关系指标,我们发现,长三角城市群、山东半岛城市群、中原城市群和珠三角城市群的政企交互关系相较于其余城市群要高,而海峡西岸城市群、京津冀城市群和川渝城市群的政企交互关系最低。

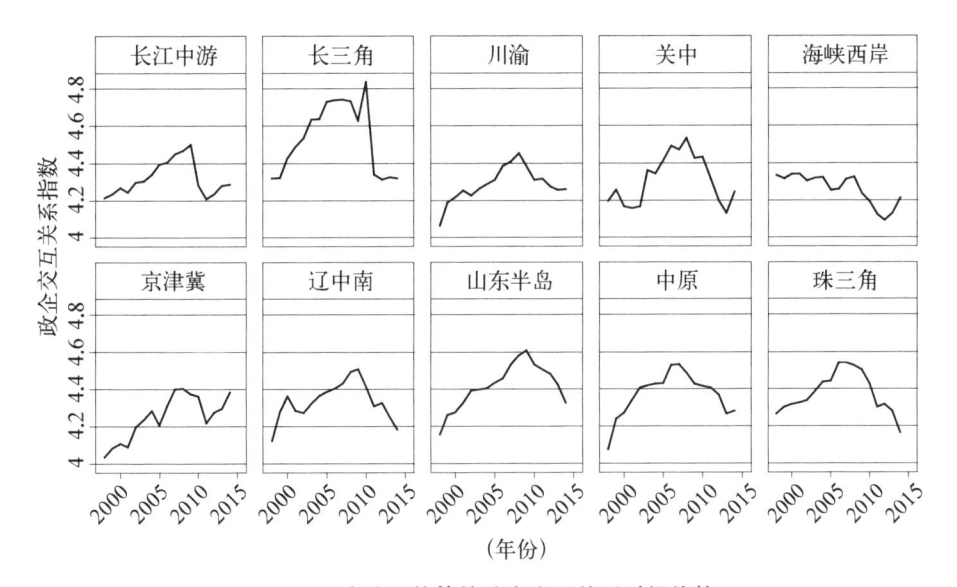

图 4.5 方法 1 估算的政企交互关系时间趋势

3. 政企交互关系的数据来源

经济增长率、财政缺口、国有企业贷款率、超额雇员量、财政补贴率和国有企业投资率的原始数据分别来源于对应年份的《中国城市统计年鉴》和《中国工业企业数据库》。

(四) 控制变量选取

本研究的控制变量主要包括经济发展水平($Pgdp_{i,t}$)、工资水平($Wage_{i,t}$)、城市化率($Urba_{i,t}$)、对外开放度($Open_{i,t}$)、对外开放度平方项($Open^2_{i,t}$)产业结构($Indu_{i,t}$)、基础设施建设($Infr_{i,t}$)以及人口密度

($Dens_{i,t}$)。其中经济发展水平采用人均 GDP($Pgdp_{i,t}$)来度量,是考核地方政府工作绩效的重要指标之一,为地方政府直接参与当地经济活动提供源动力;工资水平($Wage_{i,t}$)用来衡量城市之间的收入差距,城市的工资水平越高,居民的生活水平也随之提高,社会也随之稳定,地方政府促进经济增长的激励也越大;城市的城市化率($Urba_{i,t}$)代表了实物资本和人力资本快速向城市积累的主要途径,从而可以引致大规模的消费需求,为经济增长提供巨大动力(金荣学、解洪涛,2010;张远军,2014),是地方政府刺激经济增长的重要手段,本研究将采用非农人口占总人口比重来衡量;对外开放度($Open_{i,t}$)可以通过提升要素禀赋结构和加快改革进程,在一定程度上降低城市的市场分割程度,但由于对外开放同时会在一定程度上挤出国内贸易,反而促进了国内市场的分割,所以对外开放度与市场分割之间存在U型关系(陈钊、陆铭,2009)。基于以上分析,我们引入对外开放度的平方项($Open_{i,t}^2$),考虑到控制组中各地级市的进出口总额数据缺失较多,本研究将采用外商直接投资占总产出比重来代替对外开放度;基础设施($Infr_{i,t}$)对区域经济增长同样具有重要的作用(刘生龙、胡鞍钢,2010;张学良,2012),落后地区(基础设施发展较差的地区)在地方政府博弈中会更愿意采取封锁市场的战略,以期为后续政府之间谈判积累资本,因此本研究将采用人均道路铺装面积来计算;产业结构($Indu_{i,t}$)的合理化和高级化进程均对经济增长具有明显的影响(干春晖等,2011),地方政府为了经济增长的目标,会制定相应的优惠政策来提高本地区的产业结构,因此将采用二次产业就业人数占三次产业就业人数比重来测算;人口密度($Dens_{i,t}$)一方面会影响经济发展的集聚水平与增长速度(Ottaviano & Pinelli,2006;章元、刘修岩,2008),进而影响地方政府对市场的控制行为,因此本研究将采用每平方公里人口数来度量。控制变量的原始数据来源于对应年份的《中国城市统计年鉴》和《中国统计年鉴》,作者经过整理测算所得。各变量的具体计算方法见表4.3。

表 4.3 变量描述

框架	变量名称	符号	计算方法
被解释变量	市场统一度	$Market\_unit_{i,t}$	价格法

续表

框架	变量名称	符号	计算方法
解释变量	国有企业占比	$Soe1_{i,t}$	规模以上国有企业占规模以上总企业个数比重
		$Soe2_{i,t}$	规模以上国有企业从业人员数占规模以上工业企业从业人员数比重
		$Soe3_{i,t}$	规模以上国有企业工业总产值占规模以上工业企业总产值①
	政企交互关系	$Gosoh_{i,t}$	政府下放的政策性负担×国有企业寻求的隐形补贴
控制变量	经济发展水平	$Pgdp_{i,t}$	人均GDP
	工资水平	$Wage_{i,t}$	人均工资
	城市化率	$Urba_{i,t}$	城市人口占总人口比重
	对外开放度	$Open_{i,t}$	FDI占GDP比重
	对外开放度平方	$Open_{i,t}^2$	FDI占GDP比重的平方
	产业结构	$Indu_{i,t}$	二产就业人数与三产就业人数比重
	基础设施建设	$Infr_{i,t}$	人均基础设施投资
	人口密度	$Dens_{i,t}$	地均人口数

资料来源：作者整理所得。

第三节 实证结果分析

本研究实证分析思路如下：首先，进行全样本分析，运用固定效应模型和

---

① 1998—2011年国家公布了规模以上工业企业的工业总产值，而在2011年之后便不再公布，因此2011年之后的比重采用的是规模以上工业企业的主营业务收入的比重，这中间可能存在一定误差。

空间回归模型验证政企交互关系对城市群市场分割的影响;其次,进行分样本分析,验证长江中游、长三角、川渝、关中、海峡西岸、京津冀、辽中南、山东半岛、中原和珠三角 10 个城市群的政企交互关系是否通过阻碍了城市的市场整合割,进而抑制了城市群的经济一体化水平。最后,通过指标更换法、工具变量法对政企交互关系影响市场分割的稳健性进行检验。在分析之前,为确保模型估计的一致性和有效性,对数据进行了如下处理:(1)为避免异常值的影响,对文中涉及的全部连续变量(年份的虚拟变量除外)在 1% 水平上进行缩尾处理(Flannery & Rangan, 2006);(2)为克服多重共线性影响,对进入模型的所有解释变量和控制变量进行方差膨胀因子(VIF)诊断,结果显示 VIF 均小于 2.7,说明上述估计模型一定程度上变量之间不存在多重共线性问题。

一、全样本估计

在全样本的回归结果中,为了验证国有企业占比、政企交互关系对市场整合程度的影响,其中国有企业占比程度分别采用国有企业个数占比、国有企业工业总产值占比和国有企业从业人员占比来表征,表 4.4 为采用固定效应的面板回归模型,表 4.5 和表 4.6 为考虑了城市之间的空间关联性与可通达性,利用空间面板模型进行分析的回归结果,考虑到本研究的被解释变量市场整合与主要解释变量国有企业比重和政企交互关系存在显著的空间相关性(见表 A2),因此采用空间杜宾模型来检验。

从表 4.4 的回归结果来看,政企交互关系与市场整合之间具有显著的负相关关系(beta=-0.19, $p<0.05$),即地方政府与国有企业之间的交互行为显著阻碍了城市群内部城市之间的市场整合。从国有企业占比的三个指标来看,国有企业个数占比与城市群内部城市之间的市场整合程度的回归系数为负(beta=-0.05),但不显著;国有企业从业人员占比与城市群内部城市的市场整合的回归系数为负(beta=-0.07, $p<0.01$);国有企业工业总产值比重(beta=-0.11, $p<0.01$)与城市群市场整合程度之间具有显著的负相关关系,说明随着国有企业比重的上升,会阻碍城市群内部城市之间的市场整合程度的提高,进而导致城市群经济一体化的进程缓慢。具体而言,城市内部国有企业比重越高,意味着国有企业能够更好地承担公益的社会公共目标,同时也意味着地方政府为了使本地国有企业更好发展,会进一步加剧城市内部的资源倾向性配置,在降低国有企业运营成本的同时,也加剧了本地市场垄断的程

度,提高外地产品进入门槛,进而形成了本地市场保护与城市群统一大市场的分割,影响了城市群经济一体化。归纳来说,国有企业比重越高,政企交互关系越高,越会阻碍城市群内部城市之间的市场整合和城市群经济一体化的进程。

表 4.4 政企交互关系与市场整合(面板模型)

市场整合	模型1	模型2	模型3	模型4	模型5	模型6
企业个数占比	−0.047 3 (0.035 8)	−0.048 7 (0.035 4)				
从业人员占比			−0.070 1*** (0.022 3)	−0.072 7*** (0.021 7)		
工业产值占比					−0.110 0*** (0.030 0)	−0.107 6*** (0.029 7)
政企交互关系		−0.193 6** (0.073 4)		−0.195 1** (0.073 0)		−0.187 4** (0.071 3)
开放度	−0.420 9 (0.318 4)	−0.408 3 (0.316 3)	−0.483 0 (0.348 8)	−0.472 3 (0.345 9)	−0.502 9 (0.358 3)	−0.491 7 (0.354 7)
开放度平方	2.196 4** (0.810 9)	2.163 0** (0.792 1)	2.396 2** (0.878 0)	2.369 0** (0.856 5)	2.385 3** (0.925 5)	2.355 8** (0.905 4)
城市化率	0.116 1 (0.073 4)	0.110 7 (0.071 1)	0.112 7 (0.079 4)	0.107 2 (0.076 7)	0.124 6 (0.075 9)	0.118 5 (0.073 3)
基础设施建设	0.030 1 (0.066 3)	−0.013 3 (0.069 7)	0.026 9 (0.069 3)	−0.016 9 (0.072 2)	0.022 0 (0.069 4)	−0.020 1 (0.072 0)
经济基础	0.045 6 (0.065 7)	0.043 1 (0.067 2)	0.040 0 (0.063 8)	0.037 2 (0.065 1)	0.032 7 (0.065 2)	0.030 4 (0.066 5)
产业结构	−0.021 7* (0.012 0)	−0.019 8 (0.012 2)	−0.021 4* (0.010 7)	−0.019 4 (0.011 4)	−0.022 2* (0.011 0)	−0.020 3 (0.011 7)
人口密度	0.158 6** (0.073 7)	0.144 3* (0.074 6)	0.148 2* (0.072 7)	0.133 4* (0.073 7)	0.138 2* (0.075 5)	0.124 1 (0.076 8)
工资水平	0.032 7 (0.049 3)	0.035 8 (0.050 3)	0.033 1 (0.049 7)	0.036 2 (0.050 4)	0.035 5 (0.049 4)	0.038 5 (0.050 2)

续 表

市场整合	模型1	模型2	模型3	模型4	模型5	模型6
常数项	−1.4861 (0.8596)	−0.5522 (0.8692)	−1.3541 (0.8467)	−0.4081 (0.8640)	−1.2309 (0.8614)	−0.3329 (0.8867)
N	1700	1700	1700	1700	1700	1700
组内 R^2	0.0546	0.0596	0.0553	0.0603	0.0578	0.0624

注：*** p<0.01，** p<0.05，* p<0.10,括号内数字为对应系数的标准差,考虑到城市群个体差异,本研究采用固定效应模型。

资料来源：作者整理所得。

从影响市场整合程度的控制变量来看,市场整合与城市开放度之间呈现显著的 U 型结构,所有模型中平方项的系数值维持在 2 左右,在 5% 的水平下显著,说明随着市场开放度的逐渐提高,市场整合程度会趋于下降,而随着市场开放度的进一步提高,市场整合程度会逐渐回升。这一结论与陈钊和陆铭(2009)的研究结论相反,可能存在两个方面的原因：一是考虑到数据限制,本研究的对外开放度采用的是对外直接投资(FDI)占 GDP 的比重,而他们的研究中采用的是进出口总额占 GDP 的比重；二是他们从大口径的省级层面来考察市场整合程度,而本研究从小口径的地级市层面来考察市场整合程度,一般而言,外商直接投资在中心城市聚集,最初会对外围城市产生挤占作用,而随着集聚程度的增加,起初的挤占作用会被溢出效应逐渐替代。因此,对外开放度与城市之间的市场整合表现为正 U 型关系。产业结构抑制了市场整合程度的提高(beta=−0.02，p<0.1),说明随着城市二次产业就业人数越高,城市之间的市场分割程度越严重,越倾向于自给自足,封闭本地市场以保持自身竞争力。而第三产业发展由于其灵活性和可流动性强的特点,其快速发展有利于城市之间的产品市场整合；人口密度的提升促进了市场整合程度的提高(beta=0.16，p<0.05),说明城市内部人口越密集,越有利于本地区市场的对外开放,降低市场分割程度,提升区域之间的一体化程度。

同时,为了验证城市之间的空间相关性,分别采用空间权重1(是否相邻)和权重2(城市之间的公路里程数)来分析政企交互关系对市场整合的影响。其中,表4.5列举了采用空间权重1的回归结果,表4.6列举了采用空间权重2的回归结果。在进行空间回归分析之前,需要对变量进行空间相关性检验

(见附表 2)。从附表 A2 的检验结果可知，市场整合程度、国有企业比重和政企交互关系的 Moran I 指数在大部分年份均存在显著的空间相关性。

表 4.5 政企交互关系与市场整合(空间面板，权重 1)

市场整合	模型 1	模型 2	模型 3	模型 4	模型 5	模型 6
企业个数占比	−0.041 2 (0.030 4)	−0.043 0 (0.030 0)				
从业人员占比			−0.052 4** (0.026 7)	−0.061 3** (0.026 5)		
工业产值占比					−0.131 9*** (0.037 8)	−0.131 9*** (0.037 7)
政企交互关系		−0.211 0*** (0.071 1)		−0.200 3*** (0.069 3)		−0.183 8*** (0.068 1)
$W_1 \times$ 企业个数占比	−0.006 0*** (0.001 1)	0.002 9 (0.003 1)				
$W_1 \times$ 从业人员占比			−0.006 3*** (0.001 0)	−0.008 1** (0.003 9)		
$W_1 \times$ 工业产值占比					−0.006 8*** (0.001 1)	−0.009 4** (0.003 9)
$W_1 \times$ 政企交互关系		−0.000 9*** (0.000 3)		0.000 2 (0.000 4)		0.000 3 (0.000 4)
开放度	−0.954 5*** (0.356 5)	−0.837 7** (0.358 1)	−0.911 9** (0.364 8)	−0.810 2** (0.370 1)	−0.862 8** (0.359 4)	−0.760 9** (0.365 5)
开放度平方	2.884 8*** (1.016 0)	2.616 7*** (1.014 3)	2.827 2*** (1.049 9)	2.613 2** (1.046 1)	2.621 1** (1.043 4)	2.409 3** (1.042 0)
城市化率	0.041 5 (0.050 2)	0.030 0 (0.049 8)	0.043 7 (0.050 1)	0.038 0 (0.050 6)	0.035 5 (0.050 5)	0.031 8 (0.051 2)
基础设施建设	0.009 8 (0.029 6)	−0.010 8 (0.030 8)	0.017 8 (0.027 6)	−0.007 0 (0.030 4)	0.014 1 (0.027 0)	−0.008 6 (0.029 7)
经济基础	0.004 9 (0.022 7)	0.007 8 (0.022 7)	0.007 5 (0.023 4)	0.010 3 (0.022 8)	0.000 0 (0.023 1)	0.003 2 (0.022 6)

续　表

市场整合	模型1	模型2	模型3	模型4	模型5	模型6
产业结构	0.003 5 (0.008 3)	0.002 3 (0.008 2)	0.001 9 (0.008 3)	0.002 4 (0.008 2)	0.001 8 (0.008 2)	0.002 3 (0.008 2)
人口密度	0.033 4** (0.013 6)	0.031 9** (0.013 9)	0.035 6*** (0.013 4)	0.032 7** (0.013 7)	0.034 9*** (0.013 0)	0.031 8** (0.013 5)
工资水平	−0.001 5 (0.024 9)	0.000 7 (0.025 2)	−0.029 2 (0.026 3)	−0.034 1 (0.027 7)	−0.033 1 (0.026 8)	−0.041 8 (0.028 6)
常数项	0.294 9* (0.175 2)	1.175 7*** (0.307 0)	0.564 2*** (0.176 6)	1.438 4*** (0.319 7)	0.713 2*** (0.179 9)	1.544 7*** (0.315 8)
N	1 700	1 700	1 700	1 700	1 700	1 700
组内R^2	0.130 2	0.144 0	0.136 6	0.152 1	0.170 4	0.189 8
Rho	0.011 8*** (0.000 9)	0.012 1*** (0.000 9)	0.012 0*** (0.000 9)	0.011 8*** (0.000 9)	0.011 5*** (0.000 9)	0.011 1*** (0.001 0)

注：*** $p<0.01$，** $p<0.05$，* $p<0.10$，括号内数字为对应系数的标准差，采用空间杜宾模型。

资料来源：作者整理所得。

表4.5的回归结果从两个层面揭示了国有企业占比程度和政企交互关系究竟如何影响城市之间的整合程度。首先，从区域内部的国有企业特征来看，政企交互关系与市场整合之间具有显著的负相关关系（beta=−0.21，$p<0.01$），即地方政府与国有企业之间的交互行为显著阻碍了城市群内部城市之间的市场整合，与普通的面板数据结论相同。从国有企业占比的三个指标来看，国有企业个数占比与城市群内部城市的市场整合程度的回归系数为负（beta=−0.04），但不显著；国有企业从业人员占比与城市群内部城市的市场整合的回归系数为负（beta=−0.05，$p<0.05$）；国有企业工业总产值比重（beta=−0.13，$p<0.01$）与城市群市场整合程度之间具有显著的负相关关系，说明国有企业占比越高，越易阻碍城市群内部城市之间的市场整合程度，进而导致城市群经济一体化的进程缓慢，与前文结论相同。

从邻近城市的国有企业占比指标来看，无论采用何种指标来衡量，城市外部的国有企业占比均与本区域的市场整合程度之间形成显著的负相关关系，系数值约为−0.01，均在1%的水平上显著。上述回归结果说明相邻区域的国有企业占比大会显著抑制本区域的市场整合,影响城市群经济一体化的进程。反观政企交互行为对市场整合程度的影响,且仅当国有企业的占比程度采用国有企业个数比重来衡量时,相邻区域的政企交互关系程度越高,对本区域的市场整合的阻碍作用越大(beta=−0.0009,p<0.01);而当国有企业的占比采用国有企业从业人员占比和工业总产值占比来衡量时,相邻区域的政企交互关系与本区域的市场整合程度表现为空间正相关关系(beta=0.0002,p>0.1;beta=0.0003,p>0.1),均不显著,上述实证结果说明,相邻区域的政企交互关系与本区域市场整合程度的关系不明确,对本区域市场整合程度的提高不存在确切的影响。

从其余影响因素来看,城市的开放度与区域的市场分割程度的 U 型关系依然显著存在,平方项的系数值约为 2.88,在 1% 的水平下显著;同时人口密度与城市之间的市场整合程度仍然表现为显著的正向关系(beta=−0.033,p<0.01)。

归纳来说,上述研究结论说明,城市内部的国有经济比重及政企交互关系是影响城市群市场整合的重要因素。具体表现为:国有经济规模越大,越能更多地承担本区域内地方政府要实现的社会公共目标,同时地方政府也需要提供更多优惠补贴政策来保障本地国有经济的发展壮大和社会公共目标的实现达成,因此,两者的交互关系越紧密,本地市场的垄断行为和本地保护越严重,对城市群内城市之间的市场整合的制约越强,进而对城市群经济一体化的抑制作用也越大。

从采用空间是否相邻权重的回归可以看出,相邻区域的国有企业占比与政企交互关系对市场整合的影响并不明显,本部分继续采用空间通达性权重进行检验。表 4.6 的回归结果同样从两个层面验证了国有企业占比和政企交互关系对城市之间市场整合程度的影响,一是从区域内部层面,二是与本区域互联互通的其他区域层面。首先,与上述分析类似,政企交互关系与市场整合之间具有显著的负相关关系(beta=−0.22,p<0.01);从国有企业占比的三个指标来看,国有企业个数占比与城市群内部城市的市场整合程度的回归系数为负(beta=−0.05),但不显著;国有企业从业人员占比与城市群内部城市的市场整合的回归系数为负(beta=−0.06,p<0.05);国有企业工业总产值比重(beta=−0.15,p<0.01)与城市群市场整合程度之间具有显著的负相关关系,系数绝对值均略高于表 4.5 的回归结果。说明当城市之间通达便利时,本区域的国有企业占比、政企交互关系是影响城市之间市场整合的重要因素,

国有经济占比越高,政企交互关系越紧密,形成的本地市场保护与垄断程度越高,越会抑制城市群市场的整合和城市群经济一体化过程。

表 4.6 政企交互关系与市场整合(空间面板,权重 2)

市场整合	模型 1	模型 2	模型 3	模型 4	模型 5	模型 6
企业个数占比	−0.047 8 (0.031 5)	−0.047 6 (0.030 8)				
从业人员占比			−0.058 2** (0.027 3)	−0.059 8** (0.027 4)		
工业产值占比					−0.147 7*** (0.039 5)	−0.140 5*** (0.038 9)
政企交互关系		−0.225 8*** (0.067 9)		−0.222 3*** (0.065 7)		−0.210 1*** (0.064 1)
W_2 × 企业个数占比	0.083 9 (0.081 7)	0.089 7 (0.083 4)				
W_2 × 从业人员占比			−0.025 3 (0.069 9)	−0.047 7 (0.069 8)		
W_2 × 工业产值占比					−0.168 7** (0.072 5)	−0.163 6** (0.072 2)
W_2 × 政企交互关系		−0.558 1** (0.226 4)		−0.565 3** (0.231 5)		−0.514 3** (0.229 4)
开放度	−1.047 9*** (0.354 2)	−0.992 3*** (0.360 3)	−1.084 5*** (0.357 1)	−1.020 6*** (0.361 5)	−0.982 6*** (0.352 9)	−0.934 4*** (0.358 8)
开放度平方	3.147 4*** (1.011 1)	2.964 7*** (0.968 1)	3.265 0*** (1.023 6)	3.048 8*** (0.976 5)	2.945 0*** (1.003 7)	2.788 1*** (0.968 3)
城市化率	0.008 6 (0.054 0)	−0.000 5 (0.054 2)	0.008 1 (0.054 1)	−0.000 3 (0.054 1)	−0.003 1 (0.055 1)	−0.011 1 (0.055 2)
基础设施建设	0.029 6 (0.028 1)	−0.004 8 (0.030 5)	0.029 3 (0.027 4)	−0.005 1 (0.030 5)	0.024 1 (0.026 8)	−0.008 1 (0.029 9)
经济基础	0.011 0 (0.024 3)	0.009 8 (0.024 1)	0.006 0 (0.025 3)	0.004 6 (0.025 0)	−0.001 9 (0.025 0)	−0.002 6 (0.024 7)

续 表

市场整合	模型1	模型2	模型3	模型4	模型5	模型6
产业结构	−0.0024 (0.0082)	−0.0003 (0.0083)	−0.0015 (0.0077)	0.0003 (0.0078)	−0.0026 (0.0078)	−0.0006 (0.0078)
人口密度	0.0509*** (0.0150)	0.0496*** (0.0155)	0.0536*** (0.0147)	0.0522*** (0.0152)	0.0506*** (0.0146)	0.0494*** (0.0151)
工资水平	0.0248 (0.0259)	0.0404 (0.0264)	0.0262 (0.0278)	0.0406 (0.0280)	0.0153 (0.0271)	0.0304 (0.0274)
常数项	0.0205 (0.1947)	3.2593*** (0.9341)	0.1118 (0.2126)	3.3910*** (0.9919)	0.3742* (0.1965)	3.3542*** (0.9732)
N	1700	1700	1700	1700	1700	1700
组内R^2	0.1770	0.1994	0.1752	0.1977	0.1881	0.2069
Rho	0.4010*** (0.0408)	0.3717*** (0.0436)	0.4007*** (0.0411)	0.3710*** (0.0442)	0.3929*** (0.0395)	0.3658*** (0.0422)

注：*** $p<0.01$，** $p<0.05$，* $p<0.10$，括号内数字为对应系数的标准差，从 rho 的回归系数显著为正，说明存在显著的空间相关性。

资料来源：作者整理所得。

其次，从与本区域通达性密切相关的外部城市特征来看，无论以何种指标来衡量国有企业的占比程度，与本地城市通达性较好的城市内部政企交互关系与本地城市的市场整合之间的系数均表现为显著的负相关关系（beta＝−0.55，$p<0.05$），说明与本地城市公路联通较好的城市，其内部的政企交互关系程度越高，越容易与本地城市形成市场分割，阻碍与本地城市之间的市场整合。而在国有企业占比程度的衡量指标中，仅以国有企业工业总产值占比来衡量的这一指标与本地城市的市场整合程度的系数显著为负（beta＝−0.17，$p<0.05$），说明联通较为密切的地区之间在促进本地区产能发展上形成了强烈的竞争关系，可通达性越强的城市内部的国有企业产能越高，该地区政府越有动力保护本地国有企业发展，进而越会阻碍与其余城市之间的市场整合，使城市之间的一体化进程迟缓。从其余影响因素来看，城市的开放度与区域的市场分割程度的 U 型关系依然显著存在，平方项的系数约为 3.15，在 1% 的水平下显著；同时人口密度与城市之间的市场整合程度仍然表现为

显著的正向关系(beta=−0.051,p<0.01)。归纳来说,在城市之间通达性较好的前提下,本地区国有经济占比、本区域内部的政企交互关系、相邻区域的政企交互关系均是阻碍城市之间市场整合的因素,结论与前文相似。

二、分城市群估计

从10个城市群整体样本的回归结果来看,无论采用普通的面板模型还是空间回归模型估计,均证明了国有企业占比程度和政企交互关系显著阻碍了城市之间的市场整合程度。那么考虑到城市群之间的异质性,一些城市群中的城市表现为同一省份内的城市聚集区,如关中城市群、珠三角城市群、中原城市群、山东半岛城市群、海峡西岸城市群以及辽中南城市群,那么这类城市群在强有力的行政边界框架下,其内部的国有企业占比特征和政企交互关系会如何影响城市之间的市场整合程度?与此同时,另一些城市群中的城市属于不同省份,如发展较好的长三角城市群和京津冀城市群,具有发展潜力的长江中游城市群和川渝城市群,这类城市群的发展不仅表现为城市之间的融合,更表现为省份之间的融合,那么其城市内部的地方政府与国有企业之间会如何决定自己的市场开放决策呢?为此,本研究以不同城市群为分析对象,深入探讨国有企业的占比程度与政企交互关系对城市群市场整合程度的影响。此处仅汇报以国有企业工业总产值比重衡量的国企占比程度和政企交互关系的影响,以国有企业个数比重和就业人员比重的回归结果见附表A3和附表A4。此处的回归方法采用固定效应的面板模型。

从长三角城市群的回归结果(见表4.7)来看,国有企业工业总产值比重与市场整合程度呈现显著的正相关关系(beta=−0.06,p<0.05),而政企交互关系同样显著阻碍了长三角城市群内部城市之间的市场整合(beta=−0.72,p<0.05)。总之,对于长三角而言,虽然国有企业工业总产值比重和政企交互关系均显著抑制了城市群的市场整合,但从系数大小来看,城市内部的地方政府与国有企业之间的交互行为对市场分割的促进作用远高于单纯的国有企业占比指标。同理可知,川渝、京津冀和珠三角城市群的国有企业产值比重、政企交互关系与市场整合程度之间均表现为显著负相关关系,说明在这三个城市群中,国有企业占比程度和政企交互关系导致了地区市场分割的形成,进而阻碍了城市群的一体化水平。此外,一部分其他城市群也同样表现出国有企业的占比程度阻碍了市场整合程度的提高,如辽中南、长江中游和中

表 4.7 10 个城市群的政企交互关系与市场整合（面板数据，固定效应）

市场整合	(1) 长三角	(2) 川渝	(3) 关中	(4) 海峡西岸	(5) 京津冀	(6) 辽中南	(7) 山东半岛	(8) 长江中游	(9) 中原	(10) 珠三角
工业产值占比	−0.063 5** (0.028 2)	−0.192 1*** (0.042 0)	−0.417 3 (0.302 2)	0.238 6 (0.246 6)	−0.109 9*** (0.033 9)	−0.170 1** (0.072 4)	−0.188 2 (0.240 8)	−0.425 1*** (0.135 3)	−0.234 7*** (0.082 3)	−0.127 0*** (0.020 2)
政企交互关系	−0.715 8** (0.317 0)	−0.128 1** (0.053 2)	−0.779 2 (0.648 7)	−0.534 2*** (0.192 6)	−0.033 9*** (0.003 0)	−0.568 1 (0.423 9)	−0.741 9* (0.366 9)	0.000 6 (0.122 7)	−0.112 5 (0.126 4)	−0.958 5* (0.482 8)
开放度	−2.036 3*** (0.684 2)	1.987 9** (0.807 0)	−1.657 2 (15.267 2)	−0.586 5 (1.643 0)	−1.108 5 (2.926 2)	−3.708 1 (2.616 5)	2.891 0 (4.253 4)	4.205 7 (3.801 2)	5.974 0 (7.071 4)	0.385 5 (1.080 0)
开放度平方	8.098 1*** (2.918 7)	−8.944 8*** (2.821 2)	178.574 5 (199.120 6)	9.834 2* (5.140 0)	3.981 6 (11.944 3)	21.005 1 (18.676 1)	−9.815 2 (24.846 4)	4.605 7 (41.795 5)	17.090 2 (145.869 1)	0.779 8 (1.715 2)
城市化率	0.023 5 (0.049 0)	−0.633 4*** (0.241 7)	1.325 3 (1.079 6)	0.989 6 (0.783 8)	0.074 5 (0.348 5)	0.181 8 (0.341 1)	1.152 9** (0.463 3)	0.377 0 (0.273 3)	1.168 3 (0.720 8)	0.107 3 (0.148 1)
基础设施建设	0.089 1 (0.132 7)	0.050 5 (0.034 7)	0.214 8 (0.254 8)	−0.396 8 (0.236 5)	0.061 1 (0.234 9)	0.391 8** (0.175 5)	−0.568 4 (0.963 9)	−0.572 2** (0.245 8)	−0.202 6 (0.180 0)	0.455 4* (0.218 7)
经济基础	0.047 6 (0.065 2)	0.018 8 (0.059 2)	1.560 2*** (0.427 0)	0.252 6 (0.371 5)	0.267 1* (0.132 4)	−0.168 7 (0.150 8)	−0.145 9 (0.269 1)	−0.246 7*** (0.081 6)	−0.413 5** (0.177 0)	−0.071 0 (0.060 5)
产业结构	−0.031 6 (0.019 5)	0.004 6 (0.006 8)	0.018 7 (0.026 9)	−0.206 8 (0.120 7)	0.065 9 (0.054 3)	0.103 5 (0.068 5)	−0.307 4** (0.120 4)	0.313 6*** (0.089 7)	0.103 3 (0.165 3)	0.060 3* (0.030 5)

续　表

市场整合	(1)长三角	(2)川渝	(3)关中	(4)海峡西岸	(5)京津冀	(6)辽中南	(7)山东半岛	(8)长江中游	(9)中原	(10)珠三角
人口密度	−0.291 1** (0.120 2)	0.660 6 (0.513 4)	1.707 4*** (0.454 6)	0.754 4* (0.358 6)	0.132 3 (0.377 5)	−2.749 4 (1.658 1)	−4.900 4*** (1.616 0)	−0.802 3* (0.454 6)	0.185 1 (0.680 0)	0.083 9 (0.116 8)
工资水平	0.018 9 (0.050 0)	0.000 6 (0.061 0)	−1.177 2** (0.536 3)	−0.033 5 (0.305 1)	−0.246 0** (0.108 5)	0.334 0 (0.236 1)	0.348 0 (0.377 6)	0.125 3** (0.044 5)	0.254 5 (0.213 7)	0.233 0*** (0.069 3)
常数项	8.860 0*** (2.958 9)	−3.384 7 (2.976 2)	−16.470 3*** (2.865 6)	−3.975 9 (3.284 5)	−0.693 6 (2.557 2)	16.542 7* (9.316 6)	32.340 3*** (9.310 5)	6.199 9*** (2.602 1)	0.758 3 (3.979 4)	1.940 9 (2.586 6)
N	272	187	85	119	221	170	136	204	153	153
组内R^2	0.208 3	0.214 0	0.543 6	0.221 4	0.080 0	0.139 2	0.175 1	0.106 9	0.206 5	0.194 8

注：*** $p<0.01$，** $p<0.05$，* $p<0.10$，括号内数字为对应系数的标准差，采用固定效应模型。
资料来源：作者整理所得。

原城市群,均表现出国有企业工业总产值比重与市场整合程度显著负相关,而政企交互关系与市场整合程度之间的关系不明显。另一部分城市群则表现出政企交互关系阻碍了城市群之间的市场整合,如海峡西岸和山东半岛城市群这一类靠沿海的城市群,其政企交互关系与城市的市场整合程度之间呈现显著的负相关关系,而以工业总产值表征的国有企业占比程度对市场整合的抑制作用尚不明显。此外,关中城市群的国有企业占比程度和政企交互关系对城市内部城市之间的市场整合程度的影响均不显著。

三、稳健性检验

尽管从全样本和分城市群样本的估计结果均说明,国有企业占比、政企交互关系均显著抑制了城市之间的市场整合程度,阻碍了城市群的一体化进程。为了更进一步验证结论的稳健性,本研究选用更换指标法和工具变量法对上述结果进行重新检验。参考已有研究的检验方法,其中更换变量法,选取方法2测度的政企交互关系作为方法1测算的政企交互关系的替代变量;工具变量法,对回归模型进行GMM估计,分别选取国有企业占比指标和政企交互关系的一阶滞后和二阶滞后变量分别作为国有企业占比指标和政企交互关系的工具变量,分别对前文实证结果进行重新检验。更换政企交互关系指标的稳健性检验结果见表4.8,选取一阶滞后变量作为工具变量的稳健性检验结果见表4.9,选取二阶滞后变量作为工具变量的稳健性检验结果见表4.10。

表4.8中模型1、模型2和模型3检验以不同指标来测度地方国有企业占比不同条件下,政企交互关系对市场整合程度影响的稳健性,模型1以国有工业企业个数占比来测度地方国有企业的占比程度,模型2以国有工业企业员工人数占比来衡量,模型3以国有工业企业产值占比来衡量;模型4、模型5和模型6选取是否相邻的空间权重W_1来进行空间回归的结果;模型7、模型8和模型9选取城市通达性的空间权重W_2来进行空间回归的结果。更换政企交互关系指标的稳健性检验结果显示:无论以何种指标来衡量国有企业的占比程度,政企交互关系与市场整合程度之间均表现为显著的负相关关系(见表4.8中模型1、模型2和模型3)。同理,选取是否相邻的空间权重W_1进行空间回归时,无论以何种指标来衡量国有企业占比,政企交互关系与市场整合程度之间均表现为显著的负相关关系(见表4.8中模型4、模型5和模型6);选取城市通达性的空间权重W_2进行空间回归时,无论以何种指标来衡量国有

表 4.8 政企交互关系与市场整合稳健性检验（更换政企交互关系指标）

市场整合	模型 1	模型 2	模型 3	模型 4	模型 5	模型 6	模型 7	模型 8	模型 9
企业个数占比	−0.061 2* (0.033 4)								
从业人员占比		−0.037 7* (0.019 1)							
工业产值占比			−0.034 1 (0.025 0)						
政企交互关系				−0.063 6** (0.025 2)	0.003 7 (0.028 3)	−0.025 7 (0.036 0)	−0.072 0*** (0.026 0)	0.012 7 (0.028 8)	−0.026 5 (0.036 4)
开放度	−0.061 7*** (0.008 2)	−0.060 4*** (0.008 5)	−0.059 9*** (0.008 3)	−0.066 3*** (0.004 6)	−0.065 9*** (0.004 6)	−0.064 6*** (0.004 5)	−0.066 9*** (0.004 9)	−0.066 6*** (0.004 8)	−0.065 1*** (0.004 5)
开放平方	−0.763 5** (0.317 2)	−0.830 1** (0.340 4)	−0.831 5** (0.341 3)	−1.255 9*** (0.338 7)	−1.275 9*** (0.340 1)	−1.270 3*** (0.340 5)	−1.243 9*** (0.332 0)	−1.263 5*** (0.333 6)	−1.261 6*** (0.333 9)
城市化率	2.453 8*** (0.799 7)	2.657 7*** (0.850 4)	2.637 4*** (0.865 2)	3.443 5*** (0.993 4)	3.552 8*** (0.992 5)	3.534 7*** (0.995 7)	3.097 3*** (0.955 1)	3.208 9*** (0.957 2)	3.203 0*** (0.960 1)
城市化率	0.118 9* (0.059 9)	0.106 9 (0.065 9)	0.108 3 (0.065 1)	−0.039 6 (0.049 6)	−0.043 3 (0.049 6)	−0.043 7 (0.049 8)	−0.058 2 (0.053 5)	−0.063 0 (0.053 5)	−0.062 7 (0.053 8)
基础设施建设	−0.010 4 (0.069 2)	−0.015 9 (0.072 0)	−0.017 7 (0.071 5)	−0.005 5 (0.029 3)	−0.008 1 (0.028 3)	−0.006 9 (0.028 1)	−0.004 4 (0.027 3)	−0.008 2 (0.026 5)	−0.006 1 (0.026 4)

第四章 政企交互关系与城市群的市场整合——基于一体化的竞争视角 / 105

续 表

市场整合	模型 1	模型 2	模型 3	模型 4	模型 5	模型 6	模型 7	模型 8	模型 9
经济基础	0.001 9 (0.070 1)	−0.000 9 (0.068 3)	−0.001 7 (0.069 1)	−0.021 2 (0.023 3)	−0.021 2 (0.023 6)	−0.022 8 (0.023 4)	−0.022 2 (0.024 9)	−0.021 9 (0.025 4)	−0.024 0 (0.025 2)
产业结构	−0.033 7*** (0.011 6)	−0.032 3*** (0.010 6)	−0.032 3*** (0.010 7)	0.004 4 (0.008 0)	0.005 7 (0.008 0)	0.005 6 (0.007 9)	−0.006 1 (0.007 6)	−0.004 6 (0.007 5)	−0.004 7 (0.007 5)
人口密度	0.135 8 (0.077 9)	0.130 3 (0.076 7)	0.129 6 (0.077 4)	−0.031 6** (0.014 3)	−0.032 1** (0.014 2)	−0.032 6** (0.014 0)	−0.048 8*** (0.014 9)	−0.048 9*** (0.014 8)	−0.049 9*** (0.014 7)
工资水平	0.043 0 (0.046 7)	0.043 8 (0.046 8)	0.044 6 (0.046 8)	0.011 9 (0.024 2)	0.012 1 (0.024 3)	0.012 0 (0.024 3)	0.028 8 (0.026 1)	0.029 4 (0.026 3)	0.029 3 (0.026 3)
常数项	−0.624 9 (0.911 7)	−0.577 8 (0.911 7)	−0.578 2 (0.919 4)	0.758 9*** (0.177 4)	0.731 9*** (0.176 8)	0.755 3*** (0.177 6)	0.768 1*** (0.186 6)	0.728 2*** (0.185 5)	0.760 9*** (0.185 1)
N	1 700	1 700	1 700	1 700	1 700	1 700	1 700	1 700	1 700
组内 R^2	0.114 1	0.112 0	0.111 7	0.240 3	0.237 4	0.238 2	0.253 5	0.251 4	0.251 7
Rho				0.009 2*** (0.001 2)	0.009 2*** (0.001 2)	0.009 2*** (0.001 2)	0.390 2*** (0.043 7)	0.390 0*** (0.043 5)	0.389 9*** (0.043 3)

注：*** $p<0.01$，** $p<0.05$，* $p<0.10$。括号内数字为对应系数的标准差；空间回归采用空间杜宾模型。

资料来源：作者整理所得。

企业占比，政企交互关系（beta＝－0.067，p＜0.01）与市场整合程度之间均表现为显著的负相关关系（见表4.8中模型7、模型8和模型9）。从横向比较来看，在以城市之间可通达性权重W_2进行空间回归的模型中，其回归系数绝对值均高于选取是否相邻的空间权重W_1和普通的面板回归模型，说明城市之间越便利，政企交互关系对城市之间市场整合的抑制作用越强。综上可知，在更换政企交互关系的测度方法后，无论以何种指标来衡量国有企业的占比程度，无论是选取普通的面板数据作为估计模型还是选取不同权重的空间面板模型，政企交互关系均显著抑制了市场整合程度，说明本研究结果具有较强的稳健性。

表4.9中模型1和模型2是分别检验以国有企业个数占比、政企交互关系的一阶滞后变量作为工具变量时，两者对市场整合程度影响的稳健性检验结果；模型3和模型4检验以国有企业员工占比、政企交互关系的一阶滞后变量作为工具变量时的稳健性检验结果；模型5和模型6检验以国有企业产值占比、政企交互关系的一阶滞后变量作为工具变量时的稳健性检验结果。稳健性检验结果显示，当以国有企业个数占比来衡量国有企业的占比时，政企交互关系（beta＝－0.41，p＜0.01）、政企交互关系的一阶滞后变量（beta＝－0.17，p＜0.05）均与市场整合程度呈现显著的负相关关系；当以国有企业从业人员占比来衡量国有企业的占比程度时，政企交互关系（beta＝－0.42，p＜0.01）、政企交互关系的一阶滞后变量（beta＝－0.17，p＜0.05）同样与市场整合程度呈现显著的负相关关系；当以国有企业工业产值占比来衡量国有企业的占比程度时，政企交互关系（beta＝－0.98，p＜0.01）、政企交互关系的一阶滞后变量（beta＝－1.15，p＜0.01）同样与市场整合程度呈现显著的负相关关系，且相关系数的绝对值高于前两者。从国有企业占比指标来看，国有企业个数占比（beta＝－0.01，p＞0.1）的系数不显著，而国有企业从业人员占比（beta＝－0.09，p＜0.05）、国有企业产值占比（beta＝－0.21，p＜0.01）与市场整合程度均呈现出显著负相关关系；同时三个指标的一阶滞后变量值的系数虽然为负，但均不显著。综上整理，选取一阶滞后变量作为工具变量的GMM估计结果验证了政企交互关系对城市之间的市场整合具有抑制作用的稳健性，但对国有企业比重、国有企业员工占比以及国有企业工业总产值占比三个指标来表征的国有企业占比对市场整合之间的影响作用的稳健性却没有得到验证，可能的原因是工具变量选取不合理，因此，继续以二阶滞后变量作为本研究主要观测自变量的工具变量来进行检验。

表 4.9　政企交互关系与市场整合稳健性检验(工具变量法,滞后一阶)

市场整合	模型1	模型2	模型3	模型4	模型5	模型6
企业个数占比	-0.0125 (0.0340)	-0.0158 (0.0341)				
滞后一阶企业个数占比	-0.0147 (0.0334)	-0.0107 (0.0335)				
从业人员占比			-0.0922** (0.0403)	-0.0955** (0.0404)		
滞后一阶从业人员占比			-0.0364 (0.0401)	-0.0465 (0.0403)		
工业产值占比					-0.2111*** (0.0454)	-0.1650*** (0.0515)
滞后一阶工业产值占比					-0.0078 (0.0448)	0.0263 (0.0519)
政企交互关系		-0.4068*** (0.1021)		-0.4180*** (0.1021)		-0.9828*** (0.2962)
滞后一阶政企交互关系		-0.1678** (0.0793)		-0.1732** (0.0793)		-1.4921*** (0.2735)
开放度	-1.2945* (0.7605)	-1.2353 (0.7629)	-1.3261* (0.7580)	-1.2720* (0.7602)	-1.3436* (0.7540)	-0.8911 (0.8546)
开放度平方	5.0565** (2.0645)	4.7273** (2.0721)	5.1603** (2.0557)	4.8422** (2.0629)	4.9800** (2.0451)	3.3819 (2.3177)
城市化率	0.8552*** (0.2384)	0.8771*** (0.2393)	0.8322*** (0.2381)	0.8519*** (0.2390)	0.8968*** (0.2369)	1.1007*** (0.2714)
基础设施建设	0.1506* (0.0872)	0.0143 (0.0935)	0.1563* (0.0868)	0.0162 (0.0932)	0.1528* (0.0863)	-0.3462*** (0.1187)
经济基础	0.0769 (0.0809)	0.0481 (0.0813)	0.0767 (0.0809)	0.0485 (0.0813)	0.0588 (0.0807)	-0.0045 (0.0925)
产业结构	0.0077 (0.0250)	0.0069 (0.0251)	0.0071 (0.0250)	0.0058 (0.0251)	0.0092 (0.0249)	-0.0011 (0.0281)

续 表

市场整合	模型1	模型2	模型3	模型4	模型5	模型6
人口密度	−0.004 5 (0.153 2)	−0.048 9 (0.153 8)	−0.005 3 (0.152 7)	−0.049 5 (0.153 4)	−0.060 3 (0.152 5)	−0.098 8 (0.175 5)
工资水平	−0.009 5 (0.091 4)	0.020 4 (0.091 9)	−0.017 5 (0.091 6)	0.011 1 (0.092 0)	−0.012 8 (0.090 8)	0.069 8 (0.104 5)
N	1 600	1 600	1 600	1 600	1 600	1 600

注：*** $p<0.01$，** $p<0.05$，* $p<0.10$，括号内数字为系数标准差。
资料来源：作者整理所得。

表4.10中检验以国有企业个数占比、国有企业从业人员占比、国有企业工业总产值占比以及政企交互关系的一阶滞后变量和二阶滞后变量分别作为国有企业占比指标和政企交互关系的工具变量时，两者对市场整合程度影响的稳健性检验结果。稳健性检验结果显示，不管以何种指标来表征国有企业的占比程度，政企交互关系及其一阶滞后、二阶滞后指标均与市场整合变量呈现出显著负相关关系，说明政企交互关系确实阻碍了城市之间的市场整合程度提升。从国有企业占比指标来看，国有企业个数占比（beta=−0.034，$p>0.1$）及其一阶滞后变量（beta=−0.029，$p>0.1$）的系数仍然不显著，但其二阶滞后变量的系数（beta=−0.178，$p<0.01$）与市场整合程度之间呈现显著负相关关系；同时国有企业从业人员占比、国有企业产值占比的系数及其一阶滞后变量和二阶滞后变量的系数与市场整合程度均呈现出显著负相关关系，说明以二阶滞后变量作为工具变量改善了模型的回归结果。选取本研究主要观测变量的一阶滞后和二阶滞后作为的工具变量时，GMM估计的检验结果说明，城市内部国有企业占比和政企交互关系的存在，是阻碍城市之间市场整合程度提升的重要因素，减缓了城市群经济一体化的进程，说明本部分结论具有稳健性。

表4.10 政企交互关系与市场整合稳健性检验（工具变量法，滞后二阶）

市场整合	模型1		模型2	模型3
企业个数占比	−0.034 3 (0.036 5)	−0.047 9 (0.039 8)		

续 表

市场整合	模型1		模型2		模型3	
滞后一阶企业个数占比	−0.0286 (0.0354)	−0.0272 (0.0386)				
滞后二阶企业个数占比	−0.1779*** (0.0651)	−0.1826** (0.0712)				
从业人员占比			−0.2262*** (0.0498)	−0.1989*** (0.0546)		
滞后一阶从业人员占比			−0.2191*** (0.0557)	−0.2463*** (0.0610)		
滞后二阶从业人员占比			−0.4416*** (0.0948)	−0.4974*** (0.1036)		
工业产值占比					−0.4120*** (0.0598)	−0.3698*** (0.0650)
滞后一阶工业产值占比					−0.3218*** (0.0676)	−0.2554*** (0.0739)
滞后二阶工业产值占比					−0.8686*** (0.1248)	−0.7398*** (0.1363)
政企交互关系		−0.6199*** (0.1534)		−0.6651*** (0.1571)		−0.2257 (0.3379)
滞后一阶政企交互关系		−0.8954*** (0.1397)		−0.9428*** (0.1449)		−0.6298** (0.3009)
滞后二阶政企交互关系		−1.4035*** (0.1890)		−1.4117*** (0.1951)		−1.4365*** (0.2914)
开放度	−1.2513 (0.7904)	−1.1467 (0.8616)	−1.1989 (0.8085)	−1.0424 (0.8844)	−1.6266* (0.8509)	−1.5784* (0.9138)
开放度平方	4.1569* (2.1262)	3.2840 (2.3198)	4.5103** (2.1726)	3.5995 (2.3782)	5.0451** (2.2921)	4.3828* (2.4620)
城市化率	1.0135*** (0.2602)	1.1830*** (0.2843)	0.7920*** (0.2705)	0.9427*** (0.2963)	0.9673*** (0.2813)	1.1332*** (0.3030)

续　表

市场整合	模型1		模型2		模型3	
基础设施建设	0.0732 (0.1278)	−0.4409*** (0.1535)	0.0688 (0.1306)	−0.4614*** (0.1575)	0.1396 (0.1381)	−0.2840* (0.1676)
经济基础	−0.0149 (0.0870)	−0.0737 (0.0951)	0.0174 (0.0882)	−0.0422 (0.0967)	−0.0327 (0.0933)	−0.0619 (0.1004)
产业结构	0.0104 (0.0257)	0.0096 (0.0280)	−0.0065 (0.0263)	−0.0095 (0.0288)	−0.0000 (0.0276)	0.0014 (0.0296)
人口密度	−0.2339 (0.1918)	−0.2605 (0.2093)	−0.2397 (0.1960)	−0.2768 (0.2146)	−0.2676 (0.2068)	−0.2718 (0.2244)
工资水平	0.1015 (0.0973)	0.1923* (0.1066)	0.0246 (0.0992)	0.1163 (0.1089)	−0.0121 (0.1044)	0.0648 (0.1130)
N	1500	1500	1500	1500	1500	1500

注：*** $p<0.01$，** $p<0.05$，* $p<0.10$，括号内数字为对应系数的标准差。
资料来源：作者整理所得。

第四节　本章小结

本章以文献梳理与理论推演为工具，整理发现，国有企业因为其特殊的体制机制，可以为地方政府实现某些特定的社会公共目标，比如稳定社会就业、维持经济增长、维护本地市场份额等；同时，地方政府为支持当地国有企业发展，会配套一些优惠补贴，如土地要素优惠、税收优惠、财政补贴等以支持国有企业发展壮大。地方政府与国有企业之间交互融合发展的行为和目标会形成地方保护和本地市场垄断，引致城市间市场分割，进而减缓城市群经济一体化的进程。那么，在具体的实证检验中，地方政府与国有企业之间交互关系究竟如何影响城市之间的市场整合呢？

本章选择我国1998—2014年10个城市群中100个城市的数据为研究样本，分别利用普通面板数据和空间计量的方法验证了国有企业比重和政企交互关系对城市市场整合程度的影响，研究结果表明，政企交互关系与市场整合之间具有显著的负相关关系,即地方政府与国有企业之间的交互行为显著阻碍了城市群内部城市之间的市场整合。从国有企业比重的三个指标来看,国有企业个数占比与城市群内部城市的市场整合程度的回归系数为负,但不显著;国有企业从业人员占比与城市群内部城市的市场整合的回归系数为负;国有企业工业总产值比重与城市群市场整合程度之间具有显著的负相关关系,说明国有企业的垄断程度越高,越易阻碍城市群内部城市之间的市场整合,进而导致城市群经济一体化的进程缓慢。

同时,考虑到城市群之间的异质性,一些城市群中的城市表现为同一省份内的城市聚集区,如关中城市群和珠三角城市群等;而另一些城市群中的城市隶属于不同省份,如发展较好的长三角城市群和京津冀城市群等,这类城市群的发展不仅表现为城市之间的融合,更表现为省份之间的融合。因此,本研究继续以长江中游、长三角、川渝、关中、海峡西岸、京津冀、辽中南、山东半岛、中原和珠三角 10 个城市群为分析样本,来验证国有企业比重和政企交互关系对市场整合程度的影响。研究结论显示,长三角、川渝、京津冀和珠三角城市群的国有企业产值比重、政企交互关系与市场整合程度之间均呈现显著负相关关系;而一部分城市群则表现为国有企业工业总产值比重与市场整合程度显著负相关,但政企交互关系与市场整合程度之间的关系不明显,如辽中南城市群、长江中游城市群和中原城市群;另一部分城市群则表现为政企交互关系阻碍了城市群之间的市场整合,如海峡西岸城市群和山东半岛城市群。此外,关中城市群的国有企业占比程度和政企交互关系对城市内部城市之间的市场整合程度的影响均不显著。

最后,为了增强本部分研究结论的稳健性与说服力,通过采取更换变量法和选取工具变量法的 GMM 估计,分别对上述实证结果进行稳健性检验。结果显示,无论是采用更换政企交互关系的指标替换法,还是选取国有企业比重和政企交互关系的二阶滞后变量作为 GMM 估计的工具变量法,均验证了国有企业比重和政企交互关系阻碍城市之间市场整合程度提高这一结论的稳健性。由此可见,地区的国有企业比重越高,与地方政府之间形成交互行为的企业也会越多,在更多地承担地方政府的社会公共目标的同时,地方政府也需提供更多的资源要素以帮助国有企业成长发展。政企交互关系的存在,在降低本地区国有企业经营压力的同时,也造成了国有企业在本地市场和行业的垄断,影响了城市之间的市场整合,抑制了城市群经济一体化。

第五章 政企交互关系与城市群的功能分工——基于一体化的分工视角

本章将基于一体化的分工视角,运用1998—2014年我国10个城市群的数据为样本,并利用产业结构差异度和产业结构相似度来测算城市群内部不同城市间的功能分工程度,试图分析政企交互关系对城市群功能分工的影响效应。结构安排如下:第一部分为引言,第二部分为城市群功能分工的测度,第三部分为政企交互关系对城市群功能分工的实证分析,第四部分为本章主要的研究结论。

第一节 引　言

实现区域协调发展是中国区域发展总体战略的重要目标之一,而城市群作为我国区域发展的重要空间主体,因此实现区域协调发展的重要标志是在城市群内形成合理的功能分工。虽然城市群内部城市的功能分工及产业布局的重要性一直在不断被强调,但是从中国的产业发展历程来看,区域功能分工受抑制现象依然十分明显(陆铭、陈钊,2009;赵勇、魏后凯,2015)。目前对城市群功能分工的测度主要采用生产法来衡量,通过计算城市群内部各城市的产业集中度、专业化程度以及城市间的产业结构差异来反映城市群经济一体化程度。其中,城市间的产业结构差异越大,各城市之间在产业错位布局与产业分工协作的可能性越高,基于城市群整体产业发展的角度,有利于产业结构优化和功能分工实现,进而提升城市群经济一体化水平。代表性学者永(Young,2000)对1978—1997年中国各省市制造业的基尼系数进行测度与比较,用以探讨中国区域经济结构与一体化水平。结果显示,我国区域经济结构具有趋同趋势,区域经济一体化水平不断降低。但在后续实证研究中,大部分研究往往采用产业结构相似度(产业同构)和产业结构差异度(产业异构)两个指标来测度我国城市的功能分工,后续很多学者均发现中国的产业结构相似度呈现出上升趋势,一体化水平呈现下降趋势(赵勇、白永秀,2012;吴意云、朱希伟,2015)。赵勇和白永秀认为,中国的城市群功能分工存在不同时间段出现不同走势特征,在2003—2010年,中国城市群功能分工水平总体相对较低并呈现出波动中持续下降的趋势,但2008年之后呈现出一定程度的上升态势。同时也有部分学者从省级层面验证了我国区域的产业分工指数与变化差异指数呈现逐年上升的趋势,说明城市的经济一体化水平呈现上升趋势(梁琦,2003;黄新飞、郑华懋,2010;孙久文、姚鹏,2015;戴平生,2015)。

除了对中国城市群功能分工的时间演变趋势进行深入探讨外,很多学者继而从影响城市功能分工的因素展开分析,研究发现资源禀赋因素、市场因素和体制机制因素是影响区域间功能分工的主要因素。其中,资源禀赋因素主要包括自然资源和劳动力要素市场资源两类(张媛媛,2015);市场因素主要包括产业所在城市的区位条件和所在市场规模大小,如地区经济发展水平、对外开放度等(刘再起、徐艳飞,2014);体制因素则是指区域内地方政府对该区域产业发展与功能分工所制定的产业政策及地方保护主义(孙晓华、郭玉娇、周玲玲,2013;孙久文、原倩,2014;吴意云、朱希伟,2015)。上述因素中被讨论最多的莫过于体制因素,大部分研究认为,由于地区之间产业政策的相似性,以及附加了宏观调控职能的区域政策,使地方政府之间的竞争和区域功能分工的抑制态势更加明显。从中国区域发展的现实状况来看,虽然地方政府主导的发展模式,会促使各级政府通过"管促结合"的方式来引导地方产业发展,一方面通过宏观政策、政府规制、部门管辖等方式间接影响区域产业发展,另一方面通过定向财政补贴、税收减免优惠、土地供给优惠以及硬件环境配套等方式促进不同行业和企业的发展,尤其是通过基础设施投资和重大专项产业项目的投资布局策略直接影响区域内部企业地理分布,对地区产业布局进行行政干预,以实现区域快速发展的目标(周黎安,2004;魏后凯,2014;赵勇、魏后凯,2015)。

关于体制因素影响产业结构的研究,国外的研究相对较少,原因在于发达国家主要表现为市场机制配置资源,地方政府在企业经济活动中的介入权限受到极大限制。因此,中国的产业发展路径与欧美国家"亲市场"的产业发展路径存在显著差异,不仅受经济地理因素的驱动,还受中国式分权改革带来的地方保护和市场分割的影响,在一些国有化程度较高、利润率较高以及利税率较高的行业在中国更倾向于在空间中分散而非集中(白重恩等,2004;路江涌、陶志刚,2006;Lu & Tao,2009),由此说明,地方保护使得城市之间的产业结构更加相似,地方政府竞相选择国有化程度较高、利润率较高以及利税率较高的行业来发展,进而导致区域一体化程度下降。

从中国区域实际运作情况来看,地方政府虽然能在一定程度上有资源支配权力,但同时也面临着诸如 GDP 增长、基础设施建设投资和稳定就业的经济增长数字压力和社会稳定的舆论压力,而地方国有企业由于其特殊的产权属性、产业属性以及较大的规模,往往能在一定程度上实现地方政府发展过程中面临的社会公共目标。因此,地方政府为推动国有企业发展,也更愿意将诸如土地、税收优惠政策、财政支持政策等资源配置给国有企业所在行业,或者利用政府投资进行重大项目和产业投资,对相关产业进行空间重组,区域产业在地理空间上的分布是政企交互关系共同作用的结果。本研究沿着这一思路,试图实证检验城市群经济一体化的分工视角下,政企交互关系对城市群内部城市之间功能分工的影响。

第二节 研究设计

一、实证模型与估计方法

为了对政企交互关系与功能分工之间的关系进行验证,本部分构建如下待检验基准模型:

$$Function\_div_{i,t} = \partial_0 + \partial_s Soe_{i,t} + \partial_c C_{i,t} + u_{i,t} \tag{5.1}$$

$$Function\_div_{i,t} = \partial_0 + \partial_s Soe_{i,t} + \partial_h Gosoh_{i,t} + \partial_c C_{i,t} + u_{i,t} \tag{5.2}$$

从区域的实际运作来看,产业之间的功能分工其实是区域经济制度互动的结果,因此也可将其看作地区之间采取不同的经济策略溢出的一种形态。而基于这种制度溢出,大部分研究采用空间计量模型展开,因此,本研究在上述基准模型的基础上,同样通过构建空间计量模型来验证国有企业比重和政企交互关系对城市群功能分工的影响。

$$Function\_div_{i,t} = \partial_0 + \partial_s W_i * Soe_{i,t} + \partial_c C_{i,t} + u_{i,t} \tag{5.3}$$

$$Function\_div_{i,t} = \partial_0 + \partial_s W_i * Soe_{i,t} + \partial_h W_i * Gosoh_{i,t} + \partial_c C_{i,t} + u_{i,t}$$
(5.4)

式 5.3 和 5.4 中，$Function\_div_{i,t}$ 是被解释变量，表示城市 i 在第 t 年的功能分工情况；$Soe_{i,t}$ 是主要观测的解释变量，表示城市 i 在第 t 年的国有企业占比情况；$Gosoh_{i,t}$ 用来衡量城市 i 在第 t 年地方政府与国有企业之间的交互行为；W 为城市之间的空间权重矩阵；$C_{i,t}$ 为本节中的控制变量。其中，空间权重矩阵设定方法与第四章相同，根据城市的自然属性和非自然属性设定两类权重（W_{i1} 和 W_{i2}）。其中 W_{i1} 根据城市的地理位置属性设定权重，选取城市之间的邻接矩阵，如果城市相邻则记为 1，不相邻则记为 0。同时考虑了城市之间的可通达性等非自然属性，兼论地理权重因素，并设定第二类权重 W_{i2}，第二类权重的构建方法同样利用城市之间的公路里程数来构建城市之间的可通达性，具体测算方法见第四章。

二、样本与变量

本研究同样选取中国 100 个城市 1998—2014 年的数据为样本，并同时细分为 10 个城市群，具体包括长三角城市群、珠三角城市群、京津冀城市群、长江中游城市群、中原城市群、山东半岛城市群、辽中南城市群、海峡西岸城市群、川渝城市群以及关中城市群。下面具体介绍各指标的计算方法与数据来源。

（一）功能分工程度

1. 测度方法

从经济一体化内涵中的分工角度出发，运用结构法来测度我国城市群内部各城市的功能分工水平。现有关于城市功能分工主要采用产业结构差异度（梁琦，2003；刘乃全、吴友，2016）和产业结构相似度（胡向婷、张璐，2005；赵骅、施美娟，2016）两方面来衡量。其中，产业结构差异度是正向衡量，即产业结构差异度越高，说明城市群之间的功能分工程度越高；产业结构相似度是反向度量，即产业结构相似度越高，说明城市之间产业同构现象越严重，功能分工程度越低。产业结构差异度 $Ind\_Diff_{i,t}$ 与产业结构相似度 $Ind\_Same_{i,t}$ 计算公式分别为：

$$Ind\_Diff_{i,t} = \sum\nolimits_{j=n-1} Ind\_Diff_{ij,t} \qquad (5.5)$$

$$Ind\_Same_{i,t} = \sum\nolimits_{j=n-1} Ind\_Same_{ij,t} \qquad (5.6)$$

式5.5和5.6中,$Ind\_Diff_{i,t}$表示城市i在第t年的产业结构差异度,表示为其余城市j相对于城市i的产业结构差异度总和;$Ind\_Same_{i,t}$表示城市i在第t年的产业结构相似度,表示为其余城市j相对于城市i的产业结构相似总和;n表示每个城市群中对应的城市个数,如长三角城市群中对应的城市个数n为16,$Ind\_Diff_{ij,t}$表示城市i相对于城市j在第t年的产业结构差异度,$Ind\_Same_{ij,t}$表示城市i相对于城市j在第t年的产业结构相似度,两者的计算公式如下:

$$Ind\_Diff_{ij,t} = \sum_{k=1}^{19} abs(X_{it}^k/X_{it} - X_{jt}^k/X_{jt}) \qquad (5.7)$$

$$Ind\_Same_{ij,t} = \sum_{k=1}^{19}(X_{it}^k/X_{jt}^k)/\sqrt{\sum_{k=1}^{19}(X_{it}^k)^2 \sum_{k=1}^{19}(X_{jt}^k)^2} \qquad (5.8)$$

式5.7和5.8中,X_{it}^k、X_{jt}^k表示城市$i(j)$在第t年的第k产业的从业人员数,X_{it}、X_{jt}表示城市$i(j)$在第t年的总从业人员数,k表示行业种类数(陈国亮、唐根年,2016)。本研究选择1998—2014年中国100个城市的19个行业的从业人员数来衡量,具体包括农林牧渔业、采矿业、制造业、电器(燃气)及水生产供应、建筑业、交通运输业、信息传输和计算机业、批发和零售业、住宿和餐饮业、金融业、房地产业、租赁和商业服务业、科学研究(技术服务)和地质勘查业、水利(环境)和公共设施管理业、居民服务(修理)和其他服务业、教育行业、卫生(社会保障)和社会福利业、文化(体育)娱乐业、公共管理和社会组织行业。需要说明的是,由于统计口径差异,1998—2002年统计为15个行业,其中批发零售、住宿餐饮统计为批发零售贸易餐饮业;交通运输、信息传输和计算机统计为交通仓储邮电业;租赁和商业服务业、居民服务、修理和其他服务业统计为社会服务业;教育、文化体育娱乐用房屋统计为教育文化广播影视业,因此为了保证数据连续性,1998—2002年缺失的行业采用2003—2013年对应行业占比均值计算所得。

2. 数据来源

功能分工的原始数据主要来源于对应年份的《中国城市统计年鉴》,个别城市在个别年份缺失的数据通过对应的城市所在省份的统计年鉴中的数据补充,如济源市 1998—2014 年的数据在《中国城市统计年鉴》中缺失,则通过《河南统计年鉴》中的数据予以补充。然后,在城市群内部对城市之间进行两两配对,最后汇总到单个城市在整个城市群中的产业结构差异度和产业结构相似度。如长三角城市群包含了 16 个城市,首先对每一年的每个行业的从业人员数在城市之间两两配对,共形成 38 760($C_{16}^2 \times 19 \times 17$) 条观测数据①,其中上海的产业结构相似度和产业结构差异度系数为上海与其余 15 个城市的相似度和差异度总和。最后,为了使产业结构相似度表征的功能分工系数不至于太大,以及避免回归分析时所造成的异方差性,本研究对产业结构相似度和产业结构差异度变量均以对数化处理。同理,对其余 9 个城市群数据采用类似处理方法。在此基础上,接下来详细分析我国 10 个城市群的功能分工程度的时空演变趋势。

3. 时空演化

根据 1998—2014 年 10 个城市群中的 100 个城市汇总的产业结构差异度指数,笔者绘制了城市群功能分工的时间趋势图(图 5.1)和空间分布表(表 5.1)。从产业结构差异度指数的时间趋势上来看(见图 5.1),城市群内部城市之间的产业结构差异度指数趋势分化较为明显,如长三角和川渝城市群的产业结构差异度的上升幅度比较大;长江中游、京津冀、中原以及海峡西岸城市群的产业结构差异度上升趋势较为缓慢;而关中、辽中南、山东半岛以及珠三角城市群的产业结构差异度则呈现波动中下降的趋势。

从城市产业结构差异度的空间分布来看(见表 5.1),1998 年,产业结构差异度较低的城市主要聚集在长江中游、海峡西岸、京津冀以及中原城市群内部,产业结构差异度较高的城市主要分布在辽中南、山东半岛、长三角和川渝城市群内部。2014 年,长江中游和中原城市群内的全部城市、京津冀和珠三角城市群的小部分城市的产业结构差异度仍然较低,辽中南、山东半岛、长三角和川渝城市群的产业结构差异度仍然处于较高组别,除此之外,京津冀城市群的部分城市(如北京市、天津市等)产业结构差异度显著提升。整体来看,

---

① 川渝城市群包含 11 个城市,配对共生成 17 765 条观测值;关中城市群包含 5 个城市,配对共生成 3 230 条观测值;海峡西岸城市群包含 7 个城市,配对共生成 6 783 条观测值;京津冀城市群包含 13 个城市,配对共生成 25 194 条观测值;辽中南城市群包含 10 个城市,配对共生成 14 535 条观测值;山东半岛城市群包含 8 个城市,配对共生成 9 044 条观测值;长江中游城市群包含 12 个城市,配对共生成 21 318 条观测值;中原城市群和珠三角城市群均包含 9 个城市,配对共生成 11 628 条观测值。

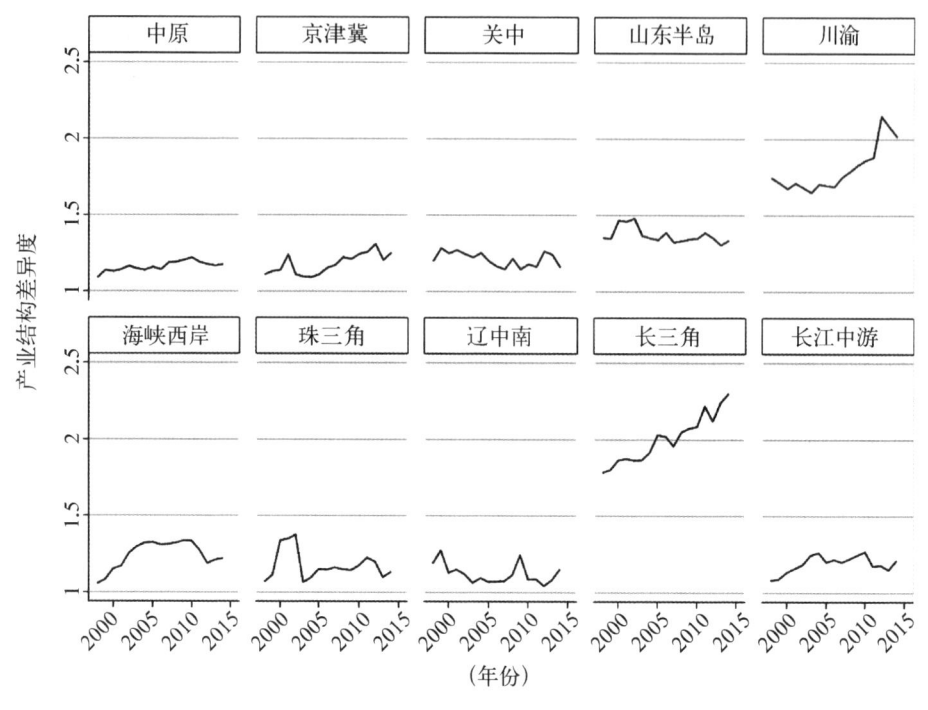

图 5.1　十大城市群的产业结构差异度的时间变化趋势

1998年到2014年的17年里，辽中南、山东半岛、长三角和川渝城市群的产业结构差异度都有不同程度的提高，城市群功能分工现象显著，但长江中游、关中和中原城市群的产业结构差异度仍较低，这些城市群的功能分工仍有待加强。

表 5.1　1998、2014 年十大城市群产业结构差异度的空间演化

产业结构差异度	1998 年，城市群（城市名称）	2014 年，城市群（城市名称）
程度较低	长江中游（鄂州、黄冈、荆州、九江、随州、武汉、咸宁、孝感、岳阳、黄石、荆门、信阳）；海峡西岸（福州、龙岩、宁德、莆田、泉州、厦门、漳州）；京津冀（保定、北京、沧州、承德、邯郸、衡水、廊坊、秦皇岛、石家庄、唐山、天津、邢台、张家口）关中（宝鸡、渭南、铜川）；长三角（扬州）；中原（焦作、平顶山、济源、洛阳、许昌、郑州）；珠三角（东莞、广州、肇庆、中山）	长江中游（鄂州、黄冈、荆州、九江、随州、武汉、咸宁、孝感、岳阳、黄石、荆门、信阳）；京津冀（张家口、唐山、沧州、邢台、邯郸）；关中（宝鸡、渭南、铜川）；中原（焦作、平顶山、济源、开封、漯河、新乡、许昌）；海峡西岸（龙岩、宁德、漳州）；辽中南（鞍山）；珠三角（东莞、肇庆、中山）

续 表

产业结构差异度	1998年,城市群(城市名称)	2014年,城市群(城市名称)
程度较高	川渝(成都、德阳、乐山、泸州、眉山、绵阳、内江、宜宾、重庆、资阳、自贡);关中(西安、咸阳);辽中南(鞍山、本溪、大连、丹东、抚顺、辽阳、盘锦、沈阳、铁岭、营口);山东半岛(东营、济南、青岛、日照、威海、潍坊、烟台、淄博);中原(开封、漯河、新乡);珠三角(佛山、惠州、江门、深圳、珠海);长三角(常州、杭州、湖州、嘉兴、南京、南通、宁波、上海、绍兴、苏州、台州、泰州、无锡、镇江、舟山);	川渝(成都、绵阳、德阳、重庆、自贡、乐山、泸州、眉山、内江、宜宾、资阳);关中(西安、咸阳);京津冀(保定、北京、承德、衡水、廊坊、秦皇岛、石家庄、天津);海峡西岸(福州、莆田、泉州、厦门);辽中南(本溪、大连、丹东、抚顺、辽阳、盘锦、沈阳、铁岭、营口);山东半岛(东营、济南、青岛、日照、威海、潍坊、烟台、淄博);长三角(常州、杭州、湖州、嘉兴、南京、南通、宁波、上海、绍兴、苏州、台州、泰州、无锡、扬州、镇江、舟山);珠三角(佛山、广州、惠州、江门、深圳、珠海);中原(郑州、洛阳)

注:产业结构差异度的较高、较低划分标准,依据1998年十大城市群的产业结构差异度的均值来划分,当取值小于等于1.255时,则划分为产业结构差异度较低组;当取值高于1.255时,则划分为产业结构差异度较高组。

(二) 国企比重与政企交互关系

1. 国有企业比重测算

继续沿用上一章的做法,分别采用城市国有工业总产值比重(规模以上国有企业工业总产值/规模以上工业企业总产值)、国有职工比重(规模以上国有企业工业总产值/规模以上工业企业总产值)、国有企业个数比重(规模以上国有工业企业个数/规模以上工业企业个数)三个指标来衡量,具体的测算方法见第四章。

2. 政企交互关系

继续沿用上一章的做法,将政企交互关系的测度从两个方面展开:政企交互关系一方面表现为地方政府希望国有企业实现的社会公共目标,本研究采用经济增长率、超额雇员量以及财政缺口来测度,利用因子分析方法,将三个指标合成为一个指标;另一方面表现为国有企业从地方政府获得的优惠补贴,采用财政补贴率、国有企业投资率和国有企业贷款率来测度,同理将三个指标合称为一个指标,每个指标具体的测度方法参见第四章。最后,政企交互关系可表示为两者的交乘项,该指标的具体计算方法与第四章同。

(三) 控制变量选取

根据现有研究成果,考虑到城市群内城市之间的功能分工还与自身发展因素密切相关,因此本研究的控制变量同样选取经济发展水平($Pgdp_{i,t}$)、工资水平($Wage_{i,t}$)、城市化率($Urba_{i,t}$)、对外开放度($Open_{i,t}$)、对外开放度平方项($Open_{i,t}^2$)、产业结构($Indu_{i,t}$)、基础设施建设($Infr_{i,t}$)以及人口密度($Dens_{i,t}$),具体测度方法见第四章。

第三节 实证结果分析

本研究实证分析思路如下:首先,全样本分析,运用固定效应模型和空间回归模型验证政企交互关系对城市群功能分工的影响;其次,分样本分析,考察长江中游、长三角、川渝、关中、海峡西岸、京津冀、辽中南、山东半岛、中原和珠三角10个城市的政企交互关系如何影响城市的功能分工。最后,通过指标更换法、工具变量法对政企交互关系影响功能分工的稳健性进行检验。在分析之前,为确保模型估计的一致性和有效性,对数据进行了如下处理:(1) 为避免异常值的影响,对文中涉及的全部连续变量(年份的虚拟变量除外)在1%水平上进行缩尾处理(Flannery & Rangan,2006);(2) 为克服多重共线性影响,对进入模型的所有解释变量和控制变量进行方差膨胀因子(VIF)诊断,结果显示VIF均小于3.4,说明上述估计模型中的变量之间在一定程度上不存在多重共线性问题。

一、全样本估计

本研究的功能分工主要从产业结构差异度和产业结构相似度来衡量,因此在全样本的回归结果中,为了验证国有企业占比、政企交互关系对产业功能分工的影响,其中国有企业占比分别采用国有企业个数占比、国有企业工业总产值占比和国有企业从业人员占比来表征,功能分工采用产业结构差异度来衡量。表5.2为采用固定效应的面板回归模型,同时考虑到本研究的被解释变量产业结构差异度与产业结构相似度与主要解释变量国有企业比重和政企交互关系存在显著的空间相关性(见附表A2),因此表5.3和表5.4为考虑了城市之间的空间关联性与可通达性,利用空间面板模型进行分析的回归结果。

从表5.2的回归结果来看,政企交互关系与产业结构差异度之间具有显著的负相关关系(beta=-0.15,p<0.05),即地方政府与国有企业之间的交互行为显著阻碍了城市群内部产业之间的结构差异度。从国有企业占比的三个指标来看,国有企业个数占比与城市群内部城市的产业结构差异度程度的回归系数为负(beta=-0.06),但不显著;国有企业从业人员占比与城市群内部城市的产业结构差异度的回归系数为负(beta=-0.07),同样不显著;国有企业工业总产值比重(beta=-0.08,p<0.05)与城市群产业结构差异度之间具有显著的负相关关系。上述结果说明,国有企业比重上升,会阻碍城市群内部城市之间的功能分工程度的提高,进而导致城市群经济一体化的进程缓慢。具体而言,城市内部国有企业比重升高,表明国有企业能够更好地承担公益的社会公共目标,同时也意味着地方政府为了使本地国有企业更好发展,会进一步加剧城市内部的资源倾向性配置,降低国有企业生产经营成本的同时,也造成了企业之间经营范围相似、产业结构雷同的局面,不利于城市之间实现产业错位竞争与合理分工,影响了城市群经济一体化。归纳来说,国有企业比重越高,政企交互关系越高,越会阻碍城市群内部城市之间的功能分工,进而阻碍城市群经济一体化的进程。

表5.2 政企交互关系与产业结构差异度(产业结构差异度)

功能分工	模型1	模型2	模型3	模型4	模型5	模型6
企业个数占比	-0.0566 (0.0346)	-0.0577 (0.0346)				
从业人员占比			-0.0659 (0.0442)	-0.0680 (0.0446)		
工业产值占比					-0.0846** (0.0331)	-0.0827** (0.0327)
政企交互关系		-0.1535** (0.0706)		-0.1543** (0.0673)		-0.1478** (0.0685)

续　表

功能分工	模型1	模型2	模型3	模型4	模型5	模型6
开放度	−2.303 5*** (0.710 5)	−2.293 5*** (0.698 1)	−2.375 6*** (0.746 6)	−2.367 2*** (0.735 2)	−2.389 5*** (0.759 3)	−2.380 7*** (0.747 9)
开放度平方	1.553 4 (1.961 0)	1.526 9 (1.923 0)	1.775 9 (2.007 1)	1.754 4 (1.970 7)	1.756 6 (2.068 8)	1.733 3 (2.032 7)
城市化率	0.242 6*** (0.080 8)	0.238 3*** (0.080 5)	0.235 9** (0.088 4)	0.231 6** (0.088 1)	0.243 4** (0.086 6)	0.238 6** (0.086 5)
基础设施建设	0.249 0* (0.123 9)	0.214 6* (0.118 1)	0.244 4* (0.121 8)	0.209 8* (0.116 6)	0.240 1* (0.119 2)	0.206 9* (0.114 2)
经济基础	0.239 3*** (0.053 3)	0.237 3*** (0.054 6)	0.233 8*** (0.051 0)	0.231 6*** (0.052 3)	0.229 0*** (0.051 5)	0.227 2*** (0.052 8)
产业结构	0.152 1*** (0.030 1)	0.153 6*** (0.030 4)	0.152 7*** (0.032 0)	0.154 3*** (0.032 2)	0.152 2*** (0.031 2)	0.153 8*** (0.031 5)
人口密度	0.184 3** (0.075 3)	0.173 0** (0.078 8)	0.174 4** (0.075 9)	0.162 7* (0.078 9)	0.168 4** (0.076 4)	0.157 8* (0.079 8)
工资水平	−0.104 1* (0.057 6)	−0.101 7 (0.059 2)	−0.103 5* (0.056 4)	−0.101 0 (0.057 9)	−0.101 6* (0.055 9)	−0.099 2 (0.057 5)
常数项	−0.970 3 (0.855 1)	−0.230 1 (0.882 0)	−0.848 3 (0.832 2)	−0.099 9 (0.843 8)	−0.777 3 (0.810 9)	−0.069 0 (0.849 2)
N	1 700	1 700	1 700	1 700	1 700	1 700
组内R^2	0.335 6	0.337 9	0.335 4	0.337 7	0.336 0	0.338 1

注：*** $p<0.01$，** $p<0.05$，* $p<0.10$，括号内数字为对应系数的标准差，考虑到城市群内的个体差异，采用固定效应模型。

资料来源：作者整理所得。

从影响产业结构差异度的控制变量来看①，产业结构差异度与城市开放度平方项之间的系数不显著，说明城市开放度与功能分工之间并不存在显著的 U 型结构，这一结果与市场分割衡量的一体化水平存在显著差异；而城市

---

① 考虑到控制变量系数在每个回归模型中均表现为一致，此处解释的回归变量系数均为模型 2 中的系数。

开放度与功能分工之间呈现显著的负相关关系(beta=−2.29,p<0.01),说明随着市场开放度的逐渐提高,产业结构差异度会趋于下降;城市化率促进了产业结构差异度的提高(beta=0.24,p<0.01),说明城市化进程的不断推进,有助于城市之间差异化产业布局形成。基础设施建设(beta=0.21,p<0.1)、产业结构(beta=0.15,p<0.01)、经济基础(beta=0.24,p<0.01)、人口密度(beta=0.17,p<0.01)均与城市的产业结构差异度之间存在显著的正相关关系,说明城市发展环境越好,经济发展基础越高;二产占比越高,人口密度越大,越有利于城市之间产业差异度的形成。

同时,为了验证城市之间的空间相关性,分别采用空间权重1(是否相邻)和权重2(城市之间的公路里程数)来分析政企交互关系对功能分工的影响。其中,表5.3列举了采用空间权重1的回归结果,表5.4列举了采用空间权重2的回归结果。在进行空间回归分析之前,需要对变量进行空间相关性检验(见附表A2)。从附表A2的检验结果可知,产业结构差异度、国有企业比重和政企交互关系的Moran I指数在大部分年份均存在显著的空间相关性,其中产业结构差异度表现为显著的正向空间自相关,说明如果某个区域的产业结构差异度较高,则与之相邻的区域也表现为高产业结构差异度。

表5.3 政企交互关系与产业结构差异度(空间面板,权重1)

功能分工	模型1	模型2	模型3	模型4	模型5	模型6
企业个数占比	−0.0152 (0.0210)	−0.0165 (0.0208)				
从业人员占比			−0.0595** (0.0234)	−0.0592** (0.0234)		
工业产值占比					−0.0460** (0.0216)	−0.0439** (0.0221)
政企交互关系		−0.0687* (0.0354)		−0.0675* (0.0345)		−0.0762* (0.0364)
W_1×企业个数占比	−0.0031 (0.0024)	0.0032 (0.0032)				
W_1×从业人员占比			−0.0085*** (0.0021)	−0.0087* (0.0045)		

续 表

功能分工	模型1	模型2	模型3	模型4	模型5	模型6
$W_1 \times$工业产值占比					−0.006 9*** (0.002 1)	−0.003 1 (0.004 2)
$W_1 \times$政企交互关系		−0.001 8*** (0.000 6)		0.000 0 (0.000 9)		−0.000 9 (0.000 9)
开放度	0.335 2 (0.248 1)	0.435 3* (0.247 7)	0.464 6* (0.249 3)	0.434 6* (0.247 7)	0.469 6* (0.251 3)	0.437 3* (0.250 6)
开放度平方	−0.804 0 (0.697 9)	−1.089 7 (0.698 2)	−1.100 2 (0.684 2)	−1.033 7 (0.679 1)	−1.164 2 (0.718 4)	−1.114 6 (0.709 7)
城市化率	−0.008 7 (0.030 3)	−0.001 4 (0.030 1)	0.001 6 (0.030 3)	0.004 3 (0.030 5)	−0.004 2 (0.029 6)	−0.002 1 (0.029 7)
基础设施建设	0.028 2 (0.022 2)	0.038 9* (0.021 8)	0.035 3* (0.020 7)	0.044 2** (0.020 4)	0.029 1 (0.020 9)	0.037 7* (0.020 9)
经济基础	0.032 3* (0.016 9)	0.039 6** (0.016 7)	0.042 4** (0.016 9)	0.042 3** (0.016 9)	0.038 4** (0.017 1)	0.037 4** (0.016 8)
产业结构	0.023 4*** (0.007 7)	0.020 7*** (0.007 3)	0.021 2*** (0.007 3)	0.021 1*** (0.007 2)	0.021 9*** (0.007 3)	0.021 4*** (0.007 2)
人口密度	−0.012 0* (0.007 1)	−0.013 0* (0.007 2)	−0.013 9** (0.007 0)	−0.014 9** (0.007 0)	−0.011 3 (0.007 2)	−0.013 0* (0.007 2)
工资水平	0.034 6 (0.026 9)	−0.003 2 (0.027 8)	−0.022 5 (0.027 7)	−0.024 6 (0.027 3)	−0.010 6 (0.028 4)	−0.009 2 (0.027 9)
常数项	−0.487 8*** (0.189 0)	−0.463 7* (0.249 1)	0.025 1 (0.188 6)	−0.241 7 (0.242 4)	−0.078 1 (0.189 8)	−0.400 8 (0.247 2)
N	1 700	1 700	1 700	1 700	1 700	1 700
组内R^2	0.586 0	0.580 4	0.590 7	0.590 5	0.590 4	0.585 4
Rho	0.000 8* (0.000 5)	0.003 6*** (0.001 0)	0.002 1*** (0.000 4)	0.002 1 (0.001 3)	0.001 5*** (0.000 4)	0.002 8* (0.001 5)

注：*** $p<0.01$，** $p<0.05$，* $p<0.10$，括号内数字为对应系数的标准差，采用空间杜宾模型。

资料来源：作者整理所得。

表 5.4　政企交互关系与功能分工(空间面板,权重 2)

功能分工	模型 1	模型 2	模型 3	模型 4	模型 5	模型 6
企业个数占比	−0.017 9 (0.021 5)	−0.017 8 (0.021 5)				
从业人员占比			−0.057 3** (0.023 4)	−0.057 2** (0.023 3)		
工业产值占比					−0.045 8** (0.022 1)	−0.048 0** (0.022 7)
政企交互关系		−0.039 2*** (0.013 3)		−0.038 6*** (0.013 3)		−0.044 4* (0.024 2)
W_2×企业个数占比	0.058 0 (0.063 1)	0.056 5 (0.062 7)				
W_2×从业人员占比			−0.108 5 (0.070 1)	−0.105 1 (0.069 3)		
W_2×工业产值占比					−0.076 1 (0.066 7)	−0.081 4 (0.067 7)
W_2×政企交互关系		0.121 6 (0.183 7)		0.106 9 (0.181 2)		0.153 6 (0.187 8)
开放度	0.298 4 (0.243 9)	0.285 9 (0.245 2)	0.292 1 (0.246 3)	0.278 1 (0.247 6)	0.317 4 (0.248 5)	0.305 8 (0.250 4)
开放度平方	−0.700 4 (0.651 6)	−0.663 5 (0.639 2)	−0.703 2 (0.666 6)	−0.662 0 (0.654 5)	−0.758 5 (0.676 5)	−0.720 3 (0.661 4)
城市化率	−0.011 5 (0.030 2)	−0.009 3 (0.030 4)	−0.007 1 (0.030 8)	−0.005 2 (0.031 0)	−0.015 2 (0.030 1)	−0.012 7 (0.030 4)
基础设施建设	0.033 1 (0.021 6)	0.039 4* (0.021 7)	0.036 1* (0.020 8)	0.042 3** (0.021 2)	0.030 6 (0.021 1)	0.038 0* (0.021 3)
经济基础	0.030 6* (0.016 5)	0.030 7* (0.016 5)	0.027 6* (0.016 4)	0.027 6* (0.016 4)	0.027 1 (0.016 6)	0.027 2 (0.016 6)
产业结构	0.022 7*** (0.007 5)	0.022 5*** (0.007 5)	0.022 8*** (0.007 5)	0.022 5*** (0.007 5)	0.023 5*** (0.007 4)	0.023 1*** (0.007 4)

续表

功能分工	模型1	模型2	模型3	模型4	模型5	模型6
人口密度	−0.013 0* (0.007 3)	−0.013 0* (0.007 4)	−0.015 5** (0.007 3)	−0.015 6** (0.007 3)	−0.012 8* (0.007 3)	−0.012 7* (0.007 3)
工资水平	0.047 9* (0.024 9)	0.045 6* (0.025 2)	0.045 6* (0.024 0)	0.043 6* (0.024 3)	0.045 8* (0.024 5)	0.042 6* (0.024 7)
常数项	−0.588 3*** (0.169 2)	−1.256 0 (0.817 2)	−0.396 3** (0.175 2)	−1.004 1 (0.792 6)	−0.448 4*** (0.168 6)	−1.263 6 (0.815 6)
N	1 700	1 700	1 700	1 700	1 700	1 700
组内R^2	0.587 1	0.586 7	0.589 8	0.589 4	0.588 8	0.588 5
Rho	−0.009 2 (0.020 6)	−0.011 0 (0.020 7)	−0.027 3 (0.025 2)	−0.028 3 (0.025 3)	−0.019 4 (0.023 4)	−0.022 3 (0.023 6)

注：*** $p<0.01$，** $p<0.05$，* $p<0.10$，括号内数字为对应系数的标准差，空间回归采用空间杜宾模型。

资料来源：作者整理所得。

表5.3的回归结果从两个层面揭示了国有企业占比和政企交互关系究竟如何影响城市之间的功能分工。首先，从城市内部的国有企业特征来看，政企交互关系与产业结构差异度之间具有显著的负相关关系（beta=−0.07，$p<0.1$），即地方政府与国有企业之间的交互行为显著阻碍了城市群内部城市之间的产业结构差异度。从国有企业占比的三个指标来看，国有企业个数占比与城市群内部城市的产业结构差异度的回归系数为负（beta=−0.02），但不显著。以国有企业从业人员占比、国有企业工业总产值比重来衡量国有企业占比时，对产业结构差异度的回归系数均显著为负，说明随着国有企业的占比的提高，会减缓城市群内部城市之间的产业结构差异度提高，进而影响城市群经济一体化的进程，与前文中面板回归结果相似。

从邻近城市的国企占比指标与政企交互关系来看，仅以国有企业从业人员占比（beta=−0.01，$p<0.01$）和国有企业工业总产值占比（beta=−0.01，$p<0.01$）来衡量城市外部的国有企业占比程度与本区域的产业结构差异度之间形成显著的负相关关系；而以国有企业个数占比（beta=−0.003，$p>0.1$）来衡量的城市外部国有企业占比程度与本城市产业结构差异度之间的关系则

第五章 政企交互关系与城市群的功能分工——基于一体化的分工视角 / 127

不显著。反观地方政府与国有企业交互关系对产业结构差异度的影响,当且仅当国有企业的占比程度采用国有企业个数比重来衡量时,相邻区域的政企交互关系越严重,对本区域的产业结构差异化的阻碍作用越大(beta=−0.002,p<0.01);而当国有企业的占比程度采用国有企业从业人员占比和工业总产值占比来衡量时,相邻区域的政企交互关系与本区域的产业结构差异度程度之间的回归系数均不显著。上述结论的不一致性说明,相邻区域的政企交互关系与本区域功能分工程度的关系不稳健,对本区域产业功能分工的提高不存在确切的影响。

归纳来说,本区域的国有企业占比程度和相邻区域的国有企业占比程度会显著抑制城市之间的产业结构差异化的形成,进而阻碍城市群一体化进程;本区域的政企交互关系会进一步加剧城市之间的产业结构趋同,阻碍城市之间的产业结构差异化的形成,而相邻区域的政企交互关系对本区域的产业结构差异度的影响则尚不明显。

从采用空间是否相邻权重的回归可以看出,相邻区域的国有企业占比与政企交互关系对功能分工的影响并不明显,本部分继续采用空间通达性权重进行检验。表5.4的回归结果列举了采用空间通达性权重构建的空间回归模型的结果,同样从两个层面来揭示国有企业占比和政企交互关系对城市之间的功能分工的影响。一是区域内部的特征,二是区域之间的可通达性特征。首先,从区域内部的国企特征来看,政企交互关系与产业结构差异度之间具有显著的负相关关系(beta=−0.04,p<0.01);从国有企业占比的三个指标来看,国有企业占比指标与城市群产业结构差异度之间的相关关系与表5.3相同,但系数绝对值均略小于表5.3的回归结果。说明在考虑城市之间通达便利性时,本区域的国有企业占比程度对城市群内部城市之间的产业结构差异度形成的阻碍作用相对较小,城市之间的可通达性会在一定程度上减缓由其余区域的政企交互关系和国有企业占比引致的产业同构现象。

其次,从与本区域通达性密切相关的外部城市特征来看,无论以何种指标衡量国有企业的占比程度,与本地城市通达性较好的城市内部政企交互关系与本地城市的产业结构差异度之间的相关系数为正,但不显著,说明与本地城市公路连通越多的城市,其内部的政企交互关系程度的高或低,不会直接影响本地城市之间的产业结构差异度。而同样在国有企业占比程度的衡量指标中,国有企业个数占比、国有企业从业人员占比和国有企业工业总产值占比与城市与本地城市的产业结构差异度的相关系数为负,但不显著,同样说明虽然连通较为密切的地区之间在促进本地区产业发展上形成了强烈的竞争关系,但并不会对本地区的产业同构产生直接的促进作用,进而阻碍城市之间的一体化进程。从其余影响因素来看,基础设施建设、经济基础、产业结构和工资水平与城市之间的产业结构差异度程度仍然表现为显著的正向关系,而人口密度的提高则显著抑制城市之间的产业结构差异度上升(beta=−0.013,p<0.1)。归纳来说,本区域的国有企业占比程度和政企交互关系会显著抑制城市之间的产业结构差异的形成,进而阻碍了城市群经济一体化进程;而相邻区域的国有企业占比程度和政企交互关系对本区域的产业结构差异度的影响则尚不明显。

二、分城市群估计

从10个城市群的整体样本来看,均证明了国有企业占比程度和政企交互关系显著阻碍了城市之间的产业结构差异度。那么考虑到城市群之间的异质性,一些城市群为同一省份内的城市聚集区,如关中城市群、珠三角城市群、中原城市群、山东半岛城市群、海峡西岸城市群以及辽中南城市群,那么这类城市群在强有力的行政边界框架下,其内部的国有企业占比和政企交互关系会对城市之间的产业结构差异度产生何种影响?与此同时,另一些城市群中的城市隶属于不同省份,如发展较好的长三角城市群和京津冀城市群,具有发展潜力的长江中游城市群和川渝城市群,这类城市群的发展不仅表现为城市之间的融合,更表现为省份之间的融合。因此,本部分以不同城市群为分析对象,深入探讨国有企业占比与政企交互关系对城市群产业结构差异度的影响。与上章类似,此处仅汇报以国有企业工业总产值比重衡量的国企占比程度和政企交互关系对城市之间产业同构现象的影响,以国有企业个数比重和就业人员比重的回归结果见附表A5和附表A6。

从长三角城市群的回归结果(见表5.5)来看,国有企业工业总产值比重与产业结构差异度呈现显著的负相关关系(beta=−0.75,p<0.1),政企交互关系与长三角城市群内部城市之间的产业结构差异度同样表现为负相关关系(beta=−1.46,p<0.05),且其系数明显高于国有企业占比指标的回归系数。总之,对于长三角城市群而言,虽然国有企业工业总产值比重和政企交互关系均显著抑制了城市群的产业结构差异化,但从系数大小来看,城市内部的政企交互关系对产业结构差异化的抑制作用远高于单纯的国有企业占比指标。同

表 5.5　10 个城市群的政企交互关系与产业结构差异度（面板数据，固定效应）

功能分工	(1) 长三角	(2) 川渝	(3) 关中	(4) 海峡西岸	(5) 京津冀	(6) 辽中南	(7) 山东半岛	(8) 长江中游	(9) 中原	(10) 珠三角
工业产值占比	−0.075 4* (0.042 2)	−0.007 8 (0.031 5)	−0.147 7** (0.072 8)	−0.022 2 (0.025 6)	−0.059 1** (0.025 7)	−0.097 5*** (0.025 2)	−0.220 5 (0.127 2)	−0.109 8** (0.044 2)	0.009 9 (0.036 8)	−0.152 0* (0.082 3)
政企交互关系	−1.445 1*** (0.523 0)	−0.076 5* (0.040 4)	−0.012 1 (0.007 8)	0.042 8 (0.033 3)	−0.422 6** (0.181 2)	−0.294 5 (0.152 3)	0.566 4 (0.342 9)	−0.198 1*** (0.068 3)	−0.022 5* (0.012 1)	−0.212 8*** (0.085 6)
开放度	−5.190 8** (2.197 3)	0.310 3 (0.392 4)	6.130 6** (2.257 4)	−1.122 7 (0.661 9)	4.190 7 (3.801 3)	−4.417 4*** (0.902 9)	−4.184 7 (3.056 8)	−0.978 9 (1.857 6)	−0.523 4 (1.994 7)	4.391 1* (2.130 1)
开放度平方	17.864 4 (12.001 0)	−0.235 2 (1.352 3)	−37.729 4 (49.737 2)	5.100 7** (1.999 7)	−25.088 3 (24.705 8)	21.285 3*** (8.541 1)	−3.729 3 (18.108 6)	−18.336 7 (14.098 4)	36.313 0 (48.701 4)	−8.462 5** (3.710 2)
城市化率	−0.242 2** (0.104 8)	0.201 5 (0.417 8)	−0.729 2*** (0.146 5)	−0.347 2* (0.198 6)	0.184 9 (0.295 9)	2.586 3*** (0.476 5)	0.299 6 (0.515 4)	−0.151 5 (0.106 0)	0.088 6 (0.212 6)	−0.138 8 (0.438 1)
基础设施建设	0.670 0*** (0.201 7)	−0.082 8*** (0.026 4)	−0.072 7* (0.033 8)	−0.024 5 (0.072 0)	1.888 5** (0.798 7)	0.526 1** (0.240 2)	6.042 2*** (1.506 5)	0.114 1 (0.068 9)	−0.251 6** (0.104 5)	−1.832 4*** (0.384 8)
经济基础	0.110 1 (0.166 9)	0.119 8*** (0.038 1)	0.199 7 (0.142 4)	−0.010 8 (0.118 9)	0.044 6 (0.047 7)	0.783 1*** (0.173 8)	−0.619 9* (0.345 9)	0.102 5*** (0.031 4)	−0.099 6 (0.066 6)	−0.000 1 (0.110 9)
产业结构	0.274 0*** (0.031 4)	−0.015 6** (0.007 7)	0.034 3*** (0.011 6)	0.067 5*** (0.013 7)	0.227 4** (0.090 2)	0.501 1*** (0.137 7)	−0.003 4 (0.104 2)	0.146 8** (0.059 7)	0.564 8*** (0.032 2)	0.353 5*** (0.045 6)

续 表

功能分工	(1) 长三角	(2) 川渝	(3) 关中	(4) 海峡西岸	(5) 京津冀	(6) 辽中南	(7) 山东半岛	(8) 长江中游	(9) 中原	(10) 珠三角
人口密度	1.2337*** (0.3571)	−0.6987 (0.7548)	−0.0084 (0.1711)	0.5470*** (0.1187)	−0.2306 (0.2871)	−5.3565** (2.2585)	−0.4731 (2.4746)	0.0489 (0.2087)	0.1471 (0.1705)	−0.0095 (0.0983)
工资水平	0.2233 (0.2332)	−0.0581* (0.0293)	−0.1878 (0.1552)	0.2253 (0.1760)	0.1517 (0.1246)	−0.3221 (0.2417)	0.8135* (0.4475)	−0.0649 (0.0403)	0.0426 (0.0625)	0.7877*** (0.1383)
常数项	−3.7227 (3.4472)	5.5168 (4.6008)	2.0740** (0.8738)	−3.8805*** (0.9485)	1.7429 (1.4524)	27.0105* (12.6154)	−0.7790 (16.7657)	1.5706 (1.1665)	0.7745 (1.0026)	−4.2809* (2.4385)
N	272	187	85	119	221	170	136	204	153	153
组内R^2	0.8605	0.4395	0.4308	0.7237	0.2090	0.7342	0.3254	0.3059	0.7770	0.8105

注：*** $p<0.01$，** $p<0.05$，* $p<0.10$，括号内数字为对应系数的标准差，采用固定效应模型。
资料来源：作者整理所得。

理分析可以发现：京津冀、辽中南、长江中游和珠三角城市群的国有企业产值比重、政企交互关系与产业结构差异度之间均表现为显著负相关关系，说明在这四个城市群中，国有企业占比程度和政企交互关系抑制了地区产业结构差异度的提高，进而阻碍了城市群的一体化水平。除此结论以外，一小部分城市群表现为国有企业的占比程度阻碍了产业结构差异度的提高，如关中城市群，表现为国有企业工业总产值比重与产业结构差异度程度显著负相关，而政企交互关系与产业结构差异度程度之间的关系不明显。另一部分城市群则表现为政企交互关系阻碍了城市群之间的产业结构差异化，如川渝城市群和中原城市群，其政企交互关系与城市的产业结构差异度程度之间呈现显著的负相关关系，而以工业总产值表征的国有企业占比程度对产业结构差异化的抑制作用尚不明显。另外，海峡西岸和山东半岛城市群的国有企业占比程度和政企交互关系对城市内部城市的产业结构差异度的影响均不显著。

三、稳健性检验

尽管从全样本和分城市群样本的估计结果均说明，国有企业占比、政企交互关系均显著抑制了城市之间的功能分工程度，阻碍了城市群的一体化进程，但为了更进一步验证结论的稳健性，本研究选用更换指标法和工具变量法对上述结果进行重新检验。参考已有研究的检验方法，其中更换变量法，选取方法2测度的政企交互关系作为方法1测算的政企交互关系的替代变量，选取产业结构相似度作为被解释变量产业结构差异度的替代变量；工具变量法，对回归模型进行GMM估计，分别选取国有企业占比指标和政企交互关系的一阶滞后变量和二阶滞后变量作为国有企业占比指标和政企交互关系的工具变量，分别对上述实证结果进行重新检验。更换解释变量（政企交互关系）和被解释变量（功能分工）的稳健性检验结果见表5.6，选取一阶滞后变量作为工具变量的稳健性检验结果见表5.7，选取二阶滞后变量作为工具变量的稳健性检验结果见表5.8。

表5.6列举了采用产业结构相似度来衡量城市功能分工程度时的回归结果。模型1、模型2和模型3检验以不同指标衡量国有企业占比程度时，采用面板回归模型来验证政企交互关系对产业结构相似度影响的稳健性检验。其中，模型1以国有工业企业个数占比作为指标，模型2以国有工业企业员工人数占比作为指标，模型3以国有工业企业产值占比作为指标。模型4、模型5

表 5.6　政企交互关系与功能分工稳健性检验（替换指标法，产业结构相似度）

功能分工	模型 1	模型 2	模型 3	模型 4	模型 5	模型 6	模型 7	模型 8	模型 9
企业个数占比	0.108 1*** (0.034 1)			0.078 0*** (0.026 9)			0.079 0*** (0.027 3)		
从业人员占比		0.136 1*** (0.031 5)			0.104 7*** (0.031 4)			0.101 8*** (0.031 6)	
工业产值占比			0.188 6*** (0.045 5)			0.119 9*** (0.039 8)			0.118 4*** (0.039 5)
政企交互关系	0.059 0 (0.055 9)	0.058 5 (0.060 3)	0.116 1** (0.042 2)	0.078 7 (0.058 8)	0.087 4 (0.061 4)	0.069 6* (0.034 5)	0.096 1 (0.059 7)	0.020 8* (0.012 4)	0.021 4* (0.012 5)
开放度	1.394 2** (0.525 9)	1.513 4** (0.535 9)	1.522 8*** (0.497 2)	0.427 8 (0.333 1)	0.514 9 (0.324 4)	0.434 6 (0.327 6)	0.421 0 (0.330 7)	0.503 7 (0.321 6)	0.425 6 (0.325 4)
开放度平方	−1.956 5 (1.349 7)	−2.374 5 (1.389 5)	−2.322 4* (1.218 5)	−1.108 9 (0.892 0)	−1.463 4 (0.916 1)	−1.195 6 (0.929 4)	−1.056 1 (0.871 0)	−1.374 6 (0.891 5)	−1.118 5 (0.906 9)
城市化率	−0.002 9 (0.108 4)	0.008 4 (0.114 6)	−0.009 8 (0.110 7)	−0.089 1* (0.054 1)	−0.091 5* (0.053 6)	−0.082 0 (0.053 3)	−0.090 8* (0.054 7)	−0.093 0* (0.054 1)	−0.084 1 (0.053 8)
基础设施建设	0.003 3 (0.005 3)	0.000 3 (0.005 1)	0.003 4 (0.005 2)	0.014 6 (0.027 0)	0.005 3 (0.026 7)	0.013 5 (0.026 8)	0.016 7 (0.026 7)	0.007 8 (0.026 1)	0.016 2 (0.026 3)

第五章 政企交互关系与城市群的功能分工——基于一体化的分工视角 / 133

续 表

功能分工	模型 1	模型 2	模型 3	模型 4	模型 5	模型 6	模型 7	模型 8	模型 9
经济基础	0.070 8* (0.034 0)	0.069 1* (0.036 1)	0.023 5* (0.012 7)	0.005 4 (0.015 4)	0.011 2 (0.015 9)	0.011 9 (0.015 7)	0.006 2 (0.015 5)	0.012 4 (0.015 9)	0.013 1 (0.015 7)
产业结构	−0.003 6 (0.010 7)	−0.007 0 (0.011 2)	−0.010 9 (0.012 0)	−0.001 5 (0.006 4)	−0.002 4 (0.006 3)	−0.003 3 (0.006 5)	−0.000 5 (0.006 3)	−0.001 0 (0.006 2)	−0.001 9 (0.006 3)
人口密度	−0.102 8 (0.079 9)	−0.083 7 (0.082 0)	−0.070 3 (0.087 0)	0.018 2 (0.012 6)	−0.002 4 (0.005 5)	0.000 4 (0.005 1)	0.018 6 (0.012 6)	0.024 0* (0.012 7)	−0.002 3 (0.005 4)
工资水平	0.128 5*** (0.038 1)	0.122 1** (0.042 3)	0.055 0* (0.025 4)	0.015 5 (0.022 6)	0.014 6 (0.022 8)	0.016 2 (0.022 9)	0.015 1 (0.022 2)	0.013 2 (0.022 3)	0.015 2 (0.022 4)
常数项	1.066 8 (0.633 1)	0.861 2 (0.643 3)	0.735 9 (0.660 5)	−0.256 0 (0.175 6)	−0.323 1* (0.175 5)	−0.320 2* (0.173 2)	−0.264 8 (0.177 6)	−0.337 7* (0.176 6)	−0.333 6* (0.175 5)
N	1 700	1 700	1 700	1 700	1 700	1 700	1 700	1 700	1 700
组内 R^2	0.344 6	0.343 4	0.343 2	0.589 4	0.589 9	0.589 4	0.589 7	0.590 2	0.589 7
Rho				0.226 2*** (0.012 3)	0.226 1*** (0.012 5)	0.226 0*** (0.012 4)	0.226 2*** (0.012 3)	0.226 1*** (0.012 5)	0.226 0*** (0.012 5)

注：*** $p<0.01$，** $p<0.05$，* $p<0.10$，括号内数字为对应系数的标准差，空间回归采用空间杜宾模型。政企交互关系采用第四章中方法二计算的指标，详见第四章，功能分工采用产业结构相似度替换产业结构差异度指标。
资料来源：作者整理所得。

和模型6选取是否相邻的空间权重W_1来进行空间回归,分别检验以不同指标来衡量地方国有企业的占比程度时,政企交互关系对产业结构相似程度影响的稳健性;模型7、模型8和模型9选取城市通达性的空间权重W_2来进行空间回归,分别检验以不同指标来衡量地方国有企业的占比程度时,政企交互关系对产业结构相似度程度影响的稳健性。稳健性检验结果显示,在普通的面板数据模型中,无论以何种指标来衡量国有企业的占比程度,其与产业结构相似度之间均表现为显著的正相关关系,其中国有企业个数占比的系数为0.11,从业人员占比的系数为0.14,工业总产值占比的系数为0.19,均在1%的水平下显著;当且仅当采用以工业总产值占比来衡量国有企业占比程度时,政企交互关系对产业结构相似度才表现为正向促进作用(beta=0.12,$p<0.05$)。同理,选取是否相邻的空间权重W_1进行空间回归时,无论以何种指标来衡量国有企业的占比程度,国有企业占比指标与产业结构相似度程度之间均表现为显著的正相关关系,而政企交互关系仅在以国有工业总产值占比来衡量政企交互关系时,与产业结构相似度的正相关关系明显(beta=0.07,$p<0.1$);选取城市通达性的空间权重W_2进行空间回归时,同样无论以何种指标来衡量国有企业的占比程度,其与产业结构相似度程度之间均表现为显著的负相关关系,而政企交互关系的影响系数则在模型8和模型9中显著为正。综上可知,在更换政企交互关系和功能分工的测度方法后,无论以何种指标来衡量国有企业的占比程度,均验证了国有企业占比越高,越加剧了城市之间产业结构相似度的形成,说明国有企业占比高会阻碍城市群经济功能分工,进而阻碍城市群经济一体化的结果是稳健的。而政企交互关系仅在以工业总产值占比来衡量国有企业比重时,政企交互关系促进了城市之间产业结构相似度的提升,阻碍了城市群内部城市之间的功能分工,部分验证了政企交互关系阻碍城市群经济一体化结果的稳健性。出现上述结果有可能是指标测度的误差所引起,因此,继续采用工具变量法来检验国有企业占比和政企交互关系对功能分工影响的稳健性。

表5.7中模型1和模型2检验以国有企业个数占比、政企交互关系的一阶滞后变量作为国有企业占比指标和政企交互关系的工具变量时,两者对产业结构差异度影响的稳健性;模型3和模型4检验以国有企业员工占比、政企交互关系的一阶滞后变量作为国有企业占比指标和政企交互关系的工具变量时,两者对产业结构差异度程度影响的稳健性;模型5和模型6检验以国有企业产值占比、政企交互关系的一阶滞后变量作为国有企业占比指标和政企交

互关系的工具变量时,两者对产业结构差异度影响的稳健性。稳健性检验结果显示,当以国有企业个数占比来衡量国有企业的占比程度时,政企交互关系(beta=－0.20,p<0.01)、政企交互关系的一阶滞后(beta=－0.13,p<0.01)均与产业结构差异度之间呈现显著的负相关关系;当以国有企业从业人员占比来衡量国有企业的占比程度时,政企交互关系(beta=－0.20,p<0.01)、政企交互关系的一阶滞后(beta=－0.13,p<0.01)同样与产业结构差异度之间呈现显著的负相关关系;当以国有企业工业产值占比来衡量国有企业的占比程度时,政企交互关系(beta=－0.77,p<0.01)、政企交互关系的一阶滞后(beta=－1.32,p<0.01)同样与产业结构差异度之间呈现显著的负相关关系,且该系数的绝对值高于前两者。同理,从国有企业占比指标来看,无论选取何种指标来表征国有企业占比程度,其自身系数与一阶滞后变量系数均显著为负,说明国有企业占比抑制了城市之间的产业结构差异的形成。综上整理发现,选取一阶滞后变量作为工具变量的GMM估计结果验证了政企交互关系、国有企业占比均对城市之间产业结构差异度具有抑制作用的稳健性。

表 5.7 政企交互关系与功能分工稳健性检验(工具变量法,滞后一阶)

功能分工	模型 1	模型 2	模型 3	模型 4	模型 5	模型 6
企业个数占比	－0.072 5*** (0.021 1)	－0.073 7*** (0.021 1)				
滞后一阶企业个数占比	－0.064 6*** (0.020 9)	－0.067 7*** (0.021 0)				
从业人员占比			－0.127 2*** (0.025 2)	－0.127 1*** (0.025 3)		
滞后一阶从业人员占比			－0.081 1*** (0.025 2)	－0.086 5*** (0.025 4)		
工业产值占比					－0.128 3*** (0.028 1)	－0.077 9** (0.034 9)
滞后一阶工业产值占比					－0.058 8** (0.028 0)	－0.018 0 (0.035 5)

续 表

功能分工	模型1	模型2	模型3	模型4	模型5	模型6
政企交互关系		−0.200 5*** (0.063 9)		−0.202 0*** (0.063 8)		−0.767 0*** (0.211 8)
滞后一阶政企交互关系		−0.133 9*** (0.049 5)		−0.130 8*** (0.049 5)		−1.328 9*** (0.199 8)
开放度	−2.991 6*** (0.481 2)	−2.931 9*** (0.483 5)	−3.127 7*** (0.480 4)	−3.070 5*** (0.482 4)	−3.208 9*** (0.478 7)	−2.675 7*** (0.594 3)
开放度平方	0.927 8 (1.276 1)	0.702 6 (1.282 8)	1.394 1 (1.272 0)	1.179 8 (1.277 7)	1.324 4 (1.266 3)	−0.199 3 (1.567 9)
城市化率	−0.562 0*** (0.135 6)	−0.554 1*** (0.136 2)	−0.552 4*** (0.135 5)	−0.544 6*** (0.136 0)	−0.550 1*** (0.134 9)	−0.484 5*** (0.166 1)
基础设施建设	0.293 7*** (0.056 1)	0.213 2*** (0.059 4)	0.279 8*** (0.055 9)	0.198 9*** (0.059 2)	0.271 1*** (0.055 6)	−0.097 4 (0.080 9)
经济基础	0.211 8*** (0.051 4)	0.192 8*** (0.051 9)	0.211 8*** (0.051 4)	0.193 3*** (0.051 8)	0.169 4*** (0.051 8)	0.116 5* (0.065 2)
产业结构	0.312 7*** (0.016 0)	0.310 2*** (0.016 0)	0.309 4*** (0.016 0)	0.306 8*** (0.016 0)	0.311 5*** (0.015 9)	0.288 0*** (0.019 7)
人口密度	0.326 7*** (0.094 4)	0.294 1*** (0.095 2)	0.324 1*** (0.094 2)	0.291 4*** (0.094 9)	0.270 5*** (0.094 3)	0.182 2 (0.119 4)
工资水平	−0.019 6 (0.057 7)	0.001 9 (0.058 2)	−0.038 0 (0.058 0)	−0.017 5 (0.058 4)	0.007 7 (0.057 6)	0.096 7 (0.073 3)
N	1 600	1 600	1 600	1 600	1 600	1 600

注：*** $p<0.01$，** $p<0.05$，* $p<0.10$，括号内数字为对应系数的标准差。此处的功能分工仍采用产业结构差异度，政企交互关系采用方法1测算的政企交互关系。

资料来源：作者整理所得。

表5.8为以国有企业个数占比（模型1和模型2）、国有企业从业人员占比（模型3和模型4）、国有企业工业总产值占比（模型5和模型6）以及政企交互关系的一阶滞后变量和二阶滞后变量分别作为国有企业占比指标和政企交互关系的工具变量时，两者对产业结构差异度影响的稳健性检验结果。稳健性

第五章 政企交互关系与城市群的功能分工——基于一体化的分工视角

检验结果显示,不管以何种指标来表征国有企业的占比程度,政企交互关系及其一阶滞后指标、二阶滞后指标均与产业结构差异度变量之间呈现出显著负相关关系,说明政企交互关系确实阻碍了城市之间的产业结构差异度提升。同上,从国有企业占比指标来看,无论选取何种指标来表征国有企业占比,其自身系数与一阶滞后变量系数均显著为负,说明国有企业占比升高抑制了城市之间的产业结构差异的形成。综上整理,选取一阶滞后变量和二阶滞后变量同时作为本部分主要观测变量的工具变量时,采用GMM估计的检验结果发现,城市内部国有企业占比和政企交互关系的存在,会影响城市之间的产业结构差异度提高,进而阻碍城市群的经济一体化进程,说明本部分结论具有稳健性。

表5.8 政企交互关系与功能分工稳健性检验(工具变量法,滞后二阶)

功能分工	模型1	模型2	模型3	模型4	模型5	模型6
企业个数占比	−0.1434*** (0.0250)	−0.1622*** (0.0282)				
滞后一阶企业个数占比	−0.1453*** (0.0243)	−0.1520*** (0.0273)				
滞后二阶企业个数占比	−0.4739*** (0.0463)	−0.4927*** (0.0523)				
从业人员占比			−0.2945*** (0.0368)	−0.2527*** (0.0397)		
滞后一阶从业人员占比			−0.3125*** (0.0435)	−0.2991*** (0.0465)		
滞后二阶从业人员占比			−0.5196*** (0.0778)	−0.4963*** (0.0830)		
工业产值占比					−0.2168*** (0.0335)	−0.1176*** (0.0371)
滞后一阶工业产值占比					−0.2025*** (0.0382)	−0.0630 (0.0433)
滞后二阶工业产值占比					−0.3786*** (0.0689)	−0.1257 (0.0790)

续 表

功能分工	模型1	模型2	模型3	模型4	模型5	模型6
政企交互关系		−0.401 4*** (0.108 2)		−0.443 7*** (0.102 0)		−0.545 4*** (0.199 1)
滞后一阶政企交互关系		−0.793 3*** (0.100 9)		−0.658 2*** (0.095 8)		−1.248 9*** (0.185 6)
滞后二阶政企交互关系		−1.143 2*** (0.137 2)		−0.919 4*** (0.131 1)		−0.403 3** (0.176 9)
开放度	−3.214 3*** (0.544 3)	−2.729 9*** (0.615 3)	−3.363 0*** (0.543 6)	−2.963 3*** (0.582 1)	−3.698 4*** (0.497 0)	−3.064 7*** (0.530 0)
开放度平方	1.355 7 (1.431 3)	−0.219 6 (1.621 3)	2.085 1 (1.430 9)	0.751 7 (1.535 9)	1.814 2 (1.301 5)	0.044 0 (1.388 5)
城市化率	−0.587 2*** (0.158 9)	−0.635 2*** (0.179 1)	−0.561 6*** (0.158 9)	−0.606 9*** (0.169 7)	−0.626 2*** (0.145 1)	−0.623 6*** (0.153 2)
基础设施建设	0.496 3*** (0.091 7)	0.177 0 (0.109 6)	0.446 7*** (0.091 6)	0.168 8 (0.103 7)	0.469 6*** (0.083 2)	0.211 6** (0.095 5)
经济基础	0.171 0*** (0.059 7)	0.117 3* (0.067 5)	0.230 5*** (0.059 8)	0.182 0*** (0.064 1)	0.091 5 (0.056 2)	0.098 8* (0.059 6)
产业结构	0.318 5*** (0.017 8)	0.310 3*** (0.020 1)	0.286 8*** (0.018 0)	0.279 8*** (0.019 3)	0.304 4*** (0.016 2)	0.297 6*** (0.017 2)
人口密度	0.374 0*** (0.127 5)	0.378 7*** (0.144 1)	0.218 7* (0.127 2)	0.203 4 (0.136 2)	0.249 4** (0.115 5)	0.260 1** (0.124 5)
工资水平	0.052 1 (0.066 7)	0.155 0** (0.076 0)	−0.088 4 (0.068 3)	0.008 1 (0.073 8)	0.076 6 (0.061 0)	0.144 6** (0.065 3)
N	1 500	1 500	1 500	1 500	1 500	1 500

注：*** $p<0.01$，** $p<0.05$，* $p<0.10$，括号内数字为对应系数的标准差，指标选择与上表同。

资料来源：作者整理所得。

第四节 本 章 小 结

前文以文献梳理与理论推演为工具,整理发现:国有企业因为其特殊的体制机制,可以为地方政府实现某些特定的社会公共目标,比如稳定社会就业,维持经济增长,维护本地市场份额等;同时,地方政府为支持当地国有企业发展,会配套一些优惠补贴,如土地要素优惠、税收优惠、财政补贴等以支持国有企业发展壮大。地方政府与国有企业之间交互融合发展的行为和目标会引致城市间的产业同构现象,弱化了城市间的功能分工,进而减缓城市群经济一体化的进程。那么,在具体的实证检验中,地方政府与国有企业之间交互关系究竟如何影响城市之间的功能分工程度呢?

为此,本研究选择我国 1998—2014 年 100 个城市的数据为研究样本,分别利用普通面板数据和空间计量的方法验证了全样本中的国有企业比重和政企交互关系对城市功能分工程度的影响,研究结果表明:政企交互关系与功能分工之间具有显著的负相关关系,即地方政府与国有企业之间的交互行为显著阻碍了城市群内部城市之间的功能分工。从国有企业比重的三个指标来看,仅在以国有企业工业总产值比重来衡量国有企业比值时,其与城市群功能分工程度之间具有显著的负相关关系,说明国有企业工业总产值占比程度越高,越易阻碍城市群内部城市之间的功能分工,进而导致城市群经济一体化的进程缓慢。

同时,考虑到城市群之间的异质性,一些城市群中的城市表现为同一省份内的城市聚集区,如关中城市群、珠三角城市群和中原城市群等。另一些城市群中的城市隶属于不同省份,如发展较好的长三角城市群和京津冀城市群,具有发展潜力的长江中游城市群和川渝城市群。这类城市群的发展不仅表现为城市之间的融合,更表现为省份之间的融合,其城市群内部的地方政府与国有企业之间交互行为对城市的产业定位决策的影响值得进一步探讨。因此,本研究继续以长江中游、长三角、川渝、关中、海峡西岸、京津冀、辽中南、山东半岛、中原和珠三角 10 个城市群为分析样本来验证国有企业比重和政企交互关系对功能分工程度的影响。研究结论显示:长三角、京津冀、辽中南、长江中游和珠三角城市群的国有企业产值比重、政企交互关系与产业结构差异度之间均表现为显著负相关关系,说明在这五个城市群中,国有企业产值占比程度和政企交互关系抑制了地区产业结构差异度的提高,进而阻碍了城市群的经济一体化水平。除此之外,一部分城市群表现为政企交互关系抑制了城市间功能分工,如川渝城市群和中原城市群;一部分城市群表现为国有企业产值占比高是阻碍城市间功能分工的因素,如关中城市群;还有一部分城市群则表现为国有企业占比与政企交互关系对城市功能分工的影响均不显著,如海峡西岸和山东半岛城市群。

最后,为了增强本部分研究结论的稳健性与说服力,通过采取更换变量法和选取工具变量法的GMM估计,分别对上述实证结果进行稳健性检验。结果显示,无论是采用更换政企交互关系的指标替换法,还是选取国有企业比重和政企交互关系的二阶滞后变量作为GMM估计的工具变量法,均验证了国有企业产值比重和政企交互关系阻碍城市之间功能分工程度提高这一结论的稳健性。

由此可见,地区的国有企业工业产值占比越高,说明地方国有企业在本地经济的地位越重要,与地方政府之间形成的交互行为也会越紧密,在更多更好地承担地方政府的社会公共目标的同时,地方政府也需提供更多的资源要素以帮助国有企业成长发展,形成行业龙头地位。政企交互关系的存在,在降低本地区国有企业经营压力的同时,也造成了企业之间经营范围相似、产业结构雷同的局面,不利于城市之间实现产业错位竞争与合理分工,进而影响了城市群经济一体化的推进。

第六章　政企交互关系与城市群的协同发展——基于一体化的协作视角

本章将基于一体化的协作视角,运用1998—2014年我国10个城市群的数据为样本,利用引力模型方法来测算城市群内部不同城市间的经济联系,试图分析政企交互关系对城市群协同发展的影响。结构安排如下:第一部分为引言,第二部分为城市群经济联系的测度,第三部分为政企交互关系对城市群协同发展影响的实证分析,第四部分为本章主要的研究结论。

第一节　引　　言

改革开放以来,尤其是20世纪90年代以来,中国经济创造了举世瞩目的"增长奇迹",这种盛景主要依赖于地方政府主导的"引进外资、出口贸易以及投资推动增长战略"(林毅夫、李志赟,2004)。地方政府俨然成为我国区域各项事务的大管家,承担着所辖区域内的经济发展、社会稳定、促进就业、缩小收入差距、完善基础设施、提供公共服务等多种社会公共目标实现的任务。以县级政府为单位的区域竞争帷幕就此拉开,各地之间产生了招商引资大战、基建项目之争等纷乱局面,区域之间兴起了紧张而激烈的"为增长而竞争"态势。伴随着我国经济步入改革开放的深水期与攻坚期,特别是进入以"增速放缓、结构转型、创新驱动"为主要特征的经济新常态,经济下行压力较大,结构调整任务较重。区域竞争格局已经由"城市间竞争"逐步演变成为"城市群间竞争",单个城市的发展越来越依赖其所属城市群中不同城市的协同发展。这种经济发展现象引起了党和国家各级政府的密切关注与高度重视,如《国民经济和社会发展第十三个五年规划纲要》中明确指出要"建立健全城市群发展协调机制,推动跨区域城市间产业分工、基础设施、生态保护、环境治理等协调联动,实现城市群一体化高效发展"。因此,促进城市群中不同城市的协调发展,对于谋划中国经济的全面、协调、可持续发展的大局具有重要意义。

现阶段,大量学者对城市群协调发展进行了潜心研究,归纳来说,现有成果主要包括三个部分:(1)城市群协同发展的现状评估。比如,一部分学者(Parsley & Wei, 1996;Wolf, 2000;Poncet, 2001, 2003;黄赜琳、王敬云,2006;行伟波、李善同,2012;何雄浪、张泽义,2014)利用引力模型和边界效应模型以测算城市之间的贸易流量、贸易强度和贸易结构,进而衡量区域经济协调发展程度。一部分学者(侯赟慧等,2009;王燕军等,2011;廉同辉、包先建,2012;王珏等,2014;方大春、孙明月,2015;王圣云等,2016)利用社会网络法衡量了我国城市群协同发展水平。还有一部分学者(党兴华等,2007;周立群、夏良科,2009;曾鹏等,2012;李雪松、孙博文,2013;娄文龙,2014;宋迎昌、倪艳婷,2015)从经济、社会、资源、人口、环境等方面构建了城市群经济一体化的评估指标,进而利用指标体系法衡量了城市群的协同发展水平。值得强调的是,一些学者基于不同方法测度我国城市群经济一体化水平的结论出现了差异。(2)城市群协同发展的制约因素。比如,一部分学者探讨了地方政府竞争(周黎安,2004,2007;徐现祥等,2007;于良春、付强,2008;付强、乔岳,2011)、地方保护主义(谭真勇等,2009;邓路,2010;范剑勇、林云,2011;行伟波、李善同,2012)等体制因素对城市群协同发展的制约。一部分学者(范爱军等,2007;保建云,2008;任志成等,2014)则考察了地区经济发展水平、政府财政支出、地区间收入差距、地区就业压力、国有企业比重等经济因素对城市群经济一体化发展的影响。还有一部分学者(刘生龙、胡鞍钢,2011;王晓红,2013;林木西等,2013;刘育红和张曦,2014;李雪松、孙博文,2015)系统分析了铁路设施、城际交通、通讯设施等技术因素对城市群经济协同发展的影响。(3)城市群协同发展的推进机制。学者们主要从政治经济学的视角出发,深入探讨城市群协同发展的运行机制。比如,一部分学者(王明安、沈其新,2013;杨爱平、黄泰文,2014;谷松,2014)探析了府际关系构建与城市群协同发展,一部分学者(张紧跟,2009;徐晓新、张利华,2011)关注了区域治理对城市群协同发展的影响,还有一部分学者(陈剩勇、马斌,2004;杨爱平,2007;李辉,2014)聚焦了区域政府合作与城市群协同发展。

综上所述,可以发现,众多学者围绕城市群协同发展的现状评估、制约因素、推进机制等方面进行了广泛研究,成果显著但也存在明显不足,特别是学者们对城市群协同发展的制约因素的探讨还不够全面。从我国城市群协调发展的进程来看,城市群协同发展已经成为中国经济全面、协调、可持续发展的重要保障,然而受过往地方政府主导"为增长而竞争"的经济发展路径的影响,我国城市群内部城市之间竞争格局比较显著,区域协作明显不足。通过对现有文献的整理与回顾,学者们主要从经济体制方面分析了造就这种局面的原因。具体可概括为,伴随着我国财政分权和分税制改革的进行,地方政府在以经济增长为主要考核标准的"政治锦标赛"制度背景下,不愿意进行区域分工与合作,而通过实行地方保护主义、在区域内进行大量投资与重复建设,来支持和鼓励本区域企业的成长和经济发展(邓路,2010;范剑勇、林云,2011;行伟波、李善同,2012),以完成政治晋升需要实现的社会公共目标,而国有企业因为产权不明晰和兼具承担社会公共责任的属性,成为地方政府实行经济干预政策来刺激经济增长与社会发展的切入点与着力点。因此,地方政府与国有企业之间的交互关系在影响城市之间协作、加强经济联系方面起到重要作用。本部分沿着这一思路,试图实证检验城市群经济一体化的协作视角下,政企交互关系对城市群内部城市之间经济联系的影响。

第二节 研 究 设 计

一、实证模型与估计方法

为了对政企交互关系与经济联系之间的关系进行验证,本部分构建如下待检验基准模型:

$$Economic\_con_{i,t} = \partial_0 + \partial_s Soe_{i,t} + \partial_c C_{i,t} + u_{i,t} \quad (6.1)$$

$$Economic\_con_{i,t} = \partial_0 + \partial_s Soe_{i,t} + \partial_h Gosoh_{i,t} + \partial_c C_{i,t} \quad (6.2)$$

从区域的实际运作来看,城市之间的经济联系强度其实是区域经济制度互动的结果,因此也可将其看作地区之间采取不同的经济策略溢出的一种形态。而基于这种制度溢出,大部分研究采用空间计量模型展开,因此,本研究在上述基准模型的基础上,同样通过构建空间计量模型来验证国有企业比重和政企交互关系对城市群内部城市之间经济联系的影响。

$$Economic\_con_{i,t} = \partial_0 + \partial_s W_i * Soe_{i,t} + \partial_c C_{i,t} + u_{i,t} \quad (6.3)$$

$$Economic\_con_{i,t} = \partial_0 + \partial_s W_i * Soe_{i,t} + \partial_h W_i * Gosoh_{i,t} + \partial_c C_{i,t} \tag{6.4}$$

式6.3和6.4中，$Economic\_con_{i,t}$是被解释变量，表示城市i在第t年的经济联系强度；$Soe_{i,t}$是主要观测的解释变量，表示城市i在第t年的国有企业占比情况；$Gosoh_{i,t}$用来衡量城市i在第t年地方政府与国有企业之间的交互行为；W为城市之间的空间权重矩阵；$C_{i,t}$为本节中的控制变量，本章的权重选取与第四章相同，根据城市的自然属性和非自然属性设定两类权重（W_{i1}和W_{i2}）。其中W_{i1}根据城市的地理位置属性设定权重，选取城市之间的邻接矩阵，如果城市相邻则记为1，不相邻则记为0。同时考虑了城市之间的可通达性等非自然属性，兼论地理权重因素，并设定第二类权重W_{i2}，第二类权重的构建方法同样利用城市之间的公路里程数来构建城市之间的可通达性，具体测算方法见第四章。

二、样本与变量

本研究同样选取中国100个城市1998—2014年的数据为样本，并同时细分为10个城市群，具体包括长三角城市群、珠三角城市群、京津冀城市群、长江中游城市群、中原城市群、山东半岛城市群、辽中南城市群、海峡西岸城市群、川渝城市群以及关中城市群。下面具体介绍各指标的计算方法与数据来源。

（一）经济联系强度

1. 测度方法

从经济一体化内涵中的协作角度出发，城市间经济联系存在着类似万有引力的关系，与经济发展水平成正比，与两地之间的距离成反比，因此本研究利用修正后的引力模型加以测量（侯赟慧等，2009）。经济联系$Cone_{ij,t}$的测度公式为：

$$Cone_{i,t} = \sum\nolimits_{j=n-1} Cone_{ij,t} \tag{6.5}$$

式6.5中，$Cone_{i,t}$表示城市i在第t年的经济联系强度，表示为同一城市群内其余城市j相对于城市i的经济联系强度总和；n表示每个城市群中对应的城市个数，如长三角城市群中对应的城市个数n为16，上海的经济联系强

度 $Cone_{i,t}$ 则表示成其余 15 个城市相对于上海经济联系程度的总和，$Cone_{ij,t}$ 表示城市 i 相对于城市 j 在第 t 年的经济联系强度，借鉴侯赟慧等 (2009) 的做法，城市 i 相对于城市 j 在第 t 年的经济联系强度 $Cone_{ij,t}$ 的计算公式如下：

$$Cone_{ij,t} = W_{ij,t} \times \sqrt{P_{i,t} \times GDP_{j,t}} \times \sqrt{P_{j,t} \times GDP_{j,t}} / D_{i,j}^2 \quad (6.6)$$

$$W_{ij,t} = GDP_{i,t} / (GDP_{i,t} + GDP_{j,t}) \quad (6.7)$$

式 6.6 和 6.7 中，$P_{i,t}$、$P_{j,t}$ 分别表示城市 $i(j)$ 在第 t 年的总人口；$GDP_{i,t}$、$GDP_{j,t}$ 分别表示城市 $i(j)$ 在第 t 年的国内生产总值，$W_{ij,t}$ 表示城市 i 与城市 j 之间的经济权重；$D_{i,j}^2$ 表示城市 i 与城市 j 之间的地理距离。关于地理距离的计算方法，本研究采用的是根据每个城市的经纬度，利用 stata 软件直接测算出的球面距离。本研究选择 1998—2014 年中国 100 个城市 10 个城市群的数据来衡量。

2. 数据来源

经济联系的原始数据主要来源于对应年份的《中国城市统计年鉴》，个别城市在个别年份缺失的数据通过对应的城市所在省份的统计年鉴，如济源市 1998—2014 年的数据在《中国城市统计年鉴》中缺失，则通过济源所在省份《河南统计年鉴》中予以补充。然后，在城市群内部对城市之间进行两两配对，最后汇总到单个城市在整个城市群中的经济联系强度。如长三角城市群包含了 16 个城市，首先对每一年的数据在城市之间两两配对，共形成 2 040($C_{16}^2 \times 17$) 条观测数据[1]，其中上海的经济联系强度系数为上海与其余 15 个城市的经济联系强度总和。最后，为了使经济联系表征的经济协作系数不至于太大，以及避免回归分析时所造成的异方差性，本研究对其进行对数化处理。同理，对其余 9 个城市群数据采用类似处理方法。在此基础上，接下来详细分析我国 10 个城市群的经济联系强度的时空演变趋势。

3. 时空演化

根据 1998—2014 年 10 个城市群中的 100 个城市汇总的经济联系指数，

---

[1] 川渝城市群包含 11 个城市，配对共生成 935 条观测值；关中城市群包含 5 个城市，配对共生成 170 条观测值；海峡西岸城市群包含 7 个城市，配对共生成 357 条观测值；京津冀城市群包含 13 个城市，配对共生成 1 326 条观测值；辽中南城市群包含 10 个城市，配对共生成 765 条观测值；山东半岛城市群包含 8 个城市，配对共生成 476 条观测值；长江中游城市群包含 12 个城市，配对共生成 1 122 条观测值；中原城市群和珠三角城市群均包含 9 个城市，配对共生成 612 条观测值。

笔者绘制了经济联系强度的时间趋势图(图 6.1)和空间分布表(表 6.1)。从经济联系指数的时间趋势(见图 6.1)上来看,各城市群的经济联系指数表现为稳步上升趋势,从 1998 年到 2014 年的平均年增长率为 0.185。大部分城市群内城市之间的经济联系强度逐年上升,仅珠三角城市群的经济联系指数呈现先上升后下降,在 2005 年出现下降拐点,最后呈现平稳上升的趋势。

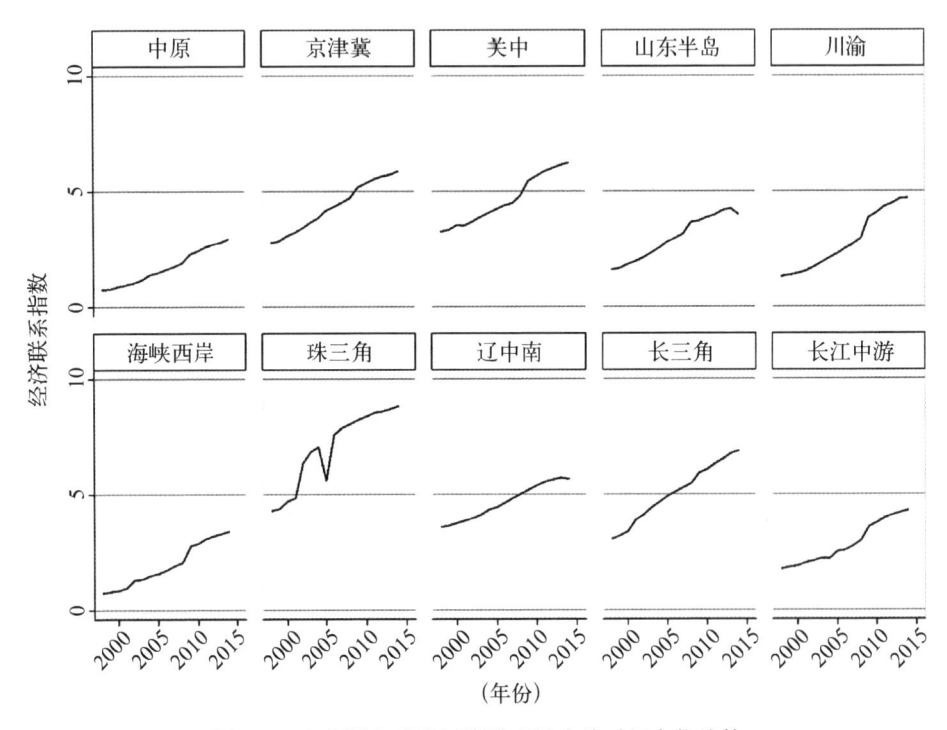

图 6.1 十大城市群的经济联系程度的时间变化趋势

从城市群经济联系指数的空间分布来看(见表 6.1),1998 年,川渝、海峡西岸、长江中游和中原城市群内的大部分城市的经济联系程度均处于较低水平;经济联系程度较高的城市包括沿海城市群内的大部分发达城市和部分内陆城市群内的中心城市,如长三角和珠三角城市群内的大部分城市,长江中游城市群内的武汉市和鄂州市;关中城市群内的西安市和咸阳市;川渝城市群内的重庆市和成都市等。2014 年,经济联系度指标处于较低组别的城市极少,具体表现为京津冀城市群的承德、衡水和张家口市,中原城市群的济源市,山东半岛城市群的淄博市,海峡西岸城市群的漳州市,辽中南城市群的铁岭市和丹东市;大部分城市群的经济联系程度均处于较高水平。整体来看,1998 年到 2014 年的 17 年里,大部分城市经济联系程度从较低组进入较高组,城市之间协作水平显著提升。

表 6.1　1998、2014 年十大城市群经济联系程度的空间演化

经济联系	1998 年,城市群(城市名称)	2014 年,城市群(城市名称)
程度较低	川渝(德阳、泸州、眉山、内江、宜宾、资阳、自贡、乐山、绵阳);关中(宝鸡、铜川、渭南);海峡西岸(福州、龙岩、宁德、莆田、泉州、厦门、漳州);京津冀(保定、沧州、承德、邯郸、衡水、廊坊、秦皇岛、邢台、张家口);辽中南(大连、丹东、铁岭、营口);山东半岛(潍坊、东营、日照、威海、烟台);长江中游(黄冈、黄石、荆门、荆州、九江、随州、咸宁、孝感、信阳、岳阳);长三角(嘉兴、南通、绍兴、台州、舟山);中原(洛阳、济源、焦作、开封、漯河、平顶山、新乡、许昌、郑州);珠三角(惠州、肇庆)	京津冀(承德、衡水、张家口);中原(济源);山东半岛(淄博);海峡西岸(漳州);辽中南(铁岭、丹东)
程度较高	长江中游(鄂州、武汉);辽中南(本溪、抚顺、辽阳、盘锦、沈阳、鞍山);京津冀(北京、石家庄、唐山、天津);关中(西安、咸阳);川渝(重庆、成都);山东半岛(济南、青岛、淄博);珠三角(东莞、佛山、广州、江门、深圳、珠海、中山);长三角(常州、杭州、湖州、南京、宁波、苏州、泰州、无锡、扬州、镇江、上海)	川渝(成都、乐山、眉山、重庆、德阳、泸州、绵阳、内江、宜宾、资阳、自贡);海峡西岸(福州、龙岩、宁德、莆田、泉州、厦门);京津冀(保定、沧州、邯郸、廊坊、秦皇岛、邢台、北京、石家庄、唐山、天津);山东半岛(济南、东营、青岛、日照、威海、潍坊、烟台);长江中游(鄂州、武汉、黄冈、黄石、荆门、荆州、九江、随州、咸宁、孝感、信阳、岳阳);中原(郑州、焦作、开封、洛阳、漯河、平顶山、新乡、许昌);关中(宝鸡、铜川、渭南、西安、咸阳);辽中南(鞍山、本溪、大连、盘锦、营口、抚顺、辽阳、沈阳);长三角(常州、杭州、湖州、嘉兴、南京、南通、宁波、上海、绍兴、苏州、泰州、无锡、扬州、镇江、台州、舟山);珠三角(东莞、佛山、广州、惠州、江门、深圳、中山、珠海、肇庆)

注:经济联系度的较高、较低划分标准,依据 1998 年十大城市群的经济联系强度均值来划分,当取值≤1.570,则划分为经济联系程度较低组;当取值高于 1.570 时,则划分为经济联系程度较高组。

(二) 国企比重与政企交互关系

国有企业比重测算继续沿用上一章的做法,分别采用城市国有工业总产值比重(规模以上国有企业工业总产值/规模以上工业企业工业总产值)、国有职工比重(规模以上国有企业工业总产值/规模以上工业企业总产值)、国有企业个数比重(规模以上国有工业企业个数/规模以上工业企业个数)三个指标来衡量,具体的测算方法见第四章。

政企交互关系继续沿用第四章的做法,将政企交互关系的测度从两个方面展开,一方面表现为地方政府希望国有企业实现的社会公共目标,采用经济增长率、超额雇员量以及财政缺口来测度,利用因子分析方法,将三个指标合成为一个指标;另一方面表现为国有企业从地方政府获得的优惠补贴,采用财政补贴率、国有企业投资率和国有企业贷款率,同理,将三个指标合称为一个指标,每个指标具体的测度方法参见第四章。最后,政企交互关系可表示为两者的交乘项,该指标的具体计算方法与第四章相同。

(三) 控制变量选取

根据现有研究成果,考虑到城市群内城市之间的功能分工还与自身发展因素密切相关,因此本研究的控制变量同样选取经济发展水平($Pgdp_{i,t}$)、工资水平($Wage_{i,t}$)、城市化率($Urba_{i,t}$)、对外开放度($Open_{i,t}$)、对外开放度平方项($Open_{i,t}^2$)、产业结构($Indu_{i,t}$)、基础设施建设($Infr_{i,t}$)以及人口密度($Dens_{i,t}$),具体测度方法见第四章。

第三节 实证结果分析

本研究实证分析思路如下:首先,全样本分析,运用固定效应模型和空间回归模型验证政企交互关系对城市群之间经济联系的影响;其次,分样本分析,验证长江中游、长三角、川渝、关中、海峡西岸、京津冀、辽中南、山东半岛、中原和珠三角10个城市群的政企交互关系如何影响城市之间的经济联系。最后,通过指标更换法、工具变量法来检验国有企业占比和政企交互关系影响城市群经济联系的稳健性。在分析之前,为确保模型估计的一致性和有效性,对数据进行了如下处理:(1) 为避免异常值的影响,对文中涉及的全部连续变量(年份的虚拟变量除外)在1%水平上进行缩尾处理(Flannery & Rangan,

2006);(2)为克服多重共线性影响,对进入模型的所有解释变量和控制变量进行方差膨胀因子(VIF)诊断,结果显示 VIF 均小于 3.4,说明上述估计模型中的变量之间在一定程度上不存在多重共线性问题。

一、全样本估计

在全样本的回归结果中,国企占比程度分别采用国有企业个数占比、国有企业工业总产值占比和国有企业从业人员占比来表征,政企交互关系采用方法 1 测算的指标,分别验证国有企业占比程度和政企交互关系对城市之间经济联系的影响。表 6.2 为采用固定效应的面板回归模型,表 6.3 和表 6.4 为考虑城市之间的空间关联性与可通达性,利用空间面板模型进行分析的回归结果,考虑到本研究的被解释变量经济联系与主要解释变量国有企业比重和政企交互关系存在显著的空间相关性(见附表 A2),因此采用空间杜宾模型。

从表 6.2 的回归结果来看,当分别以国有企业个数占比、国有企业而从业人员占比和国有企业工业总产值占比来衡量国有企业比重时,政企交互关系与经济联系强度之间具有显著的负相关关系,且系数大小相差无几(beta=−0.17, $p<0.01$)。即无论以何种指标来衡量国有企业占比程度,地方政府与国有企业之间的交互行为都显著阻碍了城市群内部产业之间的经济联系强度。从国有企业占比的三个指标来看,国有企业个数占比、国有企业从业人员占比与城市群内部城市的经济联系程度的回归系数为负(beta=−0.02),但均不显著;国有企业工业总产值比重(beta=−0.09, $p<0.05$)与城市群经济联系程度之间具有显著的负相关关系。上述结果说明,国有企业工业总产值比重的上升,会阻碍城市群内部城市之间的经济联系程度的提高,进而导致城市群经济一体化的进程缓慢。具体而言,城市内部国有企业比重越高,表征国有企业越能够更好地承担公益的社会公共目标,同时也意味着地方政府为了使本地国有企业更好发展,会进一步加剧城市内部的资源倾向性配置,降低本地国有企业生产经营成本的同时,也形成了城市之间企业自由竞争的贸易壁垒,不利于城市之间产业资源优化配置与经济协同发展,进而影响了城市群经济一体化。归纳来说,国有企业比重越高,政企交互关系越高,越会阻碍城市群内部城市之间的经济联系和城市群经济一体化的进程。

表 6.2　政企交互关系与经济联系(面板模型)

经济联系	模型1	模型2	模型3	模型4	模型5	模型6
企业个数占比	−0.018 8 (0.029 1)	−0.020 1 (0.029 2)				
从业人员占比			−0.022 7 (0.039 7)	−0.025 1 (0.040 0)		
工业产值占比					−0.089 7** (0.039 6)	−0.087 6** (0.039 9)
政企交互关系		−0.173 9*** (0.050 2)		−0.174 2*** (0.050 9)		−0.169 6*** (0.049 8)
对外开放度	−2.980 3*** (0.998 3)	−2.969 0*** (1.009 4)	−3.004 4*** (0.982 4)	−2.994 8*** (0.993 0)	−3.024 7*** (0.992 2)	−3.014 5*** (1.001 8)
对外开放度平方	2.805 6 (2.539 8)	2.775 6 (2.572 3)	2.880 3 (2.487 7)	2.856 0 (2.518 8)	2.902 9 (2.534 9)	2.876 2 (2.563 2)
城市化率	1.467 6*** (0.338 1)	1.462 7*** (0.338 7)	1.465 5*** (0.329 5)	1.460 6*** (0.330 2)	1.480 1*** (0.334 3)	1.474 6*** (0.335 0)
基础设施建设	0.393 6*** (0.072 5)	0.354 7*** (0.069 4)	0.392 1*** (0.074 1)	0.353 0*** (0.070 5)	0.389 5*** (0.072 1)	0.351 4*** (0.069 0)
经济基础	1.267 4*** (0.084 7)	1.265 1*** (0.084 8)	1.265 5*** (0.086 2)	1.263 1*** (0.086 3)	1.257 3*** (0.086 0)	1.255 2*** (0.086 0)
产业结构	0.101 0*** (0.015 5)	0.102 7*** (0.016 3)	0.101 2*** (0.016 1)	0.102 9*** (0.016 9)	0.100 1*** (0.016 1)	0.101 9*** (0.016 9)
人口密度	1.216 1*** (0.188 0)	1.203 3*** (0.187 1)	1.212 7*** (0.192 4)	1.199 5*** (0.191 4)	1.199 7*** (0.187 4)	1.187 6*** (0.186 4)
工资水平	−0.113 0 (0.095 0)	−0.110 2 (0.094 7)	−0.112 8 (0.094 9)	−0.110 0 (0.094 6)	−0.111 2 (0.093 4)	−0.108 5 (0.093 1)
常数项	−17.096 5*** (0.960 7)	−16.257 9*** (1.082 2)	−17.054 3*** (1.029 9)	−16.209 5*** (1.155 1)	−16.885 0*** (0.987 4)	−16.072 2*** (1.094 8)

续 表

经济联系	模型1	模型2	模型3	模型4	模型5	模型6
N	1 700	1 700	1 700	1 700	1 700	1 700
组内R^2	0.884 5	0.884 8	0.884 5	0.884 8	0.884 7	0.885 0

注：*** $p<0.01$，** $p<0.05$，* $p<0.10$，括号内数字为对应系数的标准差，采用固定效应模型。

资料来源：作者整理所得。

从影响经济联系的控制变量来看[①]，经济联系与对外开放度平方项之间的系数不显著，说明城市开放度与经济联系之间并不存在显著的U型结构，而对外开放度与经济联系之间呈现显著的负相关关系（beta＝－2.97，$p<0.01$），说明随着对外开放度的逐渐提高，经济联系会趋于下降，这一结果与市场分割衡量的一体化水平存在显著差异，而与功能分工的结果类似。城市化率的提升有助于城市之间经济联系强度的提高（beta＝1.46，$p<0.01$），说明城市化进程的不断推进，会有助于城市之间相互协作的加深；基础设施建设（beta＝0.36，$p<0.01$）、产业结构（beta＝0.10，$p<0.01$）、经济基础（beta＝1.27，$p<0.01$）、人口密度（beta＝1.20，$p<0.01$）均与城市的经济联系之间存在显著的正相关关系，说明城市发展环境优良、经济发展基础好、二产占比高、人口密度大有利于城市之间相互协作溢出的形成。

同时，为了验证城市之间的空间相关性，分别采用空间权重1（是否相邻）和权重2（城市之间的公路里程数）来分析政企交互关系对经济联系的影响。其中，表6.3列举了采用空间权重1的回归结果，表6.4列举了采用空间权重2的回归结果。在进行空间回归分析之前，需要对变量进行空间相关性检验（见附表A2）。从附表A2的检验结果可知，经济联系强度、国有企业比重和政企交互关系的Moran I指数在大部分年份均存在显著的空间相关性，其中经济联系程度表现为显著的负向空间自相关。

表6.3的回归结果从两个层面揭示了国有企业占比和政企交互关系究竟如何影响城市之间的经济联系。首先，从区域内部的国企特征来看，当国有企业占比指标以员工就业人数和工业总产值比重来衡量时，政企交互关系与经

[①] 考虑到控制变量系数在每个回归模型中均表现为一致，此处解释的回归变量系数均为模型2中的系数。

济联系之间具有显著的负相关关系(beta=-0.074,p<0.1;beta=-0.050,p<0.05,见模型4和模型6),即地方政府与国有企业之间的交互行为显著阻碍了城市群内部城市之间的经济联系,与普通的面板数据结论相同。从国有企业占比的三个指标来看,国有企业个数占比、国有企业从业人员占比与城市群内部城市的经济联系的回归系数虽然为负,但均不显著;国有企业工业总产值比重(beta=-0.051,p<0.05)与城市群经济联系之间具有显著的负相关关系,说明国有企业工业总产值占比程度越高,越易阻碍城市群内部城市之间的经济联系强度的提高,进而导致城市群经济一体化进程越缓慢,与前文结论相同。

表6.3 政企交互关系与经济联系(空间面板,权重1)

经济联系	模型1	模型2	模型3	模型4	模型5	模型6
企业个数占比	-0.0230 (0.0262)	-0.0236 (0.0259)				
从业人员占比			-0.0441 (0.0361)	-0.0511 (0.0374)		
工业产值占比					-0.0506** (0.0208)	-0.0380* (0.0210)
政企交互关系		-0.0684 (0.0516)		-0.0735* (0.0403)		-0.0497** (0.0210)
$W_1 \times$ 企业个数占比	-0.0007 (0.0023)	-0.0009 (0.0035)				
$W_1 \times$ 从业人员占比			-0.0015 (0.0018)	-0.0165** (0.0083)		
$W_1 \times$ 工业产值占比					-0.0042** (0.0017)	-0.0405*** (0.0080)
$W_1 \times$ 政企交互关系		-0.0000 (0.0003)		-0.0022** (0.0011)		-0.0051*** (0.0011)
开放度	0.7683** (0.3113)	0.7429** (0.2977)	0.7639** (0.3001)	0.7914** (0.2999)	0.6722** (0.3029)	0.8127*** (0.3037)

续　表

经济联系	模型1	模型2	模型3	模型4	模型5	模型6
开放度平方	−1.386 3* (0.791 5)	−1.335 5* (0.761 8)	−1.411 4* (0.784 3)	−1.524 6** (0.773 2)	−1.199 9 (0.780 1)	−1.638 6** (0.817 0)
城市化率	0.013 5 (0.057 2)	0.015 5 (0.057 3)	0.007 3 (0.058 5)	0.016 9 (0.058 7)	0.008 7 (0.059 9)	0.022 0 (0.058 9)
基础设施建设	−0.005 1 (0.028 6)	0.003 8 (0.030 1)	−0.011 2 (0.025 6)	0.003 0 (0.028 3)	−0.005 1 (0.027 2)	0.023 0 (0.031 1)
经济基础	−0.011 0 (0.019 7)	−0.011 4 (0.020 3)	−0.010 6 (0.020 7)	−0.012 5 (0.020 8)	−0.018 5 (0.020 5)	−0.018 3 (0.020 8)
产业结构	0.011 0 (0.008 5)	0.010 8 (0.008 7)	0.011 6 (0.008 8)	0.011 1 (0.008 9)	0.011 7 (0.008 6)	0.010 8 (0.008 6)
人口密度	0.036 3*** (0.011 1)	0.035 3*** (0.011 1)	0.037 5*** (0.011 6)	0.038 6*** (0.011 5)	0.035 3*** (0.011 0)	0.036 8*** (0.010 5)
工资水平	0.068 1* (0.040 2)	0.065 0 (0.045 0)	0.082 5* (0.048 2)	0.065 4 (0.045 2)	0.116 9*** (0.045 0)	0.078 0* (0.044 5)
常数项	−0.626 1* (0.320 2)	−0.884 1*** (0.314 6)	−0.789 1** (0.378 7)	−0.931 2*** (0.320 7)	−1.003 7*** (0.336 5)	−0.863 5*** (0.295 2)
N	1 700	1 700	1 700	1 700	1 700	1 700
组内R^2	0.935 0	0.935 0	0.935 2	0.935 1	0.935 6	0.937 2
Rho	−0.000 4 (0.000 3)	−0.000 3 (0.000 3)	−0.000 5** (0.000 2)	0.000 7 (0.000 6)	−0.000 7*** (0.000 2)	0.002 2*** (0.000 6)

注：*** $p<0.01$，** $p<0.05$，* $p<0.10$，括号内数字为对应系数的标准差，采用空间杜宾模型。

资料来源：作者整理所得。

从邻近城市的地方政府与国有企业交互行为来看，仅以国有企业从业人员占比和国有企业工业总产值占比来衡量国有企业占比程度时，邻近城市的政企交互关系与本区域的经济联系程度之间形成显著的负相关关系（beta=−0.002，$p<0.05$；beta=−0.005，$p<0.01$，见模型4和模型6）；而以国有企业个数占比来衡量的城市国有企业占比程度时，邻近城市的政企交互关系与本城市经济联系之间的关系则不显著。上述实证结果说明，仅在以

国有企业从业人员占比和工业总产值占比这两个指标来衡量国有企业占比程度时,邻近城市的政企交互关系阻碍了本区域经济联系强度的改善,抑制了城市群之间的经济协作,进而阻碍了城市群经济一体化进程。而反观国有企业占比程度指标对经济联系程度的影响,当国有企业的占比程度采用国企从业人员比重来衡量时,邻近城市的国有企业比重越高,对与本城市的经济联系的抑制作用越大(beta=−0.017,$p<0.05$);当国有企业的占比程度采用工业总产值占比来衡量时,相邻区域的工业总产值与本区域的经济联系程度之间同样呈现显著负相关关系(beta=−0.041,$p<0.01$),而国有企业个数占比与经济联系强度之间的关系则不明显。说明邻近城市的国有企业从业人员占比和国有企业工业总产值占比是影响城市经济联系的重要因素。

从其余影响因素来看,城市的开放度与区域的经济联系之间存在显著的倒"U"型关系;同时人口密度的提高显著促进了城市之间的经济联系强度提高(beta=0.04,$p<0.01$),而基础设施建设、经济基础和产业结构与城市之间的经济联系强度没有呈现出显著的相关关系。

归纳来说,上述研究结论说明,城市内部以及相邻城市的国有经济比重及政企交互关系是影响城市群经济联系的重要因素。具体表现为国有经济规模越高,越能更多地承担本区域内地方政府要实现的社会公共目标,同时地方政府也需要提供更多优惠补贴政策来保障本地国有经济的发展壮大和社会公共目标的实现达成,因此,两者的交互关系越紧密,会加剧本地市场垄断行为和本地保护,阻碍了城市群内城市之间的经济联系,制约了城市之间的协同发展,进而抑制了城市群经济一体化。

表6.4的回归结果列举了采用空间通达性权重构建的空间回归模型的结果,同样从两个层面来揭示国有企业占比和政企交互关系对城市之间的经济联系的影响。一是区域内部的特征,二是区域之间的可通达性特征。

表6.4 政企交互关系与经济联系(空间面板,权重2)

经济联系	模型1	模型2	模型3	模型4	模型5	模型6
企业个数占比	−0.0264 (0.0267)	−0.0272 (0.0269)				
从业人员占比			−0.0432 (0.0365)	−0.0435 (0.0362)		

续　表

经济联系	模型1	模型2	模型3	模型4	模型5	模型6
工业产值占比					−0.040 5* (0.023 8)	−0.058 8*** (0.022 1)
政企交互关系		−0.071 5 (0.051 1)		−0.021 2** (0.009 4)		−0.019 6** (0.009 3)
W_2×企业个数占比	−0.007 7 (0.087 8)	−0.006 2 (0.088 7)				
W_2×从业人员占比			−0.070 9 (0.051 5)	−0.071 8 (0.053 1)		
W_2×工业产值占比					−0.022 5* (0.012 6)	−0.020 4* (0.012 2)
W_2×政企交互关系		−0.046 1 (0.032 6)		−0.062 5*** (0.022 5)		−0.055 4*** (0.020 2)
开放度	0.805 9*** (0.300 5)	0.781 1*** (0.301 3)	0.838 4*** (0.302 6)	0.813 7*** (0.304 4)	0.840 9*** (0.301 7)	0.816 2*** (0.303 4)
开放度平方	−1.318 9* (0.783 1)	−1.274 1 (0.819 4)	−1.332 4* (0.808 8)	−1.279 7 (0.856 9)	−1.460 4* (0.803 3)	−1.421 2* (0.845 4)
城市化率	0.003 1 (0.059 7)	0.003 9 (0.060 6)	0.003 0 (0.060 2)	0.003 8 (0.061 0)	0.014 8 (0.060 7)	0.015 6 (0.061 5)
基础设施建设	−0.001 5 (0.028 2)	0.008 8 (0.029 9)	−0.000 7 (0.026 7)	0.010 2 (0.029 0)	0.008 0 (0.028 2)	0.018 0 (0.030 3)
经济基础	−0.007 0 (0.020 4)	−0.005 6 (0.020 6)	−0.004 7 (0.020 1)	−0.003 2 (0.020 3)	−0.009 1 (0.020 5)	−0.008 0 (0.020 7)
产业结构	0.013 6 (0.008 3)	0.012 5 (0.008 4)	0.014 7* (0.008 3)	0.013 6 (0.008 3)	0.013 1* (0.008 0)	0.012 0 (0.008 0)
人口密度	0.037 7*** (0.011 6)	0.038 1*** (0.011 7)	0.040 3*** (0.012 2)	0.040 9*** (0.012 2)	0.037 3*** (0.011 4)	0.037 8*** (0.011 5)
工资水平	0.036 3 (0.039 3)	0.030 2 (0.039 6)	0.038 6 (0.039 5)	0.032 4 (0.039 7)	0.041 2 (0.037 7)	0.035 2 (0.037 9)

续 表

经济联系	模型1	模型2	模型3	模型4	模型5	模型6
常数项	−0.4202 (0.2720)	−3.1957*** (0.9941)	−0.5979* (0.3138)	−3.5427*** (1.0537)	−0.5320** (0.2285)	−3.1464*** (0.9712)
N	1700	1700	1700	1700	1700	1700
组内R^2	0.9347	0.9354	0.9350	0.9357	0.9349	0.9356
Rho	0.0008 (0.0070)	−0.0040 (0.0068)	0.0102 (0.0075)	0.0059 (0.0071)	0.0106 (0.0099)	0.0052 (0.0092)

注：*** $p<0.01$，** $p<0.05$，* $p<0.10$，括号内数字为对应系数的标准差，采用空间杜宾模型。

资料来源：作者整理所得。

首先，从区域内部的国企特征来看，以国有企业从业人员占比和工业总产值占比来衡量国有企业占比程度时，政企交互关系与经济联系强度之间具有显著的负相关关系，系数值大小为−0.02，在5%的水平下显著。从国有企业占比的三个指标来看，国有企业个数占比、国有企业从业人员占比与城市群内部城市的经济联系程度的回归系数为负，均不显著；国有企业工业总产值比重与城市群经济联系程度之间具有显著的负相关关系（beta=−0.04，$p<0.1$），系数绝对值均略小于表6.3的回归结果。说明在考虑城市之间通达便利性时，本区域的国有企业总产值占比、政企交互关系是影响城市经济联系的重要因素。

其次，从与本区域通达性密切相关的外部城市特征来看，分别以国有企业从业人员占比、国有企业工业总产值占比来衡量国有企业占比时，其余城市的政企交互关系与经济联系强度之间呈现显著的负相关关系（beta=−0.063，$p<0.01$；beta=−0.055，$p<0.01$，见模型4和模型6），说明与本地城市通达性较好的城市内部政企交互关系越密切，越能减弱本区域与其余区域的经济联系强度。而以国有企业个数占比衡量的国有企业占比时，其余区域的政企交互关系与经济联系强度之间的相关系数不显著。

从其余影响因素来看，城市的开放度与区域的经济联系之间存在显著的倒U型关系，平方项的系数显著为负，说明随着对外开放程度的提高，城市之间的协作程度会上升，而随着对外开放度的进一步提高，对外贸易会逐渐挤出城市之间贸易,使得城市之间的经济联系减弱,对外开放度在城市之间的替代效应逐渐形成。同时产业结构(beta=0.015,p<0.1)和人口密度(beta=0.038,p<0.01)与城市之间的经济联系强度仍然表现为显著的正向关系。

归纳来说,无论是本区域的国有企业占比和政企交互关系,还是相邻区域的国有企业占比和政企交互关系均会显著抑制城市之间的经济联系,割裂城市之间的协作溢出效应,城市之间更多地表现为竞争关系,进而阻碍了城市群经济一体化进程。

二、分城市群估计

从10个城市群的整体样本的回归结果来看,国有企业占比和政企交互关系显著阻碍了城市之间的经济联系。那么考虑到城市群之间的异质性,如一些城市群中的城市表现为同一省份内的城市聚集区,存在强有力的行政边界框架;而另一些城市群中的城市隶属于不同省份,这类城市群的发展不仅表现为城市之间的融合,更表现为省份之间的融合,那么政企交互关系会如何影响城市之间的经济协作呢? 为此,本部分以不同城市群为分析对象,继续探讨国有企业的占比与政企交互关系对城市群经济联系程度的影响。与上一章类似,此处仅汇报以国有企业工业总产值比重衡量的国有企业占比和政企交互关系对城市之间经济联系的影响,而以国有企业个数比重和就业人员比重的回归结果见附表A7和附表A8。

从长三角城市群的回归结果(见表6.5)来看,国有企业工业总产值比重与经济联系程度之间呈现显著的负相关关系(beta=-0.26,p<0.01),而政企交互关系同样显著阻碍了长三角城市群内部城市之间的经济联系(beta=-0.24,p<0.1)。总之,对于长三角城市群而言,国有企业工业总产值比重和政企交互关系均显著抑制了城市群的经济联系。同理分析可以发现,川渝和京津冀城市群的国有企业产值比重、政企交互关系与经济联系强度之间均表现为显著负相关关系,说明在这类城市群中,国有企业占比程度和政企交互关系均显著抑制了地区之间经济联系强度的提高,进而阻碍了城市群的经济一体化水平。除此结论以外,一小部分城市群表现为国有企业的占比程度阻碍了经济联系程度的提高,而政企交互关系与经济联系程度之间的关系不明显,如辽中南城市群。一部分城市群则表现为政企交互关系阻碍了城市群之间的经济联系,而以工业总产值表征的国有企业占比程度对经济联

表 6.5　10 个城市群的政企交互关系与经济联系（面板数据，固定效应）

经济联系	(1) 长三角	(2) 川渝	(3) 关中	(4) 海峡西岸	(5) 京津冀	(6) 辽中南	(7) 山东半岛	(8) 长江中游	(9) 中原	(10) 珠三角
工业产值占比	-0.260 7*** (0.074 2)	-0.299 9*** (0.088 5)	0.211 7 (0.314 9)	-0.244 2 (0.150 8)	-0.178 9** (0.076 8)	-0.104 2* (0.047 6)	0.088 5 (0.085 1)	0.030 1 (0.072 3)	-0.162 4 (0.129 6)	-0.016 6 (0.342 4)
政企交互关系	-0.241 0* (0.130 1)	-0.135 2* (0.065 4)	-0.117 1 (0.236 6)	-0.258 0*** (0.082 3)	-0.100 1*** (0.023 4)	0.271 6 (0.191 0)	-0.358 5** (0.145 8)	-0.074 1 (0.098 1)	-0.089 1*** (0.017 1)	-0.076 6*** (0.011 2)
开放度	-2.304 1 (2.088 6)	1.815 7 (1.649 3)	-5.512 0 (7.330 0)	1.202 0 (2.183 8)	0.772 7 (2.932 4)	0.470 4 (1.750 6)	-2.077 5 (1.770 0)	-4.938 4 (3.515 3)	0.843 0 (5.540 6)	-2.371 8 (3.288 3)
开放度平方	7.910 1 (10.464 3)	-6.882 4 (5.852 8)	146.834 7 (186.470 3)	7.766 9 (6.661 1)	-27.913 5** (12.415 0)	-15.682 1 (10.544 1)	6.616 1 (11.778 7)	29.781 9 (28.960 9)	87.340 6 (97.675 7)	4.672 1 (6.592 5)
城市化率	0.631 6* (0.308 9)	1.045 7* (0.514 0)	2.183 5** (0.765 3)	1.532 2*** (0.371 0)	-0.106 3 (0.465 9)	0.001 5 (0.400 7)	0.836 4*** (0.193 7)	1.516 6*** (0.184 4)	-1.593 7*** (0.485 7)	3.299 2*** (0.588 5)
基础设施建设	1.068 3 (0.733 9)	0.360 9*** (0.115 0)	0.623 8*** (0.180 1)	0.433 0* (0.199 0)	0.973 8** (0.353 6)	2.253 5*** (0.153 8)	0.037 8 (0.622 2)	0.325 6* (0.181 1)	-0.114 7 (0.363 1)	2.331 7*** (0.757 9)
经济基础	0.963 1*** (0.187 4)	1.363 8*** (0.148 1)	1.569 0*** (0.208 5)	1.260 1*** (0.150 6)	1.009 2*** (0.121 7)	1.121 3*** (0.102 2)	0.990 2*** (0.062 7)	0.968 8*** (0.108 9)	-0.091 7 (0.247 0)	0.916 2*** (0.257 2)
产业结构	0.146 8* (0.070 0)	-0.023 3 (0.032 3)	-0.090 5 (0.063 6)	0.109 5** (0.040 1)	0.400 1*** (0.084 1)	-0.162 4* (0.085 2)	-0.047 1 (0.068 5)	0.376 2*** (0.117 4)	0.086 9 (0.072 3)	-0.066 1 (0.056 0)

第六章　政企交互关系与城市群的协同发展——基于一体化的协作视角 / 159

续　表

经济联系	(1)长三角	(2)川渝	(3)关中	(4)海峡西岸	(5)京津冀	(6)辽中南	(7)山东半岛	(8)长江中游	(9)中原	(10)珠三角
人口密度	2.031 2*** (0.489 7)	1.732 1*** (0.585 7)	2.247 2*** (0.372 3)	2.813 3*** (0.494 4)	3.004 7*** (0.799 4)	1.658 8** (0.758 8)	1.670 1** (0.615 7)	1.393 4*** (0.261 2)	−1.928 1*** (0.268 7)	1.242 1*** (0.252 1)
工资水平	0.700 7*** (0.200 7)	0.175 1 (0.197 0)	−0.511 6* (0.251 5)	−0.177 6 (0.177 9)	−0.012 0 (0.117 8)	0.070 5 (0.135 1)	0.198 7** (0.092 6)	−0.100 0 (0.075 4)	1.249 4*** (0.268 0)	0.710 1*** (0.212 8)
常数项	−22.438 6** (8.641 0)	−23.729 0*** (3.307 5)	−20.982 9*** (2.998 6)	−26.163 8*** (3.441 2)	−27.047 1*** (4.543 1)	−20.305 0*** (4.107 8)	−18.812 9*** (4.066 4)	−15.519 0*** (1.665 7)	3.234 7* (1.559 6)	−25.998 1*** (3.792 2)
N	272	187	85	119	221	170	136	204	153	153
组内R^2	0.956 3	0.960 8	0.954 8	0.950 5	0.861 7	0.958 2	0.971 9	0.940 6	0.925 7	0.892 9

注：*** $p<0.01$，** $p<0.05$，* $p<0.10$，括号内数字为对应系数的标准差，采用固定效应模型。
资料来源：作者整理所得。

系的抑制作用尚不明显,如海峡西岸城市群、山东半岛城市群、中原城市群和珠三角城市群。另外,也有一部分城市群的国有企业比值、政企交互关系对城市内部城市之间的经济联系强度影响均不显著,如关中城市群和长江中游城市群。

三、稳健性检验

尽管从全样本和分城市群样本的估计结果均说明国有企业占比、政企交互关系均显著抑制了城市之间的经济联系程度,阻碍了城市群的一体化进程。为了更进一步验证结论的稳健性,本研究选用更换指标法和工具变量法对上述结果进行重新检验。参考已有研究的检验方法,其中更换变量法,选取方法2测度的政企交互关系作为方法1测算的政企交互关系的替代变量;工具变量法,对回归模型进行GMM估计,分别选取国有企业占比指标和政企交互关系的一阶滞后变量和二阶滞后变量作为国有企业占比指标和政企交互关系的工具变量,分别对上述实证结果进行稳健性检验。更换政企交互关系解释变量的稳健性检验结果见表6.6,选取一阶滞后变量作为工具变量的稳健性检验结果见表6.7,选取二阶滞后变量作为工具变量的稳健性检验结果见表6.8。

表6.6中模型1、模型2和模型3检验以不同指标来衡量地方国有企业的占比程度时,政企交互关系对经济联系强度影响的稳健性结果,其中,模型1以国有工业企业个数占比来测度地方国有企业的占比程度,模型2以国有工业企业员工人数占比来衡量,模型3以国有工业企业产值占比来衡量;模型4、模型5和模型6选取是否相邻的空间权重W_1来进行空间回归,分别检验以不同指标来衡量地方国有企业的占比程度时,政企交互关系对经济联系强度影响的稳健性;模型7、模型8和模型9选取城市通达性的空间权重W_2来进行空间回归,分别检验以不同指标来衡量地方国有企业的占比程度时,政企交互关系对经济联系强度影响的稳健性。稳健性检验结果显示,在普通的面板数据模型中,无论以何种指标来衡量国有企业的占比程度,政企交互关系与经济联系强度之间均表现出显著的负相关关系(见表6.5中模型1、模型2和模型3)。其中,当以国有企业个数占比来衡量国有企业比重时,政企交互关系与经济联系强度之间的标准化系数为-0.025,在1%的水平下显著;当以国有企业从业人员占比来衡量国有企业比重时,政企交互关系与经济联系强

表 6.6 政企交互关系与经济联系稳健性检验（更换政企交互关系指标）

经济联系	模型 1	模型 2	模型 3	模型 4	模型 5	模型 6	模型 7	模型 8	模型 9
企业个数占比	−0.024 4 (0.028 1)			−0.022 0 (0.026 2)			−0.025 7 (0.026 2)		
从业人员占比		−0.009 7 (0.036 6)			−0.050 7 (0.035 9)			−0.046 7 (0.036 1)	
工业产值占比			−0.061 4* (0.034 4)			−0.044 7 (0.032 5)			−0.044 0 (0.032 8)
政企交互关系	−0.024 6*** (0.007 4)	−0.024 2*** (0.007 1)	−0.022 4*** (0.006 8)	−0.005 7 (0.004 3)	−0.004 2 (0.004 5)	−0.007 0* (0.004 2)	−0.004 4 (0.004 1)	−0.002 9 (0.004 2)	−0.005 5* (0.003 0)
开放度	−3.117 1*** (1.026 0)	−3.143 5*** (1.011 8)	−3.147 3*** (1.016 9)	0.771 0** (0.314 5)	0.805 0** (0.315 4)	0.794 1** (0.318 6)	0.795 9*** (0.300 4)	0.835 6*** (0.300 5)	0.822 9*** (0.304 2)
开放度平方	2.908 4 (2.595 2)	2.985 1 (2.546 1)	2.997 0 (2.573 1)	−1.450 8* (0.790 5)	−1.584 5** (0.798 1)	−1.537 5* (0.802 2)	−1.333 4* (0.781 8)	−1.471 9* (0.786 6)	−1.427 6* (0.792 5)
城市化率	1.468 7*** (0.339 7)	1.463 1*** (0.331 5)	1.474 0*** (0.336 0)	0.014 3 (0.060 0)	0.009 9 (0.060 6)	0.020 5 (0.061 9)	0.001 7 (0.059 7)	−0.002 2 (0.060 2)	0.007 9 (0.061 5)
基础设施建设	0.377 4*** (0.071 9)	0.375 0*** (0.073 4)	0.374 7*** (0.072 2)	−0.006 5 (0.029 5)	−0.012 1 (0.027 4)	−0.002 6 (0.030 1)	−0.002 8 (0.028 8)	−0.007 4 (0.026 9)	0.001 3 (0.029 2)

续 表

经济联系	模型 1	模型 2	模型 3	模型 4	模型 5	模型 6	模型 7	模型 8	模型 9
经济基础	1.250 0*** (0.082 8)	1.249 2*** (0.084 4)	1.244 4*** (0.084 4)	-0.012 5 (0.019 6)	-0.010 2 (0.019 6)	-0.013 6 (0.019 8)	-0.008 4 (0.020 4)	-0.006 1 (0.020 5)	-0.009 4 (0.020 7)
产业结构	0.096 2*** (0.017 7)	0.096 8*** (0.018 3)	0.096 3*** (0.018 1)	0.010 1 (0.008 5)	0.010 1 (0.008 5)	0.009 3 (0.008 4)	0.013 3 (0.008 2)	0.013 3 (0.008 2)	0.012 4 (0.008 1)
人口密度	1.207 0*** (0.187 0)	1.205 5*** (0.191 6)	1.196 5*** (0.186 9)	0.037 5*** (0.011 3)	0.039 5*** (0.011 8)	0.038 0*** (0.011 3)	0.038 3*** (0.011 8)	0.040 4*** (0.012 3)	0.038 9*** (0.011 8)
工资水平	-0.108 9 (0.090 8)	-0.108 5 (0.091 0)	-0.107 8 (0.090 3)	0.064 2** (0.032 8)	0.064 6** (0.032 7)	0.065 1** (0.032 9)	0.037 3 (0.039 5)	0.035 7 (0.039 1)	0.037 3 (0.039 6)
常数项	-16.752 6*** (1.012 4)	-16.743 2*** (1.072 8)	-16.641 4*** (1.026 2)	-0.541 0** (0.240 1)	-0.581 5** (0.251 4)	-0.523 0** (0.233 6)	-0.387 6 (0.270 9)	-0.412 6 (0.278 8)	-0.363 9 (0.262 4)
N	1700	1700	1700	1700	1700	1700	1700	1700	1700
组内R^2	0.885 2	0.885 1	0.885 2	0.935 1	0.935 2	0.935 1	0.934 8	0.934 9	0.934 8
Rho				-0.000 3 (0.000 2)	-0.000 3* (0.000 2)	-0.000 3* (0.000 2)	0.000 6 (0.006 9)	0.001 1 (0.006 9)	0.000 8 (0.006 9)

注：*** $p<0.01$，** $p<0.05$，* $p<0.10$。括号内数字为对应系数的标准差。空间回归采用空间杜宾模型。

资料来源：作者整理所得。

第六章 政企交互关系与城市群的协同发展——基于一体化的协作视角 / 163

度之间的标准化系数为−0.024,在1%的水平下显著;当以国有企业工业总产值占比来衡量国有企业比重时,政企交互关系的系数为−0.06,同样在1%的水平下显著。而国有企业比重指标仅在采用国有工业总产值占比来衡量时,与经济联系强度之间呈显著的负相关关系。

同理,选取是否相邻的空间权重W_1进行空间回归时,无论以何种指标来衡量国有企业的占比程度,国有企业占比指标对经济联系强度的影响均不显著(见表6.5中模型4、模型5和模型6),而政企交互关系仅在以国有工业总产值占比来衡量政企交互关系时,与经济联系强度之间的负相关关系明显(beta=−0.070, p<0.1)。选取城市通达性的空间权重W_2进行空间回归时,无论以何种指标来衡量国有企业的占比程度,国有企业占比指标对经济联系强度的影响均不显著(见表6.6中模型7、模型8和模型9),而政企交互关系的影响系数仅在以国有企业工业总产值占比衡量的模型9中显著为负(beta=−0.006, p<0.01)。上述实证结果说明,在更换政企交互关系的测度方法后,无论以何种指标来衡量国有企业的占比程度,均验证了政企交互关系阻碍了城市之间的经济联系强度的提高,这一结论与前文一致。说明政企交互关系阻碍了城市群经济体之间的协作联通,进而阻碍了城市群经济一体化的结果是稳健的。而国有企业占比指标仅在以工业总产值占比来衡量时,其与城市群之间的经济联系强度才显著为负,国企比重才阻碍了城市群内部城市之间的经济协作,部分验证了国有企业比重阻碍城市群经济一体化结果的稳健性。同时,出现上述结果有可能是指标测度的误差所引起,因此,接下来继续采用工具变量法来检验国有企业占比和政企交互关系对城市之间经济联系影响的稳健性。

表6.7中模型1和模型2检验以国有企业个数占比、政企交互关系的一阶滞后变量作为国有企业占比指标和政企交互关系的工具变量时,两者对经济联系强度影响的稳健性。模型3和模型4检验以国有企业员工占比、政企交互关系的一阶滞后变量作为国有企业占比指标和政企交互关系的工具变量时,两者对经济联系强度影响的稳健性。模型5和模型6检验以国有企业产值占比、政企交互关系的一阶滞后变量作为国有企业占比指标和政企交互关系的工具变量时,两者对经济联系强度影响的稳健性。

稳健性检验结果显示,当以国有企业个数占比和国有企业从业人员占比来衡量国有企业的占比程度时,政企交互关系及其一阶滞后变量均与经济联系强度之间呈现负相关关系,但不显著;当以国有企业工业产值占比来衡量国

表6.7 政企交互关系与经济联系稳健性检验(工具变量法,滞后一阶)

经济联系	模型1	模型2	模型3	模型4	模型5	模型6
企业个数占比	0.000 6 (0.027 0)	0.000 7 (0.027 1)				
滞后一阶企业个数占比	0.010 4 (0.026 8)	0.010 5 (0.026 9)				
从业人员占比			0.038 2 (0.031 9)	0.038 3 (0.031 9)		
滞后一阶从业人员占比			−0.018 4 (0.031 8)	−0.017 5 (0.031 9)		
工业产值占比					−0.026 8 (0.035 7)	−0.043 3 (0.038 4)
滞后一阶工业产值占比					0.025 3 (0.035 2)	0.043 3 (0.037 9)
政企交互关系		−0.033 5 (0.081 0)		−0.033 1 (0.081 0)		−0.827 9*** (0.241 8)
滞后一阶政企交互关系		−0.023 1 (0.062 9)		−0.020 1 (0.062 8)		−0.240 7 (0.177 4)
开放度	−2.309 4*** (0.612 3)	−2.329 1*** (0.613 3)	−2.274 1*** (0.611 5)	−2.292 1*** (0.612 4)	−2.283 2*** (0.611 9)	−2.133 4*** (0.647 3)
开放度平方	3.184 6* (1.640 8)	3.221 0* (1.643 5)	3.108 0* (1.635 2)	3.140 1* (1.637 8)	3.122 9* (1.635 9)	2.923 7* (1.725 2)
城市化率	1.883 1*** (0.181 1)	1.889 2*** (0.181 3)	1.880 7*** (0.181 0)	1.886 8*** (0.181 2)	1.887 3*** (0.181 3)	1.858 4*** (0.191 0)
基础设施建设	0.283 4*** (0.072 7)	0.294 9*** (0.075 9)	0.283 5*** (0.072 5)	0.294 3*** (0.075 8)	0.286 6*** (0.072 5)	0.366 9*** (0.087 7)
经济基础	1.029 9*** (0.066 2)	1.029 7*** (0.066 2)	1.035 8*** (0.066 0)	1.035 6*** (0.066 0)	1.035 1*** (0.066 1)	1.052 0*** (0.069 8)
产业结构	−0.036 9* (0.019 6)	−0.036 3* (0.019 7)	−0.036 9* (0.019 5)	−0.036 3* (0.019 6)	−0.037 1* (0.019 6)	−0.026 2 (0.021 4)

续　表

经济联系	模型1	模型2	模型3	模型4	模型5	模型6
人口密度	1.2257*** (0.1232)	1.2251*** (0.1234)	1.2293*** (0.1227)	1.2287*** (0.1230)	1.2242*** (0.1229)	1.3160*** (0.1316)
工资水平	0.2681*** (0.0756)	0.2675*** (0.0757)	0.2636*** (0.0756)	0.2631*** (0.0756)	0.2627*** (0.0755)	0.2415*** (0.0795)
N	1600	1600	1600	1600	1600	1600

注：*** $p<0.01$，** $p<0.05$，* $p<0.10$，括号内数字为对应系数的标准差。
资料来源：作者整理所得。

有企业的占比程度时，政企交互关系（beta＝−0.83，$p<0.01$）与经济联系强度之间呈现显著的负相关关系，而政企交互关系的一阶滞后变量与经济联系强度之间的系数为负（beta＝−0.24，$p>0.1$），但不显著。同理，从国有企业占比指标来看，无论选取何种指标来表征国有企业占比程度，其自身系数与一阶滞后变量系数均为负，但不显著，说明以一阶滞后变量作为国有企业占比程度的工具变量并不能很好地解释其与城市之间的经济联系强度之间的关系。综上，选取一阶滞后变量作为工具变量的GMM估计结果部分验证了政企交互关系对城市之间经济联系强度具有抑制作用的稳健性，而对国有企业占比指标的稳健性检验却没得到验证。后续，继续以二阶滞后变量作为本研究主要观测自变量的工具变量来进行检验。

表6.8中列举了以国有企业个数占比（模型1和模型2）、国有企业从业人员占比（模型3和模型4）、国有企业工业总产值占比（模型4和模型5）以及政企交互关系的一阶滞后变量和二阶滞后变量分别作为国有企业占比和政企交互关系的工具变量时，两者对经济联系强度影响的稳健性检验结果。稳健性检验结果显示，不管以何种指标来表征国有企业占比时，政企交互关系、其一阶滞后变量、二阶滞后变量均与经济联系强度变量呈现出显著负相关关系，说明政企交互关系确实阻碍了城市之间的经济联系强度提升。同上，从国有企业占比指标来看，以国有企业个数占比表征国有企业占比程度时，其二阶滞后变量系数均显著为负（beta＝−0.162，$p<0.01$）；而以国有企业员工人数占比来衡量国企比重时，其当期系数（beta＝−0.076，$p<0.1$）、一阶滞后变量系数（beta＝−0.161，$p<0.01$）及二阶滞后变量系数（beta＝−0.373，$p<0.01$）

均显著为负;而以国有企业工业总产值占比来衡量国企比重时,仅其二阶滞后变量系数(beta=-0.183,p<0.1)则显著为负。综上整理,选取一阶滞后变量和二阶滞后变量同时作为本部分主要观测变量的工具变量时,采用GMM估计的检验结果发现,城市内部国有企业占比和政企交互关系的存在,会影响城市之间的经济协同发展,进而阻碍城市群的经济一体化进程,说明本部分结论具有稳健性。

表6.8 政企交互关系与经济联系稳健性检验(工具变量法,滞后二阶)

经济联系	模型1	模型2	模型3	模型4	模型5	模型6
企业个数占比	-0.0210 (0.0307)	-0.0165 (0.0318)				
滞后一阶企业个数占比	-0.0191 (0.0310)	-0.0256 (0.0322)				
滞后二阶企业个数占比	-0.1328* (0.0682)	-0.1621** (0.0707)				
从业人员占比			-0.0525 (0.0411)	-0.0764* (0.0431)		
滞后一阶从业人员占比			-0.1512*** (0.0471)	-0.1611*** (0.0489)		
滞后二阶从业人员占比			-0.3545*** (0.0822)	-0.3733*** (0.0850)		
工业产值占比					-0.0283 (0.0413)	-0.0776 (0.0483)
滞后一阶工业产值占比					-0.0284 (0.0451)	-0.0273 (0.0540)
滞后二阶工业产值占比					-0.0146 (0.0800)	-0.1825* (0.0997)
政企交互关系		-0.2310* (0.1213)	-0.2094* (0.1232)			-0.8345*** (0.2894)
滞后一阶政企交互关系		-0.2713** (0.1126)		-0.2405** (0.1157)		-0.0699 (0.1976)

续　表

经济联系	模型1	模型2	模型3	模型4	模型5	模型6
滞后二阶政企交互关系		−0.568 2*** (0.161 0)		−0.566 6*** (0.165 4)		−0.797 0*** (0.194 6)
开放度	−2.607 4*** (0.651 4)	−2.830 0*** (0.678 1)	−2.578 5*** (0.664 4)	−2.784 3*** (0.691 5)	−2.543 8*** (0.649 2)	−2.860 4*** (0.719 4)
开放度平方	3.741 3** (1.727 0)	4.135 7** (1.793 1)	3.977 0** (1.761 7)	4.338 5** (1.828 5)	3.677 0** (1.721 3)	4.312 1** (1.898 6)
城市化率	1.903 6*** (0.207 2)	1.899 8*** (0.214 6)	1.906 2*** (0.211 6)	1.905 0*** (0.219 1)	1.910 3*** (0.206 3)	1.880 7*** (0.225 8)
基础设施建设	0.449 2*** (0.112 0)	0.541 8*** (0.119 4)	0.431 4*** (0.114 3)	0.519 7*** (0.121 9)	0.457 5*** (0.111 4)	0.648 2*** (0.130 6)
经济基础	1.052 1*** (0.071 9)	1.047 0*** (0.074 5)	1.014 2*** (0.073 4)	1.006 3*** (0.076 0)	1.044 8*** (0.071 2)	1.031 6*** (0.078 1)
产业结构	−0.032 3 (0.020 9)	−0.016 9 (0.022 1)	−0.035 6* (0.021 2)	−0.021 2 (0.022 5)	−0.027 9 (0.021 0)	−0.011 5 (0.023 4)
人口密度	1.135 1*** (0.165 7)	1.132 3*** (0.171 9)	1.017 6*** (0.168 6)	1.008 5*** (0.174 8)	1.103 3*** (0.163 0)	1.171 0*** (0.180 3)
工资水平	0.247 1*** (0.082 5)	0.231 8*** (0.085 6)	0.249 7*** (0.084 0)	0.234 0*** (0.087 2)	0.254 8*** (0.081 8)	0.227 8*** (0.089 8)
N	1 500	1 500	1 500	1 500	1 500	1 500

注：*** $p<0.01$，** $p<0.05$，* $p<0.10$，括号内数字为对应系数的标准差。
资料来源：作者整理所得。

第四节　本　章　小　结

本章以文献梳理与理论推演为工具，整理发现：国有企业因为其特殊的体制机制，可以为地方政府实现某些特定的社会公共目标，比如稳定社会就业，维持经济增长，维护本地市场份额等；同时，地方政府为支持当地国有企业发展,会配套一些优惠补贴,如土地要素优惠、税收优惠、财政补贴等以支持国有企业发展壮大。地方政府与国有企业之间交互融合发展的行为和目标会进一步加剧城市内部的资源倾向性配置,降低本地国有企业生产经营成本的同时,也形成了城市之间企业自由竞争的贸易壁垒,不利于城市之间产业资源优化配置与经济协同发展,进而影响了城市群经济一体化。那么,在具体的实证检验中,地方政府与国有企业之间交互关系究竟如何影响城市之间的经济联系呢?

为此,本研究选择我国 1998—2014 年 100 个城市的数据为研究样本,分别利用普通面板数据和空间计量的方法验证了全样本中的国有企业比重和政企交互关系对城市之间经济协作程度的影响,研究结果表明,政企交互关系与城市经济联系之间具有显著的负相关关系,即地方政府与国有企业之间的交互行为显著阻碍了城市群内部城市之间的经济联系。从国有企业占比的三个指标来看,仅以国有企业工业总产值比重表征的国有经济占比与城市群经济联系程度之间具有显著的负相关关系,说明国有企业产值占比程度越高,越易阻碍城市群内部城市之间的经济联系形成,进而导致城市群经济一体化的进程缓慢。

同时,考虑到城市群之间的异质性,一些城市群中的城市表现为同一省份内的城市聚集区,如关中城市群和珠三角城市群等;而另一些城市群中的城市隶属于不同省份,如发展较好的长三角城市群和京津冀城市群等,这类城市群的发展不仅表现为城市之间的融合,更表现为省份之间的融合。因此,本研究继续以长江中游、长三角、川渝、关中、海峡西岸、京津冀、辽中南、山东半岛、中原和珠三角 10 个城市群为分析样本来验证国有企业比重和政企交互关系对经济联系的影响。研究结论显示,长三角城市群、川渝城市群和京津冀城市群的国有企业产值比重、政企交互关系与城市群内部经济联系程度之间均表现为显著负相关关系;一小部分城市群表现为国有企业的占比程度阻碍了城市群内部经济联系程度的提高,如辽中南城市群;另一部分城市群则表现为政企交互关系阻碍了城市群之间的经济联系,如海峡西岸城市群、山东半岛城市群、中原城市群和珠三角城市群;除此之外,关中和长江中游城市群的国有企业占比程度和政企交互关系对城市内部城市之间的经济联系强度影响不显著。

最后,为了增强本研究结论的稳健性与说服力,通过采取更换变量法和选取工具变量法的 GMM 估计,分别对上述实证结果进行稳健性检验。结果显示,无论是更换政企交互关系指标法,还是选取国有企业比重和政企交互关系的二阶滞后变量作为 GMM 估计的工具变量法,均验证了国有企业比重和政企交互关系阻碍城市之间经济联系程度提高这一结论的稳健性。

由此可见,地区的国有企业工业产值占比越高,说明地方国有企业在本地经济的地位越重要,与地方政府之间形成的交互行为也会越紧密,在更多更好地承担地方政府的社会公共目标的同时,地方政府也需提供更多的资源要素以帮助国有企业成长发展,形成行业龙头地位。政企交互关系的存在,在降低本地区国有企业经营压力的同时,也形成了城市之间企业自由竞争的贸易壁垒,不利于城市之间产业资源优化配置与经济协同发展,进而影响了城市群经济一体化。

第七章　政企交互关系与城市群经济一体化——基于竞争、分工、协作的综合视角

本章从经济一体化的竞争、分工和协作层面出发，运用1998—2014年我国10个城市群的数据为样本，利用主成分分析方法测算了中国城市群经济一体化的程度，试图分析政企交互关系对城市群经济一体化的影响效用。结构安排如下：第一节为引言，第二节为城市群经济一体化的测度，第三节为政企交互关系对城市群经济一体化的实证分析，第四节为本章主要的研究结论。

第一节　引　　言

城市群作为中国区域发展空间战略的重心，发挥着区域经济增长极的作用（李仙德、宁越敏，2012）。改革开放以来，细数国家出台的一系列支持城市群协调发展的政策，如《国民经济和社会发展第十三个五年规划》《长江中游城市群发展规划》《京津冀协同发展规划纲要》《长江三角洲区域一体化发展规划纲要》以及《国民经济和社会发展第十四个五年规划》等，均强调城市群经济一体化对于提升我国区域整体竞争力、加速新兴工业化和城市化进程、实现可持续发展具有深远意义。由于这些特定的经济合作区横跨多个行政市乃至多个省，使得行政主体在推进一体化进程中面临一系列的竞争和挑战。首先，城市群内各城市的经济社会发展水平不一致，如武汉城市圈表现为"强市弱圈"、京津冀都市圈中存在"环京津贫困带"，这种发展不均衡导致一体化条件下各城市收益并不均衡，从而使一体化的各行政主体在政策制定与实施中难以达成共识；其次，区域内各城市以自身利益和短期利益为出发点，忽视集体利益和长远利益，"各自为政""恶性竞争"，易陷入发

展的困境(罗杭,2013)。事实上,任何一种改革,无论是对政治、经济还是社会层面的改革,都不可能兼顾各方利益,不可避免会遭受部分少数利益群体的消极心理和消极行为的抵制。城市群一体化的推进是一种全方位、深层次、系统性的区域性系统发展改革,并非所有城市都能成为一体化进程的当期利得者,利失者往往对一体化推进持消极或反对态度,从而直接或间接、显性或隐性地阻挠一体化进程。

现阶段,大量学者对城市群经济一体化的发展进行研究,归纳来说,现有成果主要包括四个部分:(1)城市群经济一体化内涵。现有学者拓展城市群的地域范畴,从区域经济一体化的理论起点出发,对区域经济一体化的概念、内容与层面进行了科学、系统的归纳与总结(Tinbergen,1954;于光远,1992;伍贻康、周建平,1994;聂华林,2006),城市群经济一体化主要指同一城市群内的各个城市,为了共同的经济利益,在地域分工与利益分配的基础上,消除城市间的各种贸易、非贸易壁垒及经济歧视,进而协调各城市的经济政策及调控措施,推动商品和服务自由流动,实现资源合理配置、地域合理分工和经济协同发展。(2)城市群经济一体化的分类。一部分学者侧重从竞争方面来测度城市群经济一体化(白重阳等,2004、陆铭、陈钊,2009),另一部分学者侧重从功能分工角度来测度城市群经济一体化(赵勇、白永秀,2012;赵勇、魏后凯,2015)。然而随着经济全球化浪潮的风起云涌以及我国市场化进程的不断推进,我国城市群经济一体化应该进入协作时代,考虑城市之间的互动联通与协同发展。(3)城市群经济一体化的影响因素。现有文献对城市群经济一体化影响因素的解释主要分为三个方面:首先,论述了体制因素,如财政分权、地方政府竞争、地方保护以及转移支付对一体化的影响;其次,讨论了经济因素,如不同地区经济发展水平、经济结构、对外开放程度等方面的相似度与差异性对整个城市群经济一体化发展的影响;最后,验证了技术因素,如不同城市的交通运输能力、高速公路与铁路、信息技术水平等硬件设施对城市群经济一体化的影响。(4)城市群经济一体化的社会效应。现有文献主要从城市群经济一体化的贸易效应、经济增长效应、产业区位效应和环境效应来展开。

综上所述,可以发现,众多学者围绕城市群经济一体化的内涵与分类、影响因素、社会效应等方面进行了广泛研究,成果显著但也存在明显不足,特别是学者们对城市群经济一体化的制约因素的内在影响机制探讨还不够全面。一些学者解析政府竞争、地方保护等因素对经济一体化的影响时,并没有梳理地方政府主导的行政区经济影响区域经济一体化的内在机制与传导机制。然而深入理解城市群经济一体化的制约因素,这是构建城市群经济一体化健康快速协调发展的关键。基于此,本章将以 1998—2014 年我国 10 个城市群的数据为样本,利用主成分分析方法从竞争、分工和协作三者有机统一来测算城市群内部城市的经济一体化水平,并验证政企交互关系对城市群一体化的抑制效应大小,以期为我国城市群一体化发展的制约因素提供新的解读。

第二节 研 究 设 计

一、实证模型与估计方法

为了系统验证政企交互关系对城市群经济一体化的影响,本研究构建如下待检验基准模型:

$$Economic\_inte_{i,t} = \partial_0 + \partial_s Soe_{i,t} + \partial_c C_{i,t} + u_{i,t} \tag{7.1}$$

$$Economic\_inte_{i,t} = \partial_0 + \partial_s Soe_{i,t} + \partial_h Gosoh_{i,t} + \partial_c C_{i,t} \tag{7.2}$$

从城市群的实际运作来看,城市之间的经济一体化其实是区域经济制度互动的结果,因此也可将其看作地区之间采取不同的经济策略溢出的一种形态。而基于这种制度溢出,大部分研究采用空间计量模型展开,因此,本研究在上述基准模型的基础上,同样通过构建空间计量模型来验证国有企业比重和政企交互关系对城市群经济一体化的影响。

$$Economic\_inte_{i,t} = \partial_0 + \partial_s W_i * Soe_{i,t} + \partial_c C_{i,t} + u_{i,t} \tag{7.3}$$

$$Economic\_inte_{i,t} = \partial_0 + \partial_s W_i * Soe_{i,t} + \partial_h W_i * Gosoh_{i,t} + \partial_c C_{i,t} \tag{7.4}$$

式 7.3 和 7.4 中,$Economic\_inte_{i,t}$ 是被解释变量,表示城市 i 在第 t 年的经济一体化强度;$Soe_{i,t}$ 是主要观测的解释变量,表示城市 i 在第 t 年的国有企业占比情况;$Gosoh_{i,t}$ 用来衡量城市 i 在第 t 年地方政府与国有企业之间的交互行为;W 为城市之间的空间权重矩阵;$C_{i,t}$ 为本节中的控制变量,本章的权重选取与第四章相同,根据城市的自然属性和非自然属性设定两类权重(W_{i1} 和 W_{i2})。其中 W_{i1} 根据城市的地理位置属性设定权重,选取城市之间的邻接矩阵,如果城市相邻则记为1,不相邻则记为0。同时考虑了城市之间的可通达性等非自然属性,兼论地理权重因素,并设定第二类权重 W_{i2},第二类权重的构建方法同样利用城市之间的公路里程数来构建城市之间的可通达性,具体测算方法见第四章。

二、样本与变量

本研究同样选取中国100个城市1998—2014年的数据为样本,并同时细分为10个城市群,具体包括长三角城市群、珠三角城市群、京津冀城市群、长江中游城市群、中原城市群、山东半岛城市群、辽中南城市群、海峡西岸城市群、川渝城市群以及关中城市群。下面具体介绍各指标的计算方法与数据来源。

(一)经济一体化程度

1. 测度方法

城市群经济一体化的内涵应囊括分工、竞争和协作三个层面,三者互为补充,缺一不可,因此本研究采用主成分分析方法,从上述三个维度来测算城市群经济一体化。考虑到城市群经济一体化的三个维度之间的相互关联,统一纳入模型并不能形象而具体地反映政企交互关系对城市群经济一体化的影响,而主成分分析方法通过线性变换,能有效解决变量之间因多重共线性而无法得出准确结论的问题。其优点在于可以在不丢掉主要信息的前提下,将原来的多个指标组合成相互独立的少数几个能充分反映母体信息的指标,避免了变量之间的共线性问题。因此,本研究在测算城市群经济一体化的公式如下:

$$Economic\_inte_{i,t} = \alpha_1 Market\_unit_{i,t} + \alpha_2 Function\_div_{i,t} + \alpha_3 Economic\_con_{i,t} \quad (7.5)$$

式7.5中,$Market\_unit_{i,t}$ 表示城市 i 在第 t 年的市场整合程度,α_1 表示市场整合程度的因子得分系数;$Function\_div_{i,t}$ 表示城市 i 在第 t 年的功能分工强度,α_2 表示功能分工的因子得分系数;$Economic\_con_{i,t}$ 表示城市 i 在第 t 年的经济联系强度,α_3 表示经济联系的因子得分系数;$Economic\_inte_{i,t}$ 表示城市 i 在第 t 年的经济一体化强度,采用主成分分析方法提取出的第一个主成分表示。主成分分析结果显示,特征值大于1的主成分个数为1,累积贡献率为58.75%,因此本研究选择一个主成分指标,并利用该指标作为城市群经济一体化的代理指标。其中市场整合强度的因子得分系数 $\alpha_1=0.1427$,功能分工强度的因子得分 $\alpha_2=0.7193$,经济联系强度的因子得分系数 $\alpha_3=0.6855$。

2. 数据来源

城市群经济一体化指标根据市场整合程度、功能分工程度和经济联系强度测算所得,因此该指标的原始数据与前文一致,主要来源于对应年份的《中国城市统计年鉴》,个别城市在个别年份缺失的数据通过对应城市所在省份的统计年鉴、对应城市的统计年鉴以及对应城市年鉴中补齐,如济源市1998—2014年的数据在《中国城市统计年鉴》中缺失,则通过济源所在省份《河南统计年鉴》中予以补充。

3. 时空演化

根据1998—2014年10个城市群内的100个城市汇总的经济一体化指数,我们绘制了经济一体化强度的时间趋势图(图7.1)和空间演化表(表

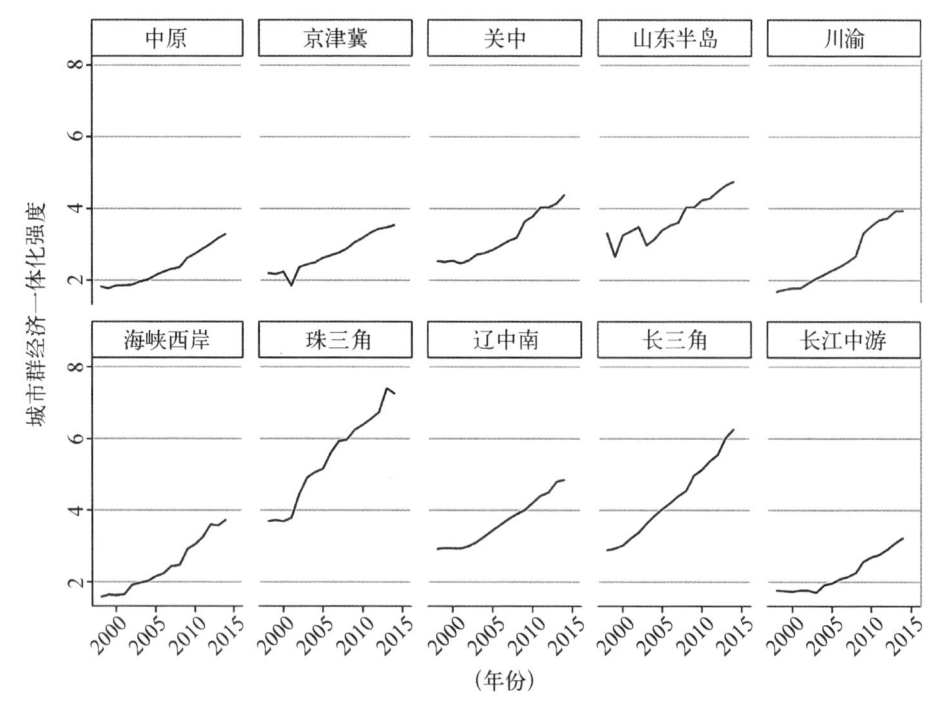

图7.1 十大城市群的经济一体化程度时间变化趋势

7.1)。从经济一体化指数的时间趋势(见图7.1)上来看,各城市群的经济一体化指数呈现出稳步上升趋势,从1998年到2014年的平均年增长率为0.060。大部分城市群内城市之间的经济一体化程度逐年上升,其中,珠三角和长三角城市群的经济一体化指数上升最快,长江中游、京津冀、中原和海峡西岸城市群的经济一体化指数增长较为缓慢,山东半岛城市群的一体化水平则呈现出波动中上升的趋势。

从城市群经济一体化指数的空间分布来看(见表7.1),1998年,大部分城市的经济联系程度均处于较低水平,其中,川渝、关中、京津冀、长江中游和中原城市群内的城市最为聚集;经济一体化程度较高的城市主要表现为沿海城市群内的大部分城市和内陆部分城市群内的中心城市,其中沿海城市群如长三角、珠三角和山东半岛城市群,内陆城市群如川渝城市群内的成都市,京津冀城市群内的北京、石家庄和天津市,长江中游城市群的武汉市等均处于较高组别。2014年,只有京津冀城市群的承德、邢台和张家口市,中原城市群的济源市,关中城市群的宝鸡市、铜川市和渭南市的经济一体化水平处于较低组别,大部分城市群的经济一体化程度指标均处于较高组别,城市群经济一体化水平显著提高。整体来看,1998年到2014年的17年里,大部分城市经济一体化程度从较低组进入较高组,城市之间一体化水平得到显著提升。

表7.1 1998、2014年十大城市群经济一体化程度的空间演化

经济一体化	1998年,城市群(城市名称)	2014年,城市群(城市名称)
程度较低	川渝(德阳、乐山、泸州、眉山、绵阳、内江、宜宾、重庆、资阳、自贡);关中(宝鸡、铜川、渭南、西安、咸阳);海峡西岸(福州、龙岩、宁德、莆田、泉州、厦门、漳州);京津冀(保定、廊坊、唐山、沧州、承德、邯郸、衡水、秦皇岛、邢台、张家口);辽南(大连、盘锦、丹东、铁岭、营口);长江中游(黄冈、黄石、荆门、荆州、九江、随州、咸宁、孝感、信阳、岳阳);长三角(南通、嘉兴、绍兴、台州、舟山);中原(新乡、济源、焦作、开封、漯河、平顶山、许昌);珠三角(肇庆、惠州)	京津冀(承德、邢台、张家口);中原(济源);关中(宝鸡、铜川、渭南)

续 表

经济一体化	1998年,城市群(城市名称)	2014年,城市群(城市名称)
程度较高	川渝(成都);京津冀(北京、石家庄、天津);辽中南(鞍山、本溪、沈阳、抚顺、辽阳);山东半岛(东营、济南、青岛、日照、威海、潍坊、烟台、淄博);长江中游(鄂州、武汉);长三角(常州、杭州、湖州、南京、宁波、苏州、泰州、无锡、扬州、镇江、上海);中原(郑州、洛阳);珠三角(东莞、佛山、广州、江门、深圳、中山、珠海)	川渝(德阳、泸州、眉山、绵阳、内江、宜宾、资阳、自贡、成都、乐山、重庆);关中(西安、咸阳);海峡西岸(福州、泉州、龙岩、宁德、莆田、厦门、漳州);京津冀(北京、廊坊、唐山、天津、保定、沧州、邯郸、衡水、秦皇岛、石家庄);辽中南(鞍山、本溪、大连、丹东、铁岭、抚顺、辽阳、盘锦、沈阳、营口);山东半岛(东营、日照、济南、青岛、威海、潍坊、烟台、淄博);长江中游(鄂州、黄冈、黄石、荆门、荆州、九江、随州、咸宁、孝感、信阳、岳阳、武汉);长三角(常州、杭州、湖州、嘉兴、南京、南通、宁波、上海、绍兴、苏州、台州、泰州、无锡、扬州、镇江、舟山);中原(郑州、焦作、开封、洛阳、漯河、平顶山、许昌、新乡);珠三角(东莞、佛山、广州、惠州、江门、深圳、中山、珠海、肇庆)

注:经济一体化程度的较高、较低划分标准,依据1998年十大城市群的经济一体化程度均值来划分,当取值≤2.439,则划分为经济一体化程度较低组;当取值高于2.439时,则划分为经济一体化程度较高组。

(二) 国企比重与政企交互关系

国有企业比重测算继续沿用第四章的做法,分别采用城市国有工业总产值比重(规模以上国有企业工业总产值/规模以上工业企业总产值)、国有职工比重(规模以上国有企业工业总产值/规模以上工业企业总产值)、国有企业个数比重(规模以上国有工业企业个数/规模以上工业企业个数)三个指标来衡量,具体的测算方法见第四章。

政企交互关系继续沿用第四章的做法,将政企交互关系的测度从两个方面展开,一方面表现为地方政府希望国有企业实现的社会公共目标,采用经济增长率、超额雇员量以及财政缺口来测度,利用因子分析方法,将三个指标合成为一个指标;另一方面表现为国有企业从地方政府获得的优惠补贴,采用财政补贴率、国有企业投资率和国有企业贷款率,同理将三个指标合称为一个指标,每个指标具体的测度方法参见第四章。最后,政企交互关系可表示为二者的交乘项,该指标的具体计算方法与第四章同。

(三) 控制变量选取

根据现有研究成果,考虑到城市群内城市之间的功能分工还与自身发展因素密切相关,因此本研究的控制变量同样选取经济发展水平($Pgdp_{i,t}$)、工资水平($Wage_{i,t}$)、城市化率($Urba_{i,t}$)、对外开放度($Open_{i,t}$)、对外开放度平方项($Open_{i,t}^2$)、产业结构($Indu_{i,t}$)、基础设施建设($Infr_{i,t}$)以及人口密度($Dens_{i,t}$),具体测度方法见第四章。

第三节 实证结果分析

本研究实证分析思路如下:首先,进行全样本分析,运用固定效应模型和空间回归模型验证政企交互关系对城市群经济一体化的影响;其次,进行分样本分析,验证长江中游、长三角、川渝、关中、海峡西岸、京津冀、辽中南、山东半岛、中原和珠三角10个城市的政企交互关系如何影响了城市群内部城市之间的一体化水平;最后,通过指标更换法、工具变量法来检验国有企业占比和政企交互关系对城市群经济一体化影响效应的稳健性检验。

一、全样本估计

在全样本的回归结果中,国企占比程度分别采用国有企业个数占比、国有企业工业总产值占比和国有企业从业人员占比来表征,政企交互关系采用方法1测算的指标,分别验证国有企业占比程度和政企交互关系对城市之间经济一体化的影响。表7.2为采用固定效应的面板回归模型,表7.3和表7.4为考虑了城市之间的空间关联性与可通达性,利用空间面板模型进行分析的回归结果,考虑到本研究的被解释变量经济一体化与主要解释变量国有企业比重和政企交互关系存在显著的空间相关性(见附表A2),因此采用空间杜宾模型。

从表7.2的回归结果来看,当以国有企业个数和国有企业从业人员占比来衡量国有企业比重时,政企交互关系与经济一体化程度之间具有显著的负相关关系(beta=-0.26,p<0.01);当以国有企业工业总产值占比来衡量国有企业占比程度时,政企交互关系与经济一体化程度之间同样具有显著的负相关关系(beta=-0.25,p<0.01)。即无论以何种指标来衡量国有企业占比,地方政府与国有企业之间的交互行为显著阻碍了城市群经济一体化。从国有企业占比的三个指标来看,国有企业个数占比与城市群内部城市之间的经济一体化程度的回归系数为负(beta=-0.06,p<0.01);国有企业从业人员占比与经济一体化的回归系数为负(beta=-0.07),但不显著;国有企业工业总产值比重(beta=-0.14,p<0.05)与城市群经济一体化程度之间具有显著的负相关关系。上述结果表明,国有企业比重的上升,会阻碍城市群经济一体化。具体而言,城市内部国有企业比重越高,表征国有企业能够更好地承担公益的社会公共目标,同时也意味着地方政府为了使本地国有企业更好发展,会进一步加剧城市内部的资源倾向性配置,降低本地国有企业生产经营成本的同时,也弱化了城市之间的市场整合、功能分工以及经济联系,进而减缓了城市群经济一体化进程。归纳来说,国有企业比重越高,政企交互关系越高,越会阻碍城市群经济一体化的进程。

表7.2 政企交互关系与城市群经济一体化(面板模型)

经济一体化	模型1	模型2	模型3	模型4	模型5	模型6
企业个数占比	-0.0600** (0.0237)	-0.0619** (0.0236)				
从业人员占比			-0.0726 (0.0538)	-0.0761 (0.0546)		
工业产值占比					-0.1376*** (0.0463)	-0.1345** (0.0462)
政企交互关系		-0.2564*** (0.0795)		-0.2575*** (0.0772)		-0.2485*** (0.0770)
对外开放度	-3.7475*** (0.7874)	-3.7309*** (0.7876)	-3.8244*** (0.8189)	-3.8103*** (0.8186)	-3.8510*** (0.8489)	-3.8362*** (0.8471)
对外开放度平方	3.3457 (2.2519)	3.3014 (2.2483)	3.5842 (2.2558)	3.5484 (2.2502)	3.5844 (2.3862)	3.5453 (2.3774)

续　表

经济一体化	模型1	模型2	模型3	模型4	模型5	模型6
城市化率	1.195 8*** (0.217 2)	1.188 6*** (0.218 0)	1.189 1*** (0.217 3)	1.181 8*** (0.218 2)	1.206 2*** (0.219 8)	1.198 0*** (0.220 7)
基础设施建设	0.451 9*** (0.114 1)	0.394 5*** (0.106 3)	0.447 1*** (0.115 2)	0.389 4*** (0.107 6)	0.441 6*** (0.110 8)	0.385 8*** (0.103 5)
经济基础	1.046 2*** (0.069 3)	1.042 8*** (0.070 7)	1.040 2*** (0.068 7)	1.036 5*** (0.069 9)	1.030 0*** (0.070 1)	1.027 0*** (0.071 4)
产业结构	0.174 7*** (0.029 5)	0.177 3*** (0.030 1)	0.175 3*** (0.031 0)	0.177 9*** (0.031 6)	0.174 1*** (0.030 4)	0.176 7*** (0.031 1)
人口密度	0.987 8*** (0.125 9)	0.969 0*** (0.126 9)	0.976 9*** (0.132 6)	0.957 5*** (0.133 0)	0.962 3*** (0.130 5)	0.944 6*** (0.131 3)
工资水平	−0.147 1 (0.095 4)	−0.143 0 (0.096 3)	−0.146 5 (0.095 1)	−0.142 3 (0.096 0)	−0.143 7 (0.093 1)	−0.139 7 (0.094 0)
常数项	−12.624 4*** (0.562 8)	−11.387 9*** (0.702 4)	−12.489 5*** (0.608 0)	−11.241 2*** (0.731 4)	−12.305 2*** (0.600 6)	−11.114 2*** (0.717 2)
N	1 700	1 700	1 700	1 700	1 700	1 700
组内R^2	0.866 1	0.867 0	0.866 1	0.866 9	0.866 6	0.867 4

注：*** $p<0.01$，** $p<0.05$，* $p<0.10$，括号内数字为对应系数的标准差，采用固定效应模型。

资料来源：作者整理所得。

从影响城市群经济一体化的控制变量来看[1]，经济一体化与对外开放度平方项之间的系数不显著，说明城市开放度与经济一体化之间的关系并不呈U型曲线，而是呈现显著的负相关关系（beta=−3.73，$p<0.01$），说明随着对外开放度的逐渐提高，经济一体化会趋于下降。城市化率的提升有助于城市群经济一体化水平的提高（beta=1.20，$p<0.01$），说明城市化进程的不断推进，有助于城市之间一体化程度的提高；基础设施建设（beta=0.45，$p<0.01$）、产业结构（beta=0.17，$p<0.01$）、经济基础（beta=1.05，$p<0.01$）、

---

[1] 考虑到控制变量系数在每个回归模型中均表现为一致，此处解释的回归变量系数均为模型2中的系数。

人口密度(beta=0.99，p<0.01)均与城市群经济一体化水平之间存在显著的正相关关系,说明城市发展环境质量越好、经济发展基础越好、工业企业规模越大、人口密度越高,越易于实现城市之间的相互协作和共同发展,进而提升城市群经济一体化水平。

同时,与前文研究方法类似,从附表 A2 的检验结果可知,经济一体化强度、国有企业比重和政企交互关系的 Moran I 指数在大部分年份均存在显著的空间相关性,其中经济一体化程度表现为显著的正空间自相关,说明如果某个区域的经济一体化程度较高,则与之相邻的区域很可能同样如此。

表 7.3 的回归结果从两个层面揭示了国有企业占比和政企交互关系究竟如何影响城市之间的经济一体化。首先,从区域内部的国企特征来看,国有企业占比的三个指标来看,国有企业个数占比、国有企业从业人员占比与城市群内部城市的经济一体化的回归系数均不显著;仅采用国有企业工业总产值比重(beta=−0.079，p<0.01)与城市群经济一体化之间具有显著的负相关关系;从政企交互关系的回归系数来看,仅以工业总产值比重来衡量国有企业比重时,政企交互关系与经济一体化之间具有显著的负相关关系(beta=−0.073，p<0.1,见模型6)。

表7.3 政企交互关系与经济一体化(空间面板,权重1)

经济一体化	模型1	模型2	模型3	模型4	模型5	模型6
企业个数占比	0.006 6 (0.022 9)	0.007 1 (0.022 6)				
从业人员占比			0.001 9 (0.029 4)	0.001 5 (0.029 8)		
工业产值占比					−0.086 2*** (0.029 6)	−0.079 5*** (0.030 2)
政企交互关系		−0.077 9 (0.050 6)		−0.077 6 (0.050 6)		−0.072 7* (0.039 3)
W_1×企业个数占比	0.001 3 (0.001 9)	0.001 9 (0.003 5)				
W_1×从业人员占比			−0.000 0 (0.001 7)	−0.003 7 (0.007 5)		

续 表

经济一体化	模型1	模型2	模型3	模型4	模型5	模型6
$W_1 \times$ 工业产值占比					−0.0022 (0.0017)	−0.0178*** (0.0067)
$W_1 \times$ 政企交互关系		−0.0001 (0.0005)		0.0006 (0.0012)		−0.0026** (0.0011)
开放度	0.6886*** (0.2608)	0.6674*** (0.2518)	0.7157*** (0.2592)	0.6640*** (0.2553)	0.6749*** (0.2609)	0.7239*** (0.2569)
开放度平方	−1.4977** (0.7015)	−1.4500** (0.6835)	−1.5806** (0.7052)	−1.4623** (0.6882)	−1.5392** (0.7195)	−1.6499** (0.7005)
城市化率	0.0302 (0.0457)	0.0338 (0.0459)	0.0345 (0.0469)	0.0341 (0.0466)	0.0349 (0.0471)	0.0451 (0.0469)
基础设施建设	0.0280 (0.0246)	0.0390 (0.0268)	0.0278 (0.0240)	0.0368 (0.0256)	0.0308 (0.0249)	0.0480* (0.0269)
经济基础	−0.0007 (0.0173)	−0.0007 (0.0179)	0.0002 (0.0177)	−0.0002 (0.0177)	−0.0049 (0.0176)	−0.0050 (0.0178)
产业结构	0.0194** (0.0085)	0.0190** (0.0086)	0.0189** (0.0086)	0.0189** (0.0085)	0.0193** (0.0084)	0.0187** (0.0084)
人口密度	0.0197** (0.0087)	0.0187** (0.0087)	0.0205** (0.0088)	0.0188** (0.0089)	0.0198** (0.0085)	0.0196** (0.0085)
工资水平	0.1081*** (0.0330)	0.1013*** (0.0378)	0.0992*** (0.0371)	0.1022*** (0.0374)	0.1245*** (0.0371)	0.1005*** (0.0369)
常数项	−1.0634*** (0.2324)	−1.3302*** (0.2900)	−0.9872*** (0.2640)	−1.3400*** (0.2934)	−1.1381*** (0.2523)	−1.2283*** (0.2762)
N	1700	1700	1700	1700	1700	1700
组内R^2	0.9281	0.9280	0.9280	0.9282	0.9286	0.9281
Rho	−0.0003 (0.0002)	−0.0002 (0.0002)	−0.0001 (0.0002)	−0.0005 (0.0007)	−0.0004** (0.0002)	0.0013* (0.0007)

注：*** $p<0.01$，** $p<0.05$，* $p<0.10$，括号内数字为对应系数的标准差，采用空间杜宾模型。

资料来源：作者整理所得。

从相邻城市的政企交互关系来看,仅以国有企业工业总产值占比来衡量相邻城市的国有企业占比程度时,相邻城市的政企交互关系与本区域的经济一体化程度之间形成显著的负相关关系(beta=-0.003,$p<0.05$,见模型6);而以国有企业个数占比和国有企业从业人员占比来衡量相邻城市国有企业占比时,政企交互关系对经济一体化的影响不显著。而反观相邻城市的国有企业占比指标对经济一体化程度的影响,相邻城市的工业总产值与本区域的经济一体化程度之间呈现显著负相关关系(beta=-0.018,$p<0.01$),而以国有企业个数占比和国有企业从业人员占比与城市群经济一体化强度之间的关系则不明显。上述结果显示,在采用空间临近权重时,本城市和相邻城市的国有企业产值占比、政企交互关系均是影响城市群经济一体化的重要因素。

从其余影响因素来看,城市的开放度与区域的经济一体化之间存在显著的倒"U"型关系;同时产业结构、人口密度和工资水平的提高则显著促进了城市经济一体化水平提高,而基础设施建设和经济基础与城市的经济一体化强度没有呈现出显著关系。

归纳来说,上述结果说明,在采用空间临近权重时,城市内部以及相邻城市的国有产值比重及政企交互关系是影响城市群经济联系的重要因素。具体表现为,国有经济产值规模越高,这些企业越能更多地承担本区域内地方政府要实现的社会公共目标,同时地方政府也需要提供更多优惠补贴政策来保障此类国有经济的发展壮大和社会公共目标的实现达成,因此,两者的交互关系越紧密,就越会弱化城市之间的市场整合、功能分工以及经济联系,越会减缓城市群经济一体化进程及城市群经济一体化。

表7.4的回归结果列举了采用空间可通达性权重的回归结果,同样从两个层面揭示了国有企业占比和政企交互关系对城市群经济一体化的影响,一是区域内部的特征,二是区域之间的可通达性特征。首先,与上述分析类似,从区域内部的国企特征来看,仅以国有企业工业总产值占比来衡量国有企业占比程度时,政企交互关系与经济一体化强度之间具有显著的负相关关系,系数值为-0.076,在10%的水平下显著;从国有企业占比的三个指标来看,国有企业个数占比、国有企业从业人员占比与城市群内部城市的经济一体化程度的回归系数均不显著;国有企业工业总产值比重(beta=-0.08,$p<0.01$)与城市群经济一体化程度之间具有显著的负相关关系,回归结果与采用空间临近权重的回归结果相似。

表7.4 政企交互关系与经济一体化(空间面板,权重2)

经济一体化	模型1	模型2	模型3	模型4	模型5	模型6
企业个数占比	0.010 2 (0.023 3)	−0.010 7 (0.023 3)				
从业人员占比			0.000 6 (0.029 6)	0.000 1 (0.029 0)		
工业产值占比					−0.081 7*** (0.031 6)	−0.087 5*** (0.031 1)
政企交互关系		−0.074 2 (0.047 7)		−0.071 3 (0.048 5)		−0.076 4* (0.040 7)
$W_2 \times$ 企业个数占比	0.071 7 (0.070 7)	0.068 4 (0.070 3)				
$W_2 \times$ 从业人员占比			0.072 6 (0.076 6)	0.077 6 (0.076 0)		
$W_2 \times$ 工业产值占比					−0.098 0*** (0.033 6)	−0.072 7** (0.031 2)
$W_2 \times$ 政企交互关系		−0.462 5** (0.213 3)		−0.477 2** (0.213 4)		−0.473 9** (0.206 8)
开放度	0.689 2*** (0.256 7)	0.657 7*** (0.253 8)	0.692 5*** (0.257 9)	0.662 6*** (0.255 1)	0.721 8*** (0.258 7)	0.691 0*** (0.256 1)
开放度平方	−1.405 5** (0.675 5)	−1.297 5* (0.677 2)	−1.397 5* (0.689 5)	−1.291 0* (0.690 0)	−1.572 2** (0.684 4)	−1.472 1** (0.689 7)
城市化率	0.025 4 (0.046 1)	0.026 8 (0.047 2)	0.027 4 (0.047 1)	0.028 9 (0.048 2)	0.035 8 (0.047 1)	0.037 4 (0.048 3)
基础设施建设	0.029 7 (0.024 7)	0.041 2 (0.026 2)	0.030 1 (0.024 1)	0.041 5 (0.025 8)	0.035 1 (0.024 8)	0.046 5* (0.026 5)
经济基础	0.001 9 (0.017 3)	0.002 2 (0.017 3)	0.001 2 (0.017 2)	0.001 6 (0.017 1)	−0.000 9 (0.017 1)	−0.000 7 (0.017 1)
产业结构	0.020 6** (0.008 3)	0.020 0** (0.008 3)	0.021 2*** (0.008 2)	0.020 7** (0.008 2)	0.020 6** (0.008 1)	0.019 9** (0.008 0)

续 表

经济一体化	模型1	模型2	模型3	模型4	模型5	模型6
人口密度	0.020 5** (0.009 0)	0.020 4** (0.009 0)	0.020 7** (0.009 2)	0.020 8** (0.009 1)	0.020 5** (0.008 8)	0.020 7** (0.008 8)
工资水平	0.090 6*** (0.031 5)	0.086 7*** (0.030 9)	0.092 7*** (0.031 4)	0.088 6*** (0.030 8)	0.093 7*** (0.030 6)	0.089 3*** (0.029 9)
常数项	−0.969 0*** (0.199 5)	−3.224 9*** (1.011 3)	−1.000 1*** (0.222 3)	−3.310 1*** (1.013 9)	−0.957 2*** (0.185 1)	−3.250 7*** (1.004 9)
N	1 700	1 700	1 700	1 700	1 700	1 700
组内R^2	0.927 9	0.928 2	0.927 8	0.928 1	0.928 3	0.928 6
Rho	0.021 6** (0.010 4)	0.014 3 (0.015 8)	0.022 1** (0.010 1)	0.014 7 (0.015 5)	0.021 5** (0.010 6)	0.014 1 (0.016 2)

注：*** $p<0.01$，** $p<0.05$，* $p<0.10$，括号内数字为对应系数的标准差，采用空间杜宾模型。

资料来源：作者整理所得。

其次，从采用城市之间通达性权重的回归结果来看，无论采用何种指标来衡量城市国有企业占比，与本区域通达性较好的城市的政企交互关系与经济一体化强度之间呈现显著的负相关关系（beta=−0.46，$p<0.05$；beta=−0.48，$p<0.05$；beta=−0.47，$p<0.05$，见模型2、模型4和模型6）。回归结果说明，与本地城市通达性较好的城市内部政企交互关系越高，越能减弱本区域与其余区域的经济一体化强度，城市之间各自为政的倾向更高。从与本区域通达性较好的城市的国有企业指标来看，国有企业个数占比、国有企业从业人员占比与本地城市的经济一体化程度的系数为负，但不显著；而国有企业工业总产值占比与经济一体化之间呈现显著负相关关系（beta=−0.073，$p<0.05$），说明联通较为密切，且工业总产值占比越高的城市，本区域与其余区域之间的竞争关系越明显。回归结果与采用空间临近权重的回归结果相似。归纳来说，无论是本区域的国有企业产值占比和政企交互关系，还是相邻区域的国有企业产值占比和政企交互关系，两者都是影响城市群经济一体化的重要因素。

二、分城市群估计

从 10 个城市群的整体样本的回归结果来看,国有企业占比程度和政企交互关系显著阻碍了城市经济一体化。那么考虑到城市群之间的异质性,如一些城市群中的城市表现为同一省份内的城市聚集区,存在强有力的行政边界框架;而另一些城市群中的城市隶属于不同省份,这类城市群的发展不仅表现为城市之间的融合,更表现为省份之间的融合,那么政企交互关系会如何影响城市群经济一体化?为此,本部分以不同城市群为分析对象,继续探讨国有企业占比与政企交互关系对城市群经济一体化程度的影响。与上章类似,此处仅汇报以国有企业工业总产值比重衡量的国企占比程度和政企交互关系对城市之间经济一体化的影响,而以国有企业个数比重和就业人员比重的回归结果见附表 A9 和附表 A10。

从长三角城市群的回归结果(表 7.5)来看,国有企业工业总产值比重与经济一体化程度之间呈现显著的负相关关系(beta=－0.24, $p<0.01$),而政企交互关系同样显著阻碍了长三角城市群内部城市之间的经济一体化(beta=－0.26, $p<0.5$)。说明对于长三角城市群而言,国有企业工业总产值比重和政企交互关系是影响城市群经济一体化的重要因素。同理分析可以发现,川渝城市群、海峡西岸城市群和中原城市群的国有企业产值比重、政企交互关系与经济一体化强度之间均表现为显著负相关关系,说明在这类城市群中,国有企业占比程度和政企交互关系抑制了地区之间经济一体化强度的提高。除此以外,一小部分城市群表现为国有企业的占比程度阻碍了经济一体化程度的提高,而政企交互关系与经济一体化程度之间的关系不明显,如辽中南城市群;一部分城市群则表现为地方政府与国有企业之间的交互行为阻碍了城市群之间的经济一体化,而以工业总产值表征的国有企业占比程度对经济一体化的抑制作用尚不明显,如京津冀城市群、长江中游城市群和珠三角城市群;另外,关中和山东半岛城市群的国有企业占比程度和政企交互关系对城市群经济一体化水平影响不显著。

三、稳健性检验

尽管从全样本和分城市群样本的估计结果均说明,以国有企业工业总产

表 7.5　10 个城市群的政企交互关系与经济一体化（面板数据，固定效应）

经济一体化	(1) 长三角	(2) 川渝	(3) 关中	(4) 海峡西岸	(5) 京津冀	(6) 辽中南	(7) 山东半岛	(8) 长江中游	(9) 中原	(10) 珠三角
工业产值占比	−0.241 6*** (0.063 4)	−0.238 6*** (0.074 6)	0.099 2 (0.288 2)	−0.149 2* (0.076 6)	−0.132 5 (0.128 1)	−0.103 6* (0.054 9)	−0.123 6 (0.126 4)	−0.089 8 (0.065 3)	−0.137 8* (0.072 1)	−0.099 0 (0.206 9)
政企交互关系	−0.258 6** (0.112 2)	−0.224 1*** (0.039 2)	−0.022 2 (0.226 0)	−0.222 5** (0.095 8)	−0.196 8* (0.108 5)	−0.105 1 (0.185 5)	0.052 8 (0.384 9)	−0.192 1** (0.085 7)	−0.061 1*** (0.019 7)	−0.236 7** (0.113 1)
开放度	−5.575 8** (2.162 6)	1.749 9* (0.991 4)	0.361 7 (7.609 7)	−0.061 2 (1.577 0)	3.363 3 (3.803 2)	−3.360 3*** (0.931 4)	−3.999 1* (1.977 1)	−3.484 0* (1.885 0)	1.056 7 (3.604 6)	1.564 0 (2.044 4)
开放平方	19.331 4* (10.828 8)	−6.162 3 (3.705 5)	99.202 6 (170.148 7)	10.368 9** (5.236 8)	−36.477 1 (21.989 0)	7.442 9 (7.936 8)	0.472 4 (14.218 2)	7.982 2 (16.373 3)	88.234 6 (60.048 8)	−2.727 4 (3.725 2)
城市化率	0.263 4 (0.272 7)	0.770 2 (0.531 8)	1.165 3* (0.611 2)	0.943 6** (0.359 4)	0.069 8 (0.430 5)	1.873 3*** (0.292 5)	0.951 7** (0.373 6)	0.985 2*** (0.153 5)	−0.862 5*** (0.277 6)	2.177 8*** (0.404 7)
基础设施建设	1.223 3** (0.573 6)	0.195 5** (0.079 5)	0.406 4*** (0.132 2)	0.222 7 (0.150 6)	2.024 5*** (0.620 8)	1.976 3*** (0.239 9)	4.258 3*** (1.367 0)	0.223 0* (0.122 1)	−0.287 2 (0.287 6)	0.355 2 (0.292 8)
经济基础	0.745 6*** (0.143 3)	1.023 1*** (0.114 3)	1.440 8*** (0.266 2)	0.892 1*** (0.073 1)	0.761 7*** (0.108 5)	1.303 6*** (0.091 3)	0.215 4 (0.248 4)	0.702 1*** (0.073 4)	−0.193 0 (0.181 7)	0.617 9*** (0.163 6)
产业结构	0.291 7*** (0.066 1)	−0.026 5 (0.020 3)	−0.034 9 (0.044 9)	0.093 7*** (0.029 0)	0.446 0*** (0.089 8)	0.261 2*** (0.057 5)	−0.078 6 (0.068 3)	0.407 5*** (0.091 3)	0.477 5*** (0.071 1)	0.215 7*** (0.036 3)

续　表

经济一体化	(1) 长三角	(2) 川渝	(3) 关中	(4) 海峡西岸	(5) 京津冀	(6) 辽中南	(7) 山东半岛	(8) 长江中游	(9) 中原	(10) 珠三角
人口密度	2.231 6*** (0.526 5)	0.782 8 (0.552 9)	1.778 1*** (0.389 0)	2.426 6*** (0.402 5)	1.913 9*** (0.571 2)	−3.079 2* (1.454 6)	0.107 9 (2.015 0)	0.875 6*** (0.208 6)	−1.190 3*** (0.237 5)	0.856 6*** (0.146 0)
工资水平	0.642 4*** (0.210 6)	0.078 7 (0.142 4)	−0.652 7* (0.313 5)	0.034 3 (0.109 0)	0.064 9 (0.091 5)	−0.134 0 (0.111 7)	0.766 6** (0.339 8)	−0.097 0* (0.053 5)	0.923 1*** (0.179 5)	1.082 3*** (0.138 0)
常数项	−16.775 0** (7.788 6)	−12.810 7*** (3.920 8)	−15.253 5*** (2.845 0)	−21.272 9*** (2.693 4)	−17.395 5*** (3.211 4)	7.724 4 (8.012 4)	−8.837 4 (13.706 7)	−8.632 3*** (1.160 7)	2.878 5** (1.274 6)	−20.600 8*** (1.823 2)
N	272	187	85	119	221	170	136	204	153	153
组内R^2	0.963 6	0.962 2	0.937 6	0.961 2	0.849 7	0.959 7	0.841 6	0.937 9	0.928 6	0.948 5

注：*** $p<0.01$，** $p<0.05$，* $p<0.10$，括号内数字为对应系数的标准差，采用固定效应模型。
资料来源：作者整理所得。

值占比表征的国有企业占比程度,以及政企交互关系均显著抑制了城市群经济一体化。为了更进一步验证结论的稳健性,本研究选用更换指标法和工具变量法对上述结果进行重新检验。参考已有研究的检验方法,其中更换变量法,选取方法2测度的政企交互关系作为方法1测算的政企交互关系的替代变量;工具变量法,通过分别选取国有企业占比指标和政企交互关系的一阶滞后变量和二阶滞后变量作为国有企业占比指标和政企交互关系的工具变量,采用GMM估计方法,分别对上述实证结果进行重新检验。更换政企交互关系解释变量的稳健性检验结果见表7.6,选取一阶滞后变量作为工具变量的稳健性检验结果见表7.7,选取二阶滞后变量作为工具变量的稳健性检验结果见表7.8。

表7.6中模型1、模型2和模型3列举了以不同指标来衡量地方国有企业的占比程度时,政企交互关系对经济一体化强度影响的稳健性结果,其中,模型1以国有工业企业个数占比来衡量地方国有企业的占比程度,模型2以国有工业企业员工人数占比来衡量,模型3以国有工业企业产值占比来衡量;模型4、模型5和模型6选取是否相邻的空间权重W_1来进行空间回归,分别检验以上述三种指标来衡量国有经济占比时,政企交互关系对经济一体化强度影响的稳健性;模型7、模型8和模型9选取城市通达性的空间权重W_2来进行空间回归,分别检验以不同指标来衡量地方国有企业比重时,政企交互关系对经济一体化强度影响的稳健性。稳健性检验结果显示:在普通的面板数据模型中,无论以何种指标来衡量国有企业的占比程度,政企交互关系与经济一体化强度之间均表现出显著的负相关关系(见表7.6中模型1、模型2和模型3)。其中,当以国有企业个数占比来衡量国有企业比重时,政企交互关系的系数为−0.046,在1%的水平下显著;当以国有企业从业人员占比来衡量国有企业比重时,政企交互关系的系数为−0.044,同样在1%的水平下显著;当以国有企业工业总产值占比来衡量国有企业比重时,政企交互关系的系数为−0.042,同样在1%的水平下显著。从国有企业比重指标与经济一体化的关系来看,仅在采用国有企业个数占比、国有工业总产值占比来衡量时,两者呈现出显著的负相关关系。

同理,选取是否相邻的空间权重W_1进行空间回归时,以国有企业个数占比和国有企业从业人员占比来衡量国有企业比重时,其对经济一体化强度的影响均不显著(见表7.6中模型4和模型5),而以国有企业工业总产值占比衡量时,国有企业比重阻碍了城市群经济一体化(beta=−0.062, $p<0.05$)。通

第七章 政企交互关系与城市群经济一体化——基于竞争、分工、协作的综合视角 / 189

表 7.6 政企交互关系与经济一体化稳健性检验（更换政企交互关系指标）

经济一体化	模型 1	模型 2	模型 3	模型 4	模型 5	模型 6	模型 7	模型 8	模型 9
企业个数占比	−0.070 3*** (0.023 4)			0.003 0 (0.022 9)			0.006 5 (0.022 9)		
从业人员占比		−0.049 0 (0.050 9)			0.014 7 (0.029 3)			0.012 3 (0.029 5)	
工业产值占比			−0.084 4* (0.043 2)			−0.062 1** (0.030 8)			−0.061 4** (0.031 1)
政企交互关系	−0.045 5*** (0.010 1)	−0.044 0*** (0.010 2)	−0.042 0*** (0.010 3)	−0.019 9*** (0.005 0)	−0.020 2*** (0.004 9)	−0.017 8*** (0.005 2)	−0.018 9*** (0.004 8)	−0.019 1*** (0.004 7)	−0.016 8*** (0.005 0)
开放度	−4.000 4*** (0.785 4)	−4.077 0*** (0.812 8)	−4.081 5*** (0.830 0)	0.684 1*** (0.259 5)	0.691 9*** (0.260 6)	0.706 9*** (0.261 5)	0.657 6** (0.260 0)	0.667 0** (0.260 8)	0.683 1*** (0.262 2)
开放度平方	3.535 6 (2.278 7)	3.774 5 (2.276 8)	3.761 2 (2.360 0)	−1.706 9** (0.695 5)	−1.734 4** (0.695 8)	−1.792 3** (0.703 1)	−1.516 3** (0.689 7)	−1.548 6** (0.689 2)	−1.609 3** (0.696 6)
城市化率	1.197 8*** (0.221 0)	1.184 9*** (0.220 2)	1.194 7*** (0.220 4)	0.034 3 (0.046 6)	0.032 4 (0.047 3)	0.040 3 (0.047 8)	0.023 9 (0.046 1)	0.022 6 (0.046 8)	0.030 1 (0.047 2)
基础设施建设	0.421 9*** (0.121 3)	0.416 0*** (0.123 2)	0.413 8*** (0.120 1)	0.022 6 (0.025 2)	0.020 8 (0.024 4)	0.026 4 (0.025 9)	0.023 3 (0.024 9)	0.022 0 (0.024 3)	0.027 3 (0.025 5)

续　表

经济一体化	模型1	模型2	模型3	模型4	模型5	模型6	模型7	模型8	模型9
经济基础	1.013 9*** (0.068 2)	1.010 4*** (0.067 8)	1.005 9*** (0.069 3)	−0.003 2 (0.017 2)	−0.002 8 (0.017 1)	−0.004 2 (0.017 1)	−0.002 0 (0.017 3)	−0.001 5 (0.017 1)	−0.002 8 (0.017 2)
产业结构	0.165 9*** (0.032 3)	0.167 4*** (0.033 8)	0.167 1*** (0.033 2)	0.016 8* (0.008 6)	0.016 9* (0.008 6)	0.016 5* (0.008 5)	0.019 6** (0.008 3)	0.019 6** (0.008 3)	0.019 2** (0.008 2)
人口密度	0.971 0*** (0.120 9)	0.963 9*** (0.129 1)	0.956 3*** (0.128 9)	0.023 7** (0.009 1)	0.024 2** (0.009 2)	0.023 9** (0.009 0)	0.023 5** (0.009 5)	0.024 1** (0.009 6)	0.023 9** (0.009 4)
工资水平	−0.139 5 (0.087 2)	−0.138 7 (0.087 2)	−0.137 3 (0.086 8)	0.103 2*** (0.029 5)	0.103 3*** (0.029 5)	0.103 4*** (0.029 5)	0.093 9*** (0.031 7)	0.093 5*** (0.031 4)	0.093 6*** (0.031 5)
常数项	−11.988 7*** (0.562 8)	−11.924 5*** (0.611 9)	−11.847 5*** (0.601 0)	−0.865 8*** (0.195 1)	−0.876 9*** (0.202 2)	−0.840 0*** (0.191 1)	−0.820 5*** (0.206 6)	−0.827 2*** (0.212 2)	−0.792 2*** (0.200 5)
N	1 700	1 700	1 700	1 700	1 700	1 700	1 700	1 700	1 700
组内R²	0.869 4	0.869 1	0.869 3	0.929 1	0.929 1	0.929 3	0.928 9	0.928 9	0.929 1
Rho				0.021 6** (0.010 5)	0.021 5** (0.010 4)	0.022 0** (0.010 3)	0.022 6** (0.009 9)	0.022 6** (0.009 8)	0.023 1** (0.009 7)

注：*** p＜0.01，** p＜0.05，* p＜0.10，括号内数字为对应系数的标准差，空间回归采用空间杜宾模型。

资料来源：作者整理所得。

第七章　政企交互关系与城市群经济一体化——基于竞争、分工、协作的综合视角 / 191

过观察政企交互关系的回归系数,我们可以发现,无论以何种指标来衡量国有企业比重,地方政府与国有企业之间的交互关系均显著抑制了城市群经济一体化程度的提高,系数值大小约为－0.020,均在1%的水平下显著。选取城市通达性的空间权重 W_2 进行空间回归时,无论以何种指标来衡量国有企业的占比程度,地方政府与国有企业之间的交互关系均显著抑制了城市群经济一体化,而以国有企业工业总产值占比衡量时,国有企业比重阻碍了城市群经济一体化(见模型7、模型8和模型9),回归结果与采用相邻权重的回归结果类似。综上可知,在更换政企交互关系的测度方法后,无论以何种指标来衡量国有企业占比,均验证了政企交互关系对城市群经济一体化的阻碍作用,说明政企交互关系对城市群经济一体化的影响结果是稳健的。而国有企业占比指标仅在以工业总产值占比来衡量时,其与城市群之间的经济一体化强度才显著为负,部分验证了国有企业比重阻碍城市群经济一体化结果的稳健性。接下来继续采用工具变量法来检验国有企业占比和政企交互关系对城市群经济一体化影响的稳健性。

表 7.7 中模型 1 和模型 2 列示了以国有企业个数占比、政企交互关系的一阶滞后变量作为国有企业占比指标和政企交互关系的工具变量时,二者对经济一体化强度影响的稳健性检验结果;模型 3 和模型 4 检验以国有企业员工占比、政企交互关系的一阶滞后变量作为国有企业占比指标和政企交互关系的工具变量时,二者对经济一体化强度影响的稳健性检验结果;模型 5 和模型 6 检验以国有企业产值占比、政企交互关系的一阶滞后变量作为国有企业占比指标和政企交互关系的工具变量时,二者对经济一体化强度影响的稳健性检验结果。

表 7.7　政企交互关系与经济一体化稳健性检验(工具变量法,滞后一阶)

经济一体化	模型 1	模型 2	模型 3	模型 4	模型 5	模型 6
企业个数占比	－0.042 6* (0.024 6)	－0.044 3* (0.024 7)				
滞后一阶企业个数占比	－0.028 7 (0.024 3)	－0.031 9 (0.024 4)				
从业人员占比			－0.092 6*** (0.029 1)	－0.093 6*** (0.029 1)		

续表

经济一体化	模型1	模型2	模型3	模型4	模型5	模型6
滞后一阶从业人员占比			−0.079 1*** (0.029 1)	−0.084 0*** (0.029 2)		
工业产值占比					−0.123 7*** (0.032 5)	−0.090 6** (0.043 1)
滞后一阶工业产值占比					0.003 5 (0.032 2)	0.063 8 (0.043 2)
政企交互关系		−0.186 9** (0.074 0)		−0.192 7*** (0.074 2)		0.010 9 (0.269 7)
滞后一阶政企交互关系		−0.096 0* (0.057 3)		−0.097 3* (0.057 4)		−1.658 2*** (0.257 9)
开放度	−4.127 4*** (0.547 8)	−4.100 7*** (0.549 2)	−4.194 5*** (0.548 5)	−4.169 0*** (0.549 7)	−4.183 1*** (0.544 4)	−3.317 2*** (0.722 9)
开放度平方	2.583 4* (1.471 7)	2.450 7* (1.476 0)	2.851 8* (1.471 0)	2.725 1* (1.474 9)	2.714 7* (1.459 9)	0.698 8 (1.927 3)
城市化率	1.035 5*** (0.154 1)	1.043 5*** (0.154 5)	1.036 3*** (0.154 4)	1.044 5*** (0.154 8)	1.057 6*** (0.153 4)	1.191 9*** (0.201 2)
基础设施建设	0.354 9*** (0.065 5)	0.296 8*** (0.068 8)	0.348 8*** (0.065 5)	0.288 8*** (0.068 8)	0.343 9*** (0.064 9)	0.068 2 (0.099 6)
经济基础	0.853 3*** (0.059 9)	0.837 8*** (0.060 2)	0.851 3*** (0.060 0)	0.835 5*** (0.060 3)	0.834 9*** (0.059 9)	0.838 7*** (0.079 9)
产业结构	0.281 4*** (0.018 0)	0.277 8*** (0.018 1)	0.278 2*** (0.018 1)	0.274 4*** (0.018 1)	0.282 7*** (0.017 9)	0.268 1*** (0.023 8)
人口密度	1.232 1*** (0.108 8)	1.205 5*** (0.109 3)	1.225 2*** (0.108 8)	1.197 7*** (0.109 3)	1.200 4*** (0.108 2)	1.237 8*** (0.145 6)
工资水平	0.095 2 (0.068 3)	0.114 2* (0.068 7)	0.082 9 (0.068 7)	0.101 7 (0.069 0)	0.103 5 (0.068 0)	0.122 5 (0.091 6)
N	1 600	1 600	1 600	1 600	1 600	1 600

注：*** $p<0.01$，** $p<0.05$，* $p<0.10$，括号内数字为对应系数的标准差。
资料来源：作者整理所得。

第七章 政企交互关系与城市群经济一体化——基于竞争、分工、协作的综合视角 / 193

稳健性检验结果显示，无论以何种指标来衡量国有企业的占比程度，政企交互关系及其一阶滞后变量均与经济一体化强度之间呈现显著负相关关系；从国有企业占比指标来看，以国有企业个数占比和国有企业工业总产值占比来表征国有企业占比程度时，其自身系数与一阶滞后变量系数均不显著，部分验证了上述结论的稳健性。后续，继续以二阶滞后变量作为本研究主要观测自变量的工具变量来进行检验。

表 7.8 中检验以国有企业个数占比（模型 1 和模型 2）、国有企业从业人员占比（模型 3 和模型 4）、国有企业工业总产值占比（模型 4 和模型 5）以及政企交互关系的一阶滞后变量和二阶滞后变量分别作为国有企业占比指标和政企交互关系的工具变量时，两者对经济一体化强度影响的稳健性检验结果。稳健性检验结果显示，不管以何种指标来表征国有企业的占比程度，政企交互关系、其一阶滞后变量、二阶滞后变量均与经济一体化强度变量呈现出显著负相关关系，说明政企交互关系确实阻碍了城市之间的经济一体化程度提升。从国有企业占比指标来看，以国有企业个数占比、国有企业员工人数占比、国有企业工业总产值占比来分别衡量国企比重时，其在二阶滞后模型中对经济一体化的回归系数均显著为负，说明国有企业占比是影响城市群经济一体化的重要因素。综上，选取一阶滞后变量和二阶滞后变量同时作为本部分主要观测变量的工具变量时，采用 GMM 估计的检验结果发现，城市内部国有企业占比和政企交互关系的存在，会影响城市之间的市场整合、功能分工以及经济联系，进而阻碍城市群的经济一体化进程，说明本部分结论具有稳健性。

表 7.8　政企交互关系与经济一体化稳健性检验（工具变量法，滞后二阶）

经济一体化	模型 1	模型 2	模型 3	模型 4	模型 5	模型 6
企业个数占比	−0.132 5*** (0.030 9)	−0.148 3*** (0.032 1)				
滞后一阶企业个数占比	−0.133 3*** (0.030 2)	−0.144 2*** (0.031 3)				
滞后二阶企业个数占比	−0.533 0*** (0.062 2)	−0.559 6*** (0.064 5)				
从业人员占比			−0.276 5*** (0.041 8)	−0.258 5*** (0.042 7)		

续表

经济一体化	模型1	模型2	模型3	模型4	模型5	模型6
滞后一阶从业人员占比			−0.340 2*** (0.048 7)	−0.342 7*** (0.049 1)		
滞后二阶从业人员占比			−0.614 8*** (0.085 4)	−0.619 4*** (0.085 9)		
工业产值占比					−0.139 6*** (0.038 8)	−0.069 3 (0.048 8)
滞后一阶工业产值占比					−0.049 5*** (0.014 2)	0.052 3 (0.016 2)
滞后二阶工业产值占比					−0.069 4*** (0.021 0)	0.069 9 (0.206 9)
政企交互关系		−0.304 7** (0.121 0)		−0.314 1*** (0.117 4)		−0.030 9 (0.275 2)
滞后一阶政企交互关系		−0.593 5*** (0.117 1)		−0.461 9*** (0.114 2)		−1.706 1*** (0.243 6)
滞后二阶政企交互关系		−0.717 7*** (0.163 1)		−0.477 5*** (0.159 7)		−0.251 5** (0.117 7)
开放度	−4.222 8*** (0.641 7)	−3.902 4*** (0.666 4)	−4.404 9*** (0.639 9)	−4.166 1*** (0.647 7)	−4.365 1*** (0.568 0)	−3.624 7*** (0.677 9)
开放度平方	2.773 9 (1.709 2)	1.838 2 (1.776 5)	3.646 1** (1.706 3)	2.950 8* (1.728 4)	2.723 2* (1.509 4)	0.889 5 (1.799 4)
城市化率	1.022 8*** (0.188 5)	1.009 1*** (0.195 0)	0.990 5*** (0.188 1)	0.978 7*** (0.189 7)	1.020 8*** (0.166 4)	1.032 5*** (0.196 2)
基础设施建设	0.618 4*** (0.110 8)	0.451 6*** (0.119 4)	0.599 4*** (0.110 4)	0.466 7*** (0.116 1)	0.626 9*** (0.097 7)	0.511 7*** (0.124 7)
经济基础	0.883 7*** (0.071 8)	0.837 1*** (0.074 8)	0.868 5*** (0.071 6)	0.829 8*** (0.072 7)	0.829 6*** (0.064 3)	0.821 8*** (0.076 0)
产业结构	0.277 3*** (0.020 8)	0.264 0*** (0.021 6)	0.251 6*** (0.021 1)	0.240 9*** (0.021 4)	0.282 2*** (0.018 3)	0.276 8*** (0.022 0)

续 表

经济一体化	模型1	模型2	模型3	模型4	模型5	模型6
人口密度	1.3463*** (0.1543)	1.3709*** (0.1602)	1.0929*** (0.1537)	1.0929*** (0.1553)	1.2078*** (0.1351)	1.3100*** (0.1628)
工资水平	0.0970 (0.0820)	0.1828** (0.0864)	0.0300 (0.0828)	0.0994 (0.0852)	0.1368* (0.0722)	0.2033** (0.0877)
N	1500	1500	1500	1500	1500	1500

注：*** $p<0.01$，** $p<0.05$，* $p<0.10$，括号内数字为对应系数的标准差。
资料来源：作者整理所得。

第四节 本章小结

本章以文献梳理与理论推演为工具，整理发现，国有企业因为其特殊的体制机制，可以为地方政府实现某些特定的社会公共目标，比如稳定社会就业、维持经济增长、维护本地市场份额等；同时，地方政府为支持当地国有企业发展，会配套一些优惠补贴，如土地要素优惠、税收优惠、财政补贴等以支持国有企业发展壮大。地方政府与国有企业之间交互融合发展的行为和目标会进一步加剧城市内部的资源倾向性配置，降低城市之间的市场整合、功能分工与经济联系，进而影响了城市群经济一体化。那么，在具体的实证检验中，地方政府与国有企业之间交互关系究竟如何影响城市之间的经济联系呢？

为此，本研究选择我国1998—2014年100个城市的数据为研究样本，分别利用普通面板数据和空间计量的方法验证了全样本中的国有企业比重和政企交互关系对城市群经济一体化的影响。研究结果表明，国有企业占比、政企交互关系与经济一体化之间具有显著的负相关关系，即地方国有经济比值越高，地方政府与国有企业之间的交互关系越紧密，会阻碍城市群经济一体化水平。

同时，考虑到城市群之间的异质性，一些城市群中的城市表现为同一省份内的城市聚集区，如关中城市群和珠三角城市群等；而另一些城市群中的城市隶属于不同省份，如发展较好的长三角城市群和京津冀城市群等，这类城市群的发展不仅表现为城市之间的融合，更表现为省份之间的融合。因此，本研究继续以长江中游、长三角、川渝、关中、海峡西岸、京津冀、辽中南、山东半岛、中原和珠三角 10 个城市群为分析样本来验证国有企业比重和政企交互关系对一体化程度的影响。研究结果显示：长三角城市群、川渝城市群、海峡西岸城市群和中原城市群的国有企业产值比重、政企交互关系与经济一体化强度度之间均表现为显著负相关关系，说明在这类城市群中，国有企业占比程度和政企交互关系抑制了地区之间经济一体化强度的提高。此外，一小部分城市群表现为国有企业的占比程度阻碍了经济一体化程度的提高，而政企交互关系与经济一体化程度之间的关系不明显，如辽中南城市群；一部分城市群则表现为地方政府与国有企业之间的交互行为阻碍了城市群之间的经济一体化，而以工业总产值表征的国有企业占比程度对经济一体化的抑制作用尚不明显，如京津冀城市群、长江中游城市群和珠三角城市群；另外，关中和山东半岛城市群的国有企业占比程度和政企交互关系对城市群经济一体化水平影响不显著。

最后，为了增强本研究结论的稳健性与说服力，通过采取更换变量法和选取工具变量法的 GMM 估计，分别对上述实证结果进行稳健性检验。结果显示无论是采用更换政企交互关系指标法，还是选取国有企业比重和政企交互关系的二阶滞后变量作为 GMM 估计的工具变量法，均验证了国有企业比重和政企交互关系阻碍城市群经济一体化程度提高这一结论的稳健性。由此可见，以城市群为研究范畴，城市内部国有企业比重、地方政府与国有企业之间的传统交互行为会显著抑制城市群的经济一体化水平。

第八章　主要研究结论与政策建议

鉴于现有文献关于城市群经济一体化的内涵分散、城市群经济一体化的内在影响因素不全面，本书从竞争、分工与协作三个层面对城市群经济一体化的内涵进行重新解读，并深入研讨中国特殊制度背景下，政企交互关系影响城市群经济一体化的内在机制。最后利用我国发展较为完善的10个城市群中100个城市的数据进行实证检验，取得了阶段性的进展。本章对整个研究的主要结论和政策展望进行论述。

第一节　主要研究结论

现有文献侧重从竞争和分工两个方面来刻画城市群经济一体化（张少军、刘志彪，2010；范剑勇，2004），而随着经济全球化浪潮的风起云涌以及我国市场化进程的不断推进，区域之间协作将成为经济一体化的未来拓展方向。此外，现有文献在探讨影响城市群经济一体化的影响因素时，尤其在探究地方政府行政干预、保护主义对区域经济一体化影响时，他们的研究视角只涉及单个行为主体（国有企业或地方政府）对社会经济发展的影响（刘瑞明，2011；范剑勇、林云，2011）。但是，他们在理论推演和内容论述时，总是会涉及地方政府和国有企业共同的行为对城市群一体化的影响。基于此，本书以文献梳理、理论推演、实地调研、模型推导等方法为工具，首先，对城市群经济一体化的内涵进行了重新解读；其次，对政企交互关系的概念进行了初步界定；其次，基于上述概念界定与内涵解读的基础上，通过构建政企交互关系影响城市群经济一体化的理论模型，探讨政企交互关系影响我国城市群经济一体化的内在机制；最后，利用我国1998—2014年间具有代表性的10个城市群中100个城市的面板数据为样本，对政企交互关系影响城市群竞争、分工以及协作，进而影响城市群经济一体化的效应进行实证检验,取得了一些具有建设性与开创新的研究结论。

第一,城市群经济一体化的内涵应包括竞争、分工和协作三个方面。城市群经济一体化是上述三种要素的有机统一,只有竞争与协作,经济一体化将难以定位;只有分工与竞争,经济一体化将失去平衡;只有分工与协作,经济一体化将缺乏效率。竞争是城市群经济一体化的前提,指各城市群之间错位竞争、有序竞争以及统一市场,具体包括城市群内大市场和有序竞争的形成。分工是城市群经济一体化的基础,指依托城市群内产业的竞争优势和顺应产业生命周期的梯度转移来协调城市之间的产业分工和产业布局。协作是城市群经济一体化的手段,指通过促进城市之间人员流动的疏通、经济资源的互补和交通设施的联通来加强城市之间的经济联系,进而促进城市群内部城市形成协作系统。

第二,政企交互关系是影响地方政府积极推动一体化的重要因素。政企交互关系是指地方政府与国有企业之间以相互融合发展为纽带,国有企业承担着促进经济增长、稳定就业水平、提供公共服务等地方政府的社会公共目标,而地方政府为国有企业提供财政补贴、金融补贴、税收优惠、要素垄断等隐形补贴来为企业发展提供支撑,双方形成紧密的交互关系。这种政企交互关系的存在会引致地区要素配置倾向化,通过影响城市群的市场整合、功能分工以及经济联系,进而影响城市群经济一体化水平。

第三,从城市群经济一体化的竞争、分工和协作视角来看,国有经济产值比重与政企交互关系是城市之间的市场整合程度、功能分工与经济联系的影响因素。具体来看,竞争视角下,政企交互关系与国有企业工业总产值比重对市场整合的回归系数分别为-0.19和-0.11,分别在5%和1%的水平下显著;分工视角下,政企交互关系与国有企业工业总产值比重对市场整合的回归系数分别为-0.15和-0.08,均在5%的水平下显著;协作视角下,政企交互关系与国有企业工业总产值比重对市场整合的回归系数分别为-0.17和-0.09,分别在1%和5%的水平下显著。上述回归结果通过空间回归方法、更换指标法以及工具变量法进行了重新验证,均证明了上述回归结果的稳健性。

第四,从考虑城市群异质性的回归结果来看,不同城市群的政企交互关系对经济一体化的影响存在显著差异。考虑到一些城市群中的城市表现为同一省份内的城市聚集区,存在强有力的行政边界框架;而另一些城市群中的城市隶属不同省份,这类城市群的发展不仅表现为城市之间的融合,更表现为省份之间的融合,本研究通过分城市群样本来探讨二者之间的关系。回归结果显示:长三角、川渝、京津冀、珠三角、海峡西岸、山东半岛城市群表现为政企交互关系负向影响了城市群市场整合;长三角、辽中南、京津冀、长江中游以及珠三角城市群表现为政企交互关系负向影响了城市群功能分工;长三角、川渝和京津冀城市群表现为政企交互关系负向影响了城市群经济联系。

归纳来说,地方政府通常会把促进经济增长、稳定就业水平、完善基础设施、提供公共服务等多重任务转移到本地的国有企业身上,希冀国有企业在发展过程中完成更多的社会公共目标。与此同时,地方政府为支持本地国有企业发展壮大,会积极提供优惠补贴,诸如财政补贴、税收优惠、金融补贴以及资源要素优惠等,二者之间以相互融发发展为纽带,形成紧密交互关系。这种政企交互关系的存在会引致地区要素配置倾向化,而倾向化要素配置影响了城市群的市场整合、功能分工以及经济联系,进而影响城市群经济一体化水平。

第二节 主要政策建议

本书基于我国城市群数据为样本,实证检验了政企交互关系通过影响城市之间的市场整合、功能分工和经济联系,进而影响城市群经济一体化的进程,对我国区域经济协调发展、城市群经济一体化高质量发展具有重要的指导意义。

第一,要充分发挥市场机制,形成统一大市场。要以"打破行政区经济壁垒、削弱地方保护主义"为突破口,推进城市群经济一体化,发挥城市群市场的规模效应和集聚效应,构建城市群治理优化新格局。城市群作为一个密切相连、相互融合的经济共同体,地方政府要积极推进城市群中城市的相互融合与互助互利,城市群的发展不能仅停留在高层之间的喊话,而应该落实到区域内的经济主体。城市群经济能否健康快速发展,重点原因之一在于各地方政府能否摒弃"狭隘的本地化"思想,实现从同质化竞争向多样化互补与共荣转变(唐亚林,2015),共同谋划城市群经济一体化的大局,在一个统一、开放、竞争、有序的区域大市场中得到更持久、更足劲的发展。一是要通过积极清理废除妨碍依法平等进入和退出的规定做法,对于一般性企业经营,不对企业登记注册地进行限制,不设置一些不合理的歧视性准入和退出条件,保障企业跨区域经营和迁移的自由选择权；二是要建立可向社会公开化的涉企优惠政策目录与清单，清理一些包含地方保护的各类优惠政策等措施，以更进一步规范不当市场竞争和市场干预行为。

第二，要以"产业转移、创新驱动"为发展契机，推动城市群产业分工与产业升级，构建完整的产品价值链。随着城市群范围的逐步扩大，一方面要积极推动沿海发达地区的落后产业向内地转移，引导发达城市建立自主创新体系，寻求经济发展的新动力。另一方面要完善内陆地区承接产业转移的软硬件建设与配套设施，推进各区域之间的产业对接协作，形成区域间上下游产业联动机制，构建完善的产品价值链。而在城市群内部，一方面要适当调整外围城市承接中心城市产业转移的政策，例如，在长三角城市群中，大型制造业、劳动力资本密集的行业均向外围城市转移，并允许这些转移出去的企业继续保留上海的区号；另一方面也应注重中心城市的产业布局，如重点引进技术密集型企业、跨国公司的研发总部，充分发挥中心城市的集聚效应。在城市群内推动城市群产业合理布局，分工进一步优化，不搞"小而全"的自我小循环。

第三，要以"基础设施、商贸联系、科技合作、人才培养"为合作主题，推动区域协调联动发展，提升城市群整体竞争力。比如，长三角可以响应"一带一路"重要倡议，继续加强区域内交通运输网络的互联互通，并推广到信息、能源、水利等基础设施建设领域。此外，城市群之间探索"区域科技创新共享平台"建设，吸引不同城市之间构建协同创新实验室、研发中心、重大实验室、专家智库、行业发展数据库等（吴友、刘乃全，2016）。通过加强地区间项目协调合作，建立城市之间重大问题协调解决机制，实现城市之间的协调可持续发展，构建高水平社会主义市场经济体制。目前，长三角各城市之间和京津冀各城市之间已经初现紧密合作的专题领域，未来其余城市群内的城市也可根据自身优势在相关领域继续开拓与深耕。

第四，深化国有企业改革，不断提升国企效率和全球竞争力。国有企业作为市场和政府关系的一个核心连接点，通过分类改革，既要有大量的作为市场经济主体的国有企业，支撑"有效市场"，又要有相当数量国有企业定位为政府的政策工具或者承担特定战略职能，支撑"有为政府"，从而促进破解市场与政府关系这个世界性难题（黄群慧，2022）。因此，地方政府在深化国资国企改革的同时，要加快国有经济布局优化和结构调整，推动国有资本和国有企业做强做优做大，提升企业核心竞争力，具体可从如下几个方面着手：一是国有资本授权经营体制改革，理顺政府与国有企业之间的关系，落实"企业本位论"，强化企业自主权，真正落实政企分开，深化行政审批制改革，实现国有资产监督管理体制从管企业向管资产的转变。二是国有企业混合所有制改革，引导国有企业纳入其他所有制经济发展混合所有制企业，提高经营效率，倡导不同所有制企业的平等市场主体地位。三是国有企业分类改革，公益型国有企业强调成本控制，注重公共产品的提供，收益型国有企业强调效率导向，逐步推进市场化改革。实现对国有企业的分类改革、分类监督和分类治理。

第五，加快营造稳定公开透明可预期的营商环境，提升企业自主创新的积极性与动力，构建区域自主创新体系。现阶段我国的金融体系和科技资助政策仍不太完善，出现"重国有轻民营"和"重大中企业轻小微企业"的情形，这种企业特质歧视在一定程度上损坏了企业创新资源配置的公平性、高效性。我国政府要尽快疏通科技资源在不同范围内流动，构建企业间的创新联动机制，充分发挥各地区比较优势，因地制宜为各类市场主体投资兴业营造良好生态。一是探索"创新共享平台"的运行机制与管理办法，尝试通过股份制、公司制的方式来吸引不同性质企业之间相互协作；二是积极引导生产要素的科学配置，特别是科技人才在不同性质企业间、区域间的自由流动，完善户籍、医疗、教育、养老等社会保障制度；三是提高区域的交通基础设施建设与贸易开放度，降低企业之间交通成本与贸易成本，促进企业间的合作交流。

第六，推动政府行政职能转变，更好发挥政府作用。要以"生产型政府向服务型政府转变、经济发展的主导者向经济发展的辅导者转变"为改革目标，地方政府应在尊重市场经济客观规律的前提下，重点做好经济调节、市场监管、社会管理和公共服务等工作。同时，应当突破以经济增长为核心指标的地方政绩考核标准，强化对地方经济高质量与可持续发展指标的考量，弱化区域之间的恶性竞争，加强区域之间的经济联系。加快建立全国统一的市场制度规则，打破地方被保护和市场分割，打通制约经济循环的关键堵点，为建设高标准市场体系、构建高水平社会主义市场经济体制提供坚定的政策保障。

参考文献

阿尔弗雷德·马歇尔.经济学原理[M].朱攀峰,徐宏伟,译.北京:北京出版社,2012:71-77.

阿尔弗雷德·韦伯.工业区位论[M].李刚剑,等,译.北京:商务印书馆,2011.

奥古斯特·廖什.经济空间秩序[M].王守礼,译.北京:商务印书馆,2010:119-123.

白重恩等.地方保护主义及产业地区集中度的决定因素和变动趋势[J].经济研究,2004(04):29-40.

保建云.区域发展差距、地方保护主义与市场一体化发展:基于区域非均衡发展转型大国的理论模型与实证分析[J].财贸经济,2008(08):106-112.

彼得·林德特.国际经济学[M].范国鹰,陈生军,译.北京:经济科学出版社,1992:225.

彼得·罗伯逊.国际一体化经济学[M].戴炳然,译.上海:上海译文出版社,2001:259.

伯特尔·俄林.区际贸易与国际贸易[M].逯宇铎,译.北京:华夏出版社,2008:32.

曹卫东,王梅,赵海霞.长三角区域一体化的环境效应研究进展[J].长江流域资源与环境,2012(12):1427-1433.

陈爱贞,刘志彪.中国行政垄断的收入与财富分配效应估算[J].数量经济技术经济研究,2013,30(10):63-78.

陈斌开,金箫,欧阳涤非.住房价格、资源错配与中国工业企业生产率[J].世界经济,2015,38(04):77-98.

陈国亮,唐根年.基于互联网视角的二三产业空间非一体化研究:来自长三角城市群的经验证据[J].中国工业经济,2016(8):76-92.

陈红霞,李国平.1985—2007年京津冀区域市场一体化水平测度与过程分析[J].地理研究,2009(06):1476-1483.

陈景新,王云峰.我国市场一体化与地区专业化的时空演变:1980—2011:基于制造业的实证研究[J].工业技术经济,2013,32(10):144-154.

陈良文,杨开忠.地区专业化、产业集中与经济集聚:对我国制造业的实证分析[J].经济地理,2006(S1):72-75.

陈林,罗莉娅,康妮.行政垄断与要素价格扭曲:基于中国工业全行业数据与内生性视角的实证检验[J]. 中国工业经济,2016(01):52-66.

陈敏,等. 中国经济增长如何持续发挥规模效应——经济开放与国内商品市场分割的实证研究[J]. 经济学季刊,2007.1(7):125-150.

陈剩勇,马斌. 区域间政府合作:区域经济一体化的路径选择[J]. 政治学研究,2004(01):24-34.

陈诗一. 资源误配、经济增长绩效与企业市场进入:国有与非国有部门的二元视角,学术月刊,2017(01):42-56+65.

陈岩,张斌. 基于所有权视角的企业创新理论框架与体系[J]. 经济学动态,2013(09):50-59.

陈勇兵,陈宇媚,周世民. 中国国内市场整合程度的演变:基于要素价格均等化的分析[J]. 世界经济,2013(01):14-37.

陈宇峰,叶志鹏. 区域行政壁垒、基础设施与农产品流通市场分割:基于相对价格法的分析[J]. 国际贸易问题,2014(06):99-111.

程仲鸣,夏新平,余明桂. 政府干预、金字塔结构与地方国有上市公司投资[J]. 管理世界,2008(09):37-47.

褚敏,靳涛. 为什么中国产业结构升级步履迟缓:基于地方政府行为与国有企业垄断双重影响的探究[J]. 财贸经济,2013,34(3):112-122.

褚敏,靳涛. 政府悖论、国有企业垄断与收入差距:基于中国转型特征的一个实证检验[J]. 中国工业经济,2013(2):18-30.

戴静,张建华. 金融所有制歧视、所有制结构与创新产出:来自中国地区工业部门的证据[J]. 金融研究,2013(05):86-98.

戴平生. 区位基尼系数的计算、性质及其应用[J]. 数量经济技术经济研究,2015(7):149-160.

戴学珍. 京津空间相互作用与一体化研究[M]. 北京:中国财政经济出版社,2005:56.

党兴华,赵璟,张迎旭. 城市群协调发展评价理论与方法研究[J]. 当代经济科学,2007(06):110-115.

邓路. 环渤海经济圈地方保护与产业同构的理论与实证研究[J]. 大连理工大学学报(社会科学版),2010.31(1):51-54.

邓明. 中国地区间市场分割的策略互动研究[J]. 中国工业经济,2014(02):18-30.

丁振辉,刘漫与. 京津冀地区市场一体化与区域经济增长[J]. 科学经济社会,2013(03):115-120.

董姝娜,武向平. 区域经济一体化进程中政府间合作模式研究[J]. 经济纵横,2013(07):91-94.

董晓庆,赵坚,袁朋伟. 国有企业创新效率损失研究[J]. 中国工业经济,2014(02):97-108.

董晓媛,Louis Putterman. 中国国有工业企业劳动力冗员问题研究[J]. 经济学(季刊),2002(01):397-418.

都阳,蔡昉. 中国制造业工资的地区趋同性与劳动力市场一体化[J]. 世界经济,2004

(08):42-49.

樊纲.论体制转轨的动态过程:非国有部门的成长与国有部门的改革[J].经济研究,2000(01):11-21+61-79.

范爱军,李真,刘小勇.国内市场分割及其影响因素的实证分析:以我国商品市场为例[J].南开经济研究,2007(05):111-119.

范剑勇.长三角一体化、地区专业化与制造业空间转移[J].管理世界,2004(11):77-84.

范剑勇,林云.产品同质性、投资的地方保护与国内产品市场一体化测度[J].经济研究,2011(11):48-59.

范剑勇,姚静.对中国制造业区域集聚水平的判断:兼论地区间产业是否存在同构化倾向[J].江海学刊,2011(05):89-94+238-239.

范剑勇,张雁.经济地理与地区间工资差异[J].经济研究,2009,44(08):73-84.

范兆斌,苏晓艳,李晓玲.跨国公司、区域一体化与社会福利:一个垄断模型的扩展[J].财经研究,2006(11):5-16.

范子英,田彬彬.政企合谋与企业逃税:来自国税局长异地交流的证据[J].经济学(季刊),2016,15(04):1303-1328.

范子英,张军.财政分权、转移支付与国内市场整合[J].经济研究,2010(03):53-64.

方大春,孙明月.高铁时代下长三角城市群空间结构重构:基于社会网络分析[J].经济地理,2015,35(10):50-56.

付强,乔岳.政府竞争如何促进了中国经济快速增长:市场分割与经济增长关系再探讨[J].世界经济,2011(07):43-63.

盖庆恩,朱喜,程名望,史清华.土地资源配置不当与劳动生产率[J].经济研究,2017,52(05):117-130.

干春晖,郑若谷,余典范.中国产业结构变迁对经济增长和波动的影响[J].经济研究,2011,46(05):4-16+31.

谷松.建构与融合:区域一体化进程中地方府际间的利益关系协调[J].行政论坛,2014(2):65-68.

桂琦寒,等.中国国内商品市场趋于分割还是整合:基于相对价格法的分析[J].世界经济,2006(02):20-30.

郭亚华.中国政府经济职能转变研究[D].武汉:华中师范大学,2004.

国家计委宏观经济研究院课题组.打破地方市场分割对策研究[J].经济研究参考,2001(27):2-20.

过勇,胡鞍钢.行政垄断:中国经济转型中最严重的腐败形式之一[J].廉政大视野,2003(05):7-10.

何雄浪,张泽义.边界效应、国内市场一体化与区域壁垒[J].工业技术经济,2014(10):58-67.

贺京同,高林.企业所有权、创新激励政策及其效果研究[J].财经研究,2012(03):15-25.

贺祥民,赖永剑,聂爱云.区域一体化与地区环境污染排放收敛:基于长三角区域一体化的自然实验研究[J].软科学,2016(03):41-45.

赫尔曼·哈肯.协同学:大自然构成的奥秘[M].凌复华,译.上海:上海译文出版社,2005:117-119.

洪涛,马涛.区域间协调发展具备市场基础了吗?:基于国内市场整合视角的研究[J].南京大学学报(哲学·人文科学·社会科学),2017(1):37-46.

洪银兴.进入新阶段后中国经济发展理论的重大创新[J].中国工业经济,2017(05):5-15.

侯赟慧,刘志彪,岳中刚.长三角区域经济一体化进程的社会网络分析[J].中国软科学,2009(12):90-101.

侯韵,孙铁山.中国城市群空间结构的经济绩效:基于面板数据的实证分析[J].经济问题探索,2016(02):80-88.

胡鞍钢,王绍光.政府与市场[M],中国计划出版社,2000.

胡向婷,张璐.地方保护主义对地区产业结构的影响:理论与实证分析[J].经济研究,2005(2):102-112.

胡杨,李京.政治和文化差异阻碍了东亚区域一体化吗?[J].国际经贸探索,2015(01):77-88.

黄季焜,Scott Rozelle,解玉平,张敏.从农产品价格保护程度和市场整合看入世对中国农业的影响[J].管理世界,2002(09):84-94.

黄群慧.国有企业分类改革论[J].经济研究,2022,57(4):4-11.

黄速建,余菁.国有企业的性质、目标与社会责任[J].中国工业经济,2006(02):68-76.

黄新飞,陈珊珊,李腾.价格差异、市场分割与边界效应:基于长三角15个城市的实证研究[J].经济研究,2014,49(12):18-32.

黄新飞,翟爱梅,程晓平.区域经济一体化能否促进中国省区经济增长:基于ASW理论框架的实证检验[J].学术研究,2013,No.345(08):73-79+159.

黄新飞,郑华懋.区域一体化,地区专业化与趋同分析:基于珠江三角洲地区9城市的实证分析[J].统计研究,2010(01):90-97.

黄赜琳,王敬云.地方保护与市场分割:来自中国的经验数据[J].中国工业经济,2006(2):60-67.

黄赜琳.中国制造业市场一体化程度测算及变动趋势[J].中国工业经济,2007(11):39-47.

蒋丹璐,曹国华.流域污染治理中政企合谋现象研究[J].系统工程学报,2015,30(05):584-593.

金荣学,解洪涛.中国城市化水平对省际经济增长差异的实证分析[J].管理世界,2010(02):167-168.

靳来群.所有制歧视所致金融资源错配程度分析[J].经济学动态,2015(06):36-44.

柯善咨,郭素梅.中国市场一体化与区域经济增长互动:1995—2007年[J].数量经济技术经济研究,2010(05):62-72.

克里斯塔勒.德国南部中心地原理[M].常正文,王兴中,等,译.北京:商务印书馆,2010.

李春涛,宋敏.中国制造业企业的创新活动:所有制和CEO激励的作用[J].经济研究,2010,(5):55-67.

李辉.区域一体化中地方政府间合作的预期与挑战:以协同理论为分析框架[J].社会科学辑刊,2014(01):107-110.

李嘉图.政治经济学及赋税原理[M].郭大力,王亚南,译.北京:北京联合出版公司,2013:64-77.

李仙德,宁越敏.城市群研究述评与展望[J].地理科学,2012,32(3):282-288.

李雪松,孙博文.长江中游城市群区域一体化的测度与比较[J].长江流域资源与环境,2013(08):996-1003.

李雪松,孙博文.密度,距离,分割与区域市场一体化:来自长江经济带的实证[J].宏观经济研究,2015(06):117-128.

李艳,杨汝岱.地方国企依赖、资源配置效率改善与供给侧改革[J].经济研究,2018,53(02):80-94.

李勇,郭丽丽.国有企业的就业拖累效应及其门槛特征[J].财经研究,2015,41(02):135-144.

李治国,孙志远.行政垄断下我国石油行业效率及福利损失测度研究[J].经济经纬,2016,33(01):72-77.

廉同辉,包先建.皖江城市带区域经济一体化进程的社会网络研究[J].城市发展研究,2012(06):39-45.

梁琦,李晓萍,吕大国.市场一体化,企业异质性与地区补贴:一个解释中国地区差距的新视角[J].中国工业经济,2012(02):16-25.

梁琦.中国工业的区位基尼系数:兼论外商直接投资对制造业集聚的影响[J].统计研究,2003(09):21-25.

廖冠民,沈红波.国有企业的政策性负担:动因、后果及治理[J].中国工业经济,2014(06):96-108.

林木西,崔纯,范双涛.高铁在推动大东北城市群一体化进程中的作用[J].经济纵横,2013(04):77-80.

林毅夫,蔡昉,李周.充分信息与国有企业改革[M].上海:上海人民出版社,1997:97-115.

林毅夫,李志赟.政策性负担,道德风险与预算软约束[J].经济研究,2004(2):17-27.

林志鹏.区域市场一体化影响经济增长的空间经济计量研究[D].广州:华南理工大学,2013.

刘朝,赵志华.第三方监管能否提高中国环境规制效率?:基于政企合谋视角[J].经济管理,2017,39(07):34-44.

刘和旺,郑世林,王宇锋.所有制类型、技术创新与企业绩效[J].中国软科学,2015

(03):28-40.

刘乃全,吴友.长三角扩容能促进区域经济共同增长吗?[J].中国工业经济,2017(6):79-97.

刘培林.地方保护和市场分割的损失[J].中国工业经济,2005(04):69-76.

刘啟仁,黄建忠.企业税负如何影响资源配置效率[J].世界经济,2018,41(01):78-100.

刘瑞明.金融压抑、所有制歧视与增长拖累:国有企业效率损失再考察[J].经济学(季刊),2011,10(02):603-618.

刘瑞明,石磊.国有企业的双重效率损失与经济增长[J].经济研究,2010,45(01):127-137.

刘瑞明.所有制结构、增长差异与地区差距:历史因素影响了增长轨迹吗?[J].经济研究,2011,46(02):16-27.

刘瑞娜,王勇.区域经济一体化:促进中国经济可持续发展的动力:基于"命运共同体"环境下的视角[J].现代经济探讨,2015(01):83-87.

刘生龙,胡鞍钢.交通基础设施与中国区域经济一体化[J].经济研究,2011(03):72-82.

刘声远.转型期间我国政府经济职能的转变与创新[D].长春:吉林大学,2004.

刘书明.基于区域经济协调发展的关中-天水经济区政府合作机制研究[D].兰州大学,2013.

刘小玄,李利英.改制对企业绩效影响的实证分析[J].中国工业经济,2005(03):5-12.

刘小玄.中国工业企业的所有制结构对效率差异的影响:1995年全国工业企业普查数据的实证分析[J].经济研究,2002(2):17-27.

刘小勇.财政分权与区域市场一体化再检验:基于面板分位数回归的实证研究[J].经济经纬,2012(05):11-16.

刘小勇,李真.财政分权与地区市场分割实证研究[J].财经研究,2008(02):88-98.

刘叶,刘伯凡.生产性服务业与制造业协同集聚对制造业效率的影响:基于中国城市群面板数据的实证研究[J].经济管理,2016(06):16-28.

刘育红,王曦."新丝绸之路"经济带交通基础设施与区域经济一体化:基于引力模型的实证研究[J].西安交通大学学报(社会科学版),2014(02):43-48.

刘再起,徐艳飞.市场化进程中地方政府经济行为模式与产业结构演进[J].经济管理,2014(09):12-23.

刘再兴.九十年代中国生产力布局与区域的协调发展[J].江汉论坛,1993(02):20-25.

刘志彪,等.全球化中国东部外向型经济发展:理论分析和战略调整[M].北京:中国财政经济出版社,2009.

刘竹青,盛丹.人民币汇率、成本加成率分布与我国制造业的资源配置[J].金融研究,2017(07):1-15.

龙硕,胡军.政企合谋视角下的环境污染:理论与实证研究[J].财经研究,2014,40(10):131-144.

娄文龙.京津冀、长三角和珠三角区域经济一体化测量和比较[J].统计与决策,2014(2):90-93.

陆铭,陈钊.分割市场的经济增长:为什么经济开放可能加剧地方保护[J].经济研究,2009(03):42-52.

路江涌,陶志刚.中国制造业区域聚集及国际比较[J].经济研究,2006(03):103-114.

罗杭.城市群一体化与政府互动的多智能体模拟[J].大连理工大学学报(社会科学版),2013,34(2):50-56.

孟庆民,杨开忠.以规模经济为主导的区域分工[J].中国软科学,2001(12):96-100.

倪国华,徐丹丹,谢志华.国有企业在不同经济发展阶段的效率图谱研究[J].数量经济技术经济研究,2016,33(07):96-111.

聂华林,王成勇.区域经济学通论[M].北京:中国社会科学出版社,2006.

聂辉华,蒋敏杰.政企合谋与矿难:来自中国省级面板数据的证据[J].经济研究,2011,46(06):146-156.

聂辉华,李金波.政企合谋与经济发展[J].经济学(季刊),2007(01):75-90.

聂辉华,谭松涛,王宇锋.创新、企业规模和市场竞争:基于中国企业层面的面板数据分析[J].世界经济,2008,(7):57-66.

欧阳志刚.中国城乡经济一体化的推进是否阻滞了城乡收入差距的扩大[J].世界经济,2014(02):116-135.

潘红波,夏新平,余明桂.政府干预、政治关联与地方国有企业并购[J].经济研究,2008(04):41-52.

皮建才,殷军.经济全球化背景下的地方政府行为与国内市场分割[J].经济管理,2012(10):1-9.

邱风,等.地方保护、市场分割与地区产业结构差异化[J].财经论丛,2015(10):103-112.

邱兆林.行政垄断、技术进步与行业收入差距:基于工业行业面板数据的实证分析[J].贵州财经大学学报,2014(06):1-9.

任志成,张二震,吕凯波.贸易开放、财政分权与国内市场分割[J].经济学动态,2014(12):44-52.

尚雪梅.基于旅游流空间结构视角的京津冀区域旅游经济一体化研究[J].商业时代,2012(21):138-139.

盛斌,毛其淋.贸易开放、国内市场一体化与中国省际经济增长:1985—2008年[J].世界经济,2011(11):44-66.

石磊.国有企业改制试点过程中存在的理论和实践问题[J].财贸研究,1995(06):14-17.

石磊,马士国.市场分割的形成机制与中国统一市场建设的制度安排[J].中国人民大学学报,2006(03):25-32.

史长宽,梁会君.行政垄断、市场进入成本与出口生产率悖论:基于中国工业省级动态面板数据的经验分析[J].经济与管理研究,2013(09):28-37.

宋冬林,范欣,赵新宇.区域发展战略、市场分割与经济增长:基于相对价格指数法的实证分析[J].财贸经济,2014(08):115-126.

宋马林,金培振.地方保护、资源错配与环境福利绩效[J].经济研究,2016(12):47-61.

宋迎昌,倪艳亭.我国城市群一体化发展测度研究.杭州师范大学学报(社会科学版)[J].2015(5):116-121.

孙久文,姚鹏.京津冀产业空间转移、地区专业化与协同发展:基于新经济地理学的分析框架[J].南开学报(哲学社会科学版),2015(01):81-89.

孙久文,原倩.我国区域政策的"泛化"、困境摆脱及其新方位找寻[J].改革,2014(4):80-87.

孙晓华,郭玉娇,周玲玲.经济一体化、地方保护主义与地区专业化[J].中南财经政法大学学报,2013(1):3-10.

谭真勇,谢里,罗能生.地方保护与产业集聚:基于空间经济模型的分析[J].南京师大学报(社会科学版),2009(01):53-58.

唐亚林.产业升级、城市群发展与区域经济社会一体化:区域治理新图景建构[J].同济大学学报(社会科学版),2015(06):55-61.

唐志军,谌莹,刘友金.地方政府竞争下的产业选择、就业和收入分配[J].大连理工大学学报(社会科学版),2012(02):44-48.

陶虎,田金方,郝书辰.科技财政,创新活动与国有企业自主创新效率:基于治理制度视角的比较分析[J].经济管理,2013(11):149-160.

田彬彬.政企合谋、企业逃税与企业绩效[D].武汉:华中科技大学,2014.

田青.国际经济一体化理论与实证研究[M].北京:中国经济出版社,2005:8.

王凤荣,董法民.地方政府竞争与中国的区域市场整合机制:中国式分权框架下的地区专业化研究[J].山东大学学报(哲学社会科学版),2013(03):11-25.

王浩,李新春,沈正平.城市群协同发展影响因素与动力机制研究:以淮海城市群为例[J].南京社会科学,2017(05):17-25.

王珏,陈雯,袁丰.基于社会网络分析的长三角地区人口迁移及演化[J].地理研究,2014(02):385-400.

王开科.区域一体化进程中的产业发展协作问题及其治理机制优化[J].经济地理,2011(10):1692-1697.

王明安,沈其新.基于区域经济一体化的府际政治协同研究[J].理论月刊,2013(12):133-136.

王圣云,翟晨阳,顾筱和.长江中游城市群空间联系网络结构及其动态演化[J].长江流域资源与环境,2016,25(03):353-364.

王文成,王诗卉.中国国有企业社会责任与企业绩效相关性研究[J].中国软科学,2014(08):131-137.

王曦.经济转型中的投资行为与投资总量[J].经济学:季刊,2005,5(4):129-146.

王晓红.城际交通引导下的长三角城市群一体化研究[J].学术论坛,2013(09):112-118.

王燕军,宗跃光,欧阳理,等.关中-天水经济区协调发展进程的社会网络分析[J].地域研究与开发,2011,30(6):18-21.

王燕,徐妍.中国制造业空间集聚对全要素生产率的影响机理研究:基于双门限回归模型的实证分析[J].财经研究,2012(3):135-144.

王永明,宋艳伟.地方政企合谋与信贷资源配置[J].广东金融学院学报,2010,25(05):62-71.

魏后凯.中国城市行政等级与规模增长[J].城市与环境研究,2014,1(01):4-17.

温军,冯根福.异质机构、企业性质与自主创新[J].经济研究,2012,47(03):53-64.

吴延兵.不同所有制企业技术创新能力考察[J].产业经济研究,2014(02):53-64.

吴延兵.企业产权结构和隶属层级对生产率的影响[J].南方经济,2011(04):16-29.

吴延兵.中国哪种所有制类型企业最具创新性?[J].世界经济,2012(06):3-25.

吴意云,朱希伟.中国为何过早进入再分散:产业政策与经济地理[J].世界经济,2015(2):140-166.

吴友,刘乃全.不同所有制企业创新的空间溢出效应[J].经济管理,2016(11):45-59.

伍贻康,周建平.区域性国际经济一体化的比较[M].北京:经济科学出版社,1994:12.

夏冬.我国企业技术创新中所有权结构作用的实证研究[J].科技进步与对策,2007,11.

夏立军,方轶强.政府控制、治理环境与公司价值:来自中国证券市场的经验证据[J].经济研究,2005(05):40-51.

肖仁桥,王宗军,钱丽.技术差距视角下我国不同性质企业创新效率研究[J].数量经济技术经济研究,2015(10):38-55.

肖仁桥,王宗军,钱丽.我国不同性质企业技术创新效率及其影响因素研究:基于两阶段价值链的视角[J].管理工程学报,2015(02):190-201.

谢姗,汪卢俊.转移支付促进区域市场整合了吗?:以京津冀为例[J].财经研究,2015(10):31-44.

行伟波,李善同.本地偏好、边界效应与市场一体化:基于中国地区间增值税流动数据的实证研究[J].经济学(季刊),2009(04):1455-1474.

行伟波,李善同.地方保护主义与中国省际贸易[J].南方经济,2012(01):58-70.

徐宝华.关于拉美地区一体化的几个问题[J].世界经济,1995(2):60-66.

徐朝阳.作为政策工具的国有企业与国企改革:基于预算软约束的视角[J].中国软科学,2014(03):32-44.

徐传谌,刘凌波.我国国有企业特殊社会责任研究[J].经济管理,2010,32(10):163-168.

徐滇庆.政府在经济发展中的作用[M].上海:上海人民出版社,1999.

徐康宁.区域协调发展的新内涵与新思路[J].江海学刊,2014(02):72-77+238.

徐现祥,李郇.市场一体化与区域协调发展[J].经济研究,2005(12):57-67.

徐现祥,李郇,王美今.区域一体化,经济增长与政治晋升[J].经济学(季刊),2007(04):1075-1096.

徐晓新,张利华.基于复合治理视角的区域一体化协调机制构建:以甘肃酒泉嘉峪一体化为例[J].中国软科学,2011(11):100-107.

许焰妮,唐娜.基于府际关系视角的区域一体化模式分析[J].北京行政学院学报,2013(04):19-24.

亚当·斯密.国富论[M].唐日松,译.北京:华夏出版社,2013:13-14、27.

杨爱平,黄泰文.域府际契约执行中地方政府的决策偏好分析:以珠三角一体化为例[J].天津行政学院学报,2014(04):32-39.

杨爱平.论区域一体化下的区域间政府合作:动因,模式及展望[J].政治学研究,2007(03):77-86.

杨凤华,王国华.长江三角洲区域市场一体化水平测度与进程分析[J].管理评论,2012(01):32-38.

杨洪焦,孙林岩,吴安波.中国制造业聚集度的变动趋势及其影响因素研究[J].中国工业经济,2008(4):64-72.

杨继生,阳建辉.行政垄断、政治庇佑与国有企业的超额成本[J].经济研究,2015(04):50-61.

杨骞.地区行政垄断与区域能源效率:基于2000—2006年省际数据的研究[J].经济评论,2010(06):70-75.

杨涛,盛柳刚.中国城市劳动力市场的一体化进程[J].经济学(季刊),2007(03):817-840.

杨友才.产权制度的空间溢出性与经济增长:基于空间面板固定效应的计量研究[J].经济问题,2010(06):4-9.

姚丽.区域经济一体化的经济增长效应空间计量研究[D].长春:东北师范大学,2015.

姚洋.非国有经济成分对我国工业企业技术效率的影响[J].经济研究,1998(12):29-35.

姚洋,章奇.中国工业企业技术效率分析[J].经济研究,2001(10):13-19.

银温泉,才婉茹.我国地方市场分割的成因和治理[J].经济研究,2001(06):3-12.

于斌斌,金刚.区域一体化对制造业产业分工及空间格局的影响:基于杭州都市经济圈的实证分析[J].技术经济,2013(12):53-62.

于光远.经济大辞典[M].上海:上海辞书出版社,1992:218.

于良春,付强.地区行政垄断与区域产业同构互动关系分析:基于省际的面板数据[J].中国工业经济,2008(06):56-66.

于良春,张伟.中国行业性行政垄断的强度与效率损失研究[J].经济研究,2010,45(03):16-27+39.

于林,于良春.地区性行政垄断的经济增长效应[J].当代财经,2010(06):12-18.

余超,杨云红.银行竞争、所有制歧视和企业生产率改善[J].经济科学,2016(02):81-92.

余东华,刘运.地方保护和市场分割的测度与辨识:基于方法论的文献综述[J].世界经济文汇,2009(01):80-93.

余霞民.地方政府竞争,产业同构与金融配置效率:以长三角经济区为例[J].上海金融,2016(05):19-24.

余振,葛伟.经济一体化与产业区位效应:基于中国东盟自贸区产业层面的面板数据分析[J].财贸经济,2014(12):87-98.

喻闻,黄季焜.从大米市场整合程度看我国粮食市场改革[J].经济研究,1998(3):51-57.

袁淳,荆新,廖冠民.国有公司的信贷优惠:信贷干预还是隐性担保?:基于信用贷款的实证检验[J].会计研究,2010(08):49-54+96.

袁凯华,李后建.政企合谋下的策略减排困境:来自工业废气层面的度量考察[J].中国人口·资源与环境,2015,25(01):134-141.

袁志刚,陆铭.关于隐性就业的理论分析[J].浙江社会科学,1998(01):9-14.

约翰·冯·杜能.孤立国同农业和国民经济的关系[M].吴衡康,译.北京:商务印书馆,2011:11-17,190.

曾国安.政府经济学[M].武汉:湖北人民出版社,2002:34-40.

曾坤生.论区域经济动态协调发展[J].中国软科学,2000(04):120-125.

曾鹏,罗艳,于渤.我国十大城市群经济一体化程度非均衡差异研究[J].科技进步与对策,2012(24):62-66.

曾庆生,陈信元.何种内部治理机制影响了公司权益代理成本:大股东与董事会治理效率的比较[J].财经研究,2006,32(2):106-117.

张建英.中国地方政府经济职能的转型研究[D].苏州:苏州大学,2009.

张紧跟.从区域行政到区域治理:当代中国区域经济一体化的发展路向[J].学术研究,2009(09):42-49.

张军,金煜.中国的金融深化和生产率关系的再检测:1987—2001[J].经济研究,2005(11):34-45.

张俊,钟春平.政企合谋与环境污染:来自中国省级面板数据的经验证据[J].华中科技大学学报(社会科学版),2014,28(04):89-97.

张鹏,等.长吉一体化区域产业空间结构的重组动力和优化[J].经济地理,2013(04):94-100.

张少军,刘志彪.区域一体化是国内价值链的"垫脚石"还是"绊脚石":以长三角为例的分析[J].财贸经济,2010(11):118-124.

张曙光.疏通传导渠道 改善金融结构:当前中国宏观经济分析[J].管理世界,2001(02):8-20+202.

张天华,张少华.中国工业企业全要素生产率的稳健估计[J].世界经济,2016,39(04):44-69.

张卫国,任燕燕,花小安.地方政府投资行为、地区性行政垄断与经济增长:基于转型期中国省级面板数据的分析[J].经济研究,2011,46(08):26-37.

张晓杰.长三角基本公共服务一体化:逻辑、目标与推进路径[J].经济体制改革,2021(01):56-62.

张学良.中国交通基础设施促进了区域经济增长吗:兼论交通基础设施的空间溢出效应[J].中国社会科学,2012(03):60-77+206.

张远军.城市化与中国省际经济增长:1987—2012:基于贸易开放的视角[J].金融研究,2014(07):49-62.

张媛媛.京津冀和长三角经济圈产业同构程度及影响因素研究[J].改革与战略,2015,31(09):129-132.

张跃胜,袁晓玲.环境污染防治机理分析:政企合谋视角[J].河南大学学报(社会科学版),2015,55(04):62-68.

张云飞.城市群内产业集聚与经济增长关系的实证研究:基于面板数据的分析[J].经济地理,2014,34(1):108-113.

章卫东,成志策,周冬华,张洪辉.上市公司过度投资、多元化经营与地方政府干预[J].经济评论,2014(03):139-152.

章元,刘修岩.聚集经济与经济增长:来自中国的经验证据[J].世界经济,2008(03):60-70.

赵骅,施美娟.西南地区制造业专业化与产业同构及对策研究[J].工业技术经济,2016,35(7):43-50.

赵奇伟,熊性美.中国三大市场分割程度的比较分析:时间走势与区域差异[J].世界经济,2009(06):41-53.

赵伟,张萃.市场一体化与中国制造业区域集聚变化趋势研究[J].数量经济技术经济研究,2009(02):18-32.

赵文哲,杨继东.地方政府财政缺口与土地出让方式:基于地方政府与国有企业互利行为的解释[J].管理世界,2015(04):11-24.

赵永亮,才国伟.市场潜力的边界效应与内外部市场一体化[J].经济研究,2009(07):119-130.

赵永亮,徐勇.国内贸易与区际边界效应:保护与偏好[J].管理世界,2007(9):37-47.

赵勇,白永秀.中国城市群功能分工测度与分析[J].中国工业经济,2012(11):18-30.

赵勇,魏后凯.政府干预、城市群空间功能分工与地区差距:兼论中国区域政策的有效性[J].管理世界,2015(08):14-29+187.

郑继承.区域经济一体化背景下我国城市群发展的战略选择:基于我国"十二五"规划区域协调发展的理论探讨[J].经济问题探索,2013(03):73-81.

郑毓盛,李崇高.中国地方分割的效率损失[J].中国社会科学,2003(01):64-72.

中国城镇化进程中两极化倾向与规模格局重构[J].中国工业经济,2014(03):18-30.

钟慧中.略论区域经济一体化贸易效应的数量评价方法[J].数量经济技术经济研究,1997(10):42-45.

周黎安.晋升博弈中政府官员的激励与合作:兼论我国地方保护主义和重复建设问题长期存在的原因[J].经济研究,2004(06):33-40.

周黎安.中国地方官员的晋升锦标赛模式研究[J].经济研究,2007(07):36-50.

周立群,夏良科.区域经济一体化的测度与比较:来自京津冀、长三角和珠三角的证据[J].江海学刊,2010(4):81-87.

朱金海.论长江三角洲区域经济一体化[J].社会科学,1995(2):11-15.

Balassa B. The Theory of Economic Integration[M]. London: Allen & Unwin, 1962: 38-42.

Beine M, Coulombe S. Economic integration and the diversification of regional exports: evidence from the Canadian-US Free Trade Agreement[J]. Journal of Economic Geography, 2006, 7(1): 93-111.

Candau F, Dienesch E. Spatial distribution of skills and regional trade integration[J]. The Annals of Regional Science, 2015, 54(2): 451-488.

Chen N. Intra-national Versus International Trade in the European Union: Why Do National Borders Matters[J]. Journal of International Economics, 2004, 63: 93-118.

Clarke, D. Corporate Governance in China: An Overview[J]. China Economic Review, 2003, 14: 494-507.

Cull R, Xu L C. Who Gets Credit? The Behavior of Bureaucrats and State Banks in Allocating Credit to Chinese State-owned Enterprises[J]. Journal of Development Economics, 2003, 71(2): 533-559.

Dunning J H, Narula R. Foreign direct investment and governments: catalysts for economic restructuring[J]. Routledge, 1996, 41(2): 170-171.

Ellison G, Glaeser E L. Geographic Concentration in US Manufacturing Industries: A Dartboard Approach[J]. Journal of Political Economy, 1997, 105(5): 889-927.

Ellison G, Glaeser E L. The Geographic Concentration of Industry: Does Natural Advantage Explain Agglomeration[J]. American Economic Review 1999, 89(2): 311-316.

Fan C S, Wei Xiang-dong. The Law of One Price: Evidence from the Transitional Economy of China[J]. Review of Economics and Statistics, 2006, 88, (6)82-97.

Feiock R C, Lee I W, Park H J, et al. Collaboration Networks among Local Elected Officials: Information, Commitment, and Risk Aversion[J]. Urban Affairs Review, 2010, 46(2): 241-262.

Flannery M J, Rangan K P. Partial Adjustment toward Target Capital Structures. Journal of Financial Economics, 2006, 79(3): 469-506.

Head K, Mayer T. Non-Europe: The Magnitude and Causes of Market Fragmentation in the EU[J]. Review of World Economics, 2000, 136(2): 284-314.

Helble M. Border Effect Estimates for France and Germany Combining International Trade and Intranational Transport Flows[J]. Review of World Economics, 2007, 143: 433-463.

Horner J, Ngai R, Olivetti C. Public Enterprises and Labor Market Performance[J]. International Economic Review, 2007, 48(2): 363-384.

Hovey M T. Corporate Governance in China: An Analysis of Ownership Changes after the 1997 Announcement[J]. Social Science Electronic Publishing, No. 811105, 2005.

Hsieh C T. Misallocation and Manufacturing TFP in China and India[J]. Social Science Electronic Publishing, 2007, 124(4): 1403-1448.

Johnson H G. The Theory of Tariff Structure with Special Reference to World Trade and Development[J], trade and development, 1956.

Kallioras D, Petrakos G. Industrial growth, economic integration and structural change: evidence from the EU new member-states[J]. Annals of Regional Science, 2010, 45(45): 667-680.

Kawai M, Petri P A. Asia's Role in the Global Economic Architecture[J]. Contemporary Economic Policy, 2010, 32(1): 230-245.

Keller W. Trade and the Transmission of Technology[J]. 2002, 7(1): 5-24.

Kleer R. Government R&D Subsidies as a Signal for Private Investors[J]. Research Policy, 2010, 39: 1361-1374.

Koppell J. Political Control for China's State-owned Enterprises: Lessons from America's Experience with Hybrid Organizations[J]. Governance, 2007, 20(2): 255-278.

Kornai J. The Soft Budget Constraint[J]. Kyklos, 1986, 39(1): 3-30.

Kriegerboden C, Soltwedel R. Identifying European Economic Integration and Globalization: A Review of Concepts and Measures[J]. Regional Studies the Journal of the Regional Studies Association, 2013, 47(9): 1425-1442.

Langbein J. (Dis-)integrating Ukraine? Domestic oligarchs, Russia, the EU, and the politics of economic integration[J]. Eurasian Geography & Economics, 2016: 1-20.

Lester T W, Mai T N. The Economic Integration of Immigrants and Regional Resilience[J]. Journal of Urban Affairs, 2016, 38(1): 42-60.

Li J, Larry D Qiu, Qunyan Sun. Interregional protection: Implications of fiscal decentralization and trade liberalization[J]. China Economics Review, 2003, 14: 227-245.

Lin Y F, Liu Z Q, Fiscal Decentralization and Economic Growth in China[J]. Economic Development and Cultural Change, 2000, 49: 1-21.

Lin Y, Meulder B D, Wang S. Understanding the "Village in the City" in Guangzhou [J]. Urban Studies, 2011, 48(16): 3583-3598.

Li Y, et al. Product innovation and process innovation in SOEs: Evidence from the Chinese transition[J]. Journal of technology transfer, 2007, 32(12): 63-85.

Longhi C, Musolesi A. European cities in the process of economic integration: towards structural convergence[J]. The Annals of Regional Science, 2007, 41(2): 333-351.

Lu J, Tao Z. Trends and determinants of China's industrial agglomeration[J]. Journal of Urban Economics, 2009, 65(2): 167-180.

Luo Y, Zhao H, Wang Y. Venturing Abroad by Emerging Market Enterprises[J]. Management International Review, 2011, 51(4): 433-459.

McCallum J. National Borders Matter: Canada-US Regional Trade Patterns[J]. American Economic Review, 1995, 85(3): 615-623.

Meade J E. Trade and welfare[J]. Oxford University Press, 1955.

Montinola, Gabriella, Qian, Yingyi and Weingast, Barry R, Federalism, Chinese Style: The Political Basis for Economic Success in China[J]. World Politics, 1995, 48: 50-81.

Naughton B. How much can Regional Integration Do to Unify China's Markets[R]. Paper on Conference for Research on Economic Development and Policy Research, Stanford University, 1999, 11: 18-20.

Naughton B. Is China Socialist? [J]. Journal of Economic Perspectives, 2017, 31(1): 3-24.

Nitsch V. National Borders and International Trade: Evidence from the European Union[J]. Canadian Journal of Economics, 2000, 33(4): 1091-1115.

Okubo T. The border effect in the Japanese market: A Gravity Model analysis[J]. Journal of the Japanese & International Economies, 2003, 18(1): 1-11.

Ottaviano G I P, Pinelli D, Market potential and productivity: evidence from finnish regions", Regional Science & Urban Economics, 2006, 36(5): 636-657.

Parsley D C, Wei S J. Convergence to the Law of One Price without Trade Barriers or Currency Fluctuations[J]. Quarterly Journal of Economics, 1996, 111(4): 1211-1236.

Parsley D C, Wei S J. Explaining the Border Effect: The Role of Exchange Rate Variability, Shipping Cost and Geography[J]. Journal of International Economics, 2001, 55(1): 87-105.

Parsley D C, Wei S J. Limiting Currency Volatility to Stimulate Goods Market Integration: A Price Based Approach[J]. NBER Working Paper 8468, 2001.

Piesse J, Hearn B A. Price Integration between Europe and Regional Markets in Africa: A Test of the Law of One Price[J]. Applied Economics, 2012, 44(24): 3169-3193.

Poncet S. A Fragmented China: Measure and Determinants of Chinese Domestic Market Disintegration[J]. Review of International Economics, 2005, 13(3): 409-430.

Poncet S. Domestic Market Fragmentation and Economic Growth in China[R]. Working Paper, 2002.

Poncet S. Measuring Chinese Domestic and International Integration[J]. China Economic Review, 2003, 14(1): 1-22.

Pérezpascual P A, Sanzcarnero B. Law of one price: evidence from the Spanish wheat market[J]. Annals of Regional Science, 2011, 47(2): 329-351.

Qian Y Y, Weigast B R, China's Transition to Markets: Market-Preserving Federalism,Chinese Style[J]. Journal of Policy Reform, 1996, 1: 149-185.

Resmini L. Regional patterns of industry location in transition countries: does economic integration with the European Union matter? [J]. Regional Studies, 2007, 41(6): 747-764.

Robson P. The Economic Integration[M]. London, 1991: 19.

Romer P M. Increasing Return and Long-Run Growth. Journal of Political Economy, 1986, 94: 1002-1037.

Rose A, Folmer H, Nijkamp P. Walter Isard's contributions to environmental economics and ecological economics[J]. International Regional Science Review, 2014, 37(1): 107-122.

Samuelson P. Theoretical Note on Trade Problem[J]. Reciew of Economics and Statistics, 1954, 46: 145-164.

Scitovsky T, Scott F G, Little I M D. Industry and Trade in Some Developing Countries A comparative Study[J]. Economic Journal, 1971, 106(81): 1-11.

S Gil-Pareja, R Llorca-Vivero, JA Martínez-Serrano, et al. The Border Effect in Spain[J]. World Economy, 2004, 28(11): 1617-1631.

Shapiro C, Willing D R. Economic Rationales for the Scope of Privatization[J]. Papers, 1990, 87(858): 393-400.

Shleifer A, Vishny R W. Politicians and firms[J]. Quarterly Journal of Economics, 1994, 109(4): 995-1025.

Sun Q. Tong W H S. China share issue privatization: the extent of its success[J]. Journal of Financial Economics, 2003(70): 183-222.

Tinbergen J. International Economic Integration[M]. Amsterdam: Elsevier, 1954.

Van Oort F, Burger M, Raspe O. On the economic foundation of the urban network paradigm: Spatial integration, functional integration and economic complementarities within the Dutch Randstad[J]. Urban Studies, 2010, 47(4): 725-748.

Viner, Jacob, The Customs Union Issue, New York: Carnegie Endowment for International Peace, 1950.

Weigast,Barry R, The Economic Role of Political Institution: Market- Preserving Federalism and Economic Growth[J]. Journal of Law, Economics and Organization, 1995, 11: 1-31.

Wei S J. Intra-national Versus International Trade: How Stubborn Are Nations in Global Integration[J]. NBER Working Paper, 1996: 5531.

Wei S J, Wu Y. Globalization and Inequality: Evidence from Within China[J]. Social Science Electronic Publishing, 2001.

Wei S J, Xie Z, Zhang X, From "Made in China" to "Innovated in China": Necessity, Prospect, and Challenges[J]. Journal of Economic Perspectives, 2017, 31(1), 49-70.

Wei Z B, Varela O. State equity ownership and firm market performance: evidence from China's newly privatized firms[J]. Global Finance Journal, 2003, 14(1): 65-82.

Wei Z B, Xie F and Zhang S. Ownership Structure and Firm Value in China's Privatized Firms: 1991-2001[J]. The Journal of financial and Quantitative analysis, 2005, 40(1): 87-108.

Wolf H C. International Home Bias in Trade[J]. Review of Economics and Statistics, 2000, 82(4): 555-563.

Wooton I. Towards a Common Market: Factor Mobility in a Customs Union[J]. Canadian Journal of Economics, 1988: 21.

Wu, Laping. Integration of China's Major Agricultural Product Markets[J]. Paper presented to the 3rd International Conference on Chinese economy, 2001.

Yamarik S, Ghosh S. Broad versus regional integration: what matters more for economic development? [J]. Journal of International Trade & Economic Development, 2015, 24(1): 43-75.

Young A., The razor's Edge: Distortions and Incremental Reform in The People's Republic of China. Quarterly Journal of Economics, 2000, 115: 1091-1135.

附　录

附表 A1　十大城市群的市场整合程度

年份	长三角	京津冀	珠三角	长江中游	中原	山东半岛	川渝	关中	海峡西岸	辽中南
1998	0.290 4	0.100 2	0.297 4	0.095 1	0.430 6	0.070 3	0.089 7	0.088 3	0.434 8	0.140 4
1999	0.229 0	0.123 3	0.158 8	0.066 7	0.301 0	0.065 6	0.169 0	0.015 4	0.629 6	0.190 0
2000	0.236 7	0.171 5	0.090 2	0.119 3	0.229 8	0.057 5	0.218 7	0.045 5	0.303 3	0.204 8
2001	0.193 2	0.116 8	0.100 6	0.213 9	0.229 5	0.041 8	0.058 7	0.036 7	0.239 1	0.100 8
2002	0.225 8	0.071 5	0.098 9	0.081 5	0.187 2	0.062 0	0.138 4	0.030 4	0.324 7	0.106 6
2003	0.302 3	0.113 5	0.136 0	0.153 6	0.122 9	0.073 6	0.158 6	0.042 0	0.328 3	0.171 6
2004	0.370 6	0.124 6	0.299 4	0.214 9	0.150 5	0.075 8	0.071 4	0.054 8	0.156 6	0.125 2
2005	0.462 7	0.140 6	0.168 5	0.179 4	0.110 2	0.060 1	0.165 7	0.078 1	0.518 6	0.230 2
2006	0.380 3	0.146 0	0.202 9	0.228 0	0.099 5	0.141 9	0.105 4	0.067 8	0.255 8	0.179 2
2007	0.570 5	0.114 8	0.250 1	0.197 0	0.215 9	0.147 4	0.081 2	0.093 6	0.362 1	0.119 5
2008	0.312 1	0.141 5	0.151 2	0.314 1	0.307 5	0.187 4	0.115 4	0.163 0	0.293 9	0.231 0
2009	0.248 8	0.124 1	0.462 4	0.261 7	0.265 5	0.214 5	0.075 3	0.123 6	0.136 2	0.293 9
2010	0.439 7	0.162 5	0.300 5	0.380 0	0.239 9	0.176 2	0.308 1	0.157 4	0.381 4	0.308 6
2011	0.366 9	0.144 2	0.678 2	0.375 2	0.391 6	0.471 1	0.097 9	0.356 0	0.198 4	0.333 1
2012	0.372 1	0.328 7	0.207 3	0.386 7	0.482 8	0.492 1	0.238 1	0.315 6	0.921 4	0.276 0
2013	0.419 2	0.305 3	0.986 7	0.207 5	0.510 4	0.746 0	0.188 7	0.126 6	0.583 2	0.671 1
2014	0.266 7	0.323 0	0.595 7	0.239 2	0.891 0	0.577 3	0.235 4	0.741 2	4.961 1	0.727 3
均值	0.345 0	0.161 9	0.305 0	0.218 5	0.303 9	0.215 4	0.148 0	0.149 2	0.386 1	0.259 4

资料来源：作者整理所得。

附表 A2　主要变量的空间自相关检验（Moran I 指数）

Moran I 指数	经济一体化	市场整合	功能分工	经济联系	国企个数比重	国企员工比重	国企产值比重	政企交互关系（方法1）	政企交互关系（方法2）
1998	0.017** (2.378)	−0.009 (−0.067)	0.043*** (4.633)	−0.035** (−2.392)	0.009* (1.673)	0.008* (1.644)	0.005 (1.329)	0.012** (2.154)	0.010* (1.735)
1999	0.004 (1.270)	−0.062*** (−4.566)	0.035*** (3.976)	−0.034** (−2.375)	−0.016 (−1.540)	−0.010** (−2.032)	−0.009 (−0.132)	−0.011 (−0.056)	−0.018** (−2.210)
2000	0.010* (1.709)	0.013** (2.023)	0.025*** (3.149)	−0.036** (−2.536)	−0.027* (−1.884)	−0.035** (−2.280)	−0.025** (−2.472)	0.006 (1.479)	−0.013 (−0.230)
2001	−0.004*** (−2.524)	0.035** (2.311)	−0.021** (−1.981)	−0.035** (−2.392)	−0.028** (−2.205)	0.012* (1.871)	0.022** (2.088)	0.073*** (7.334)	−0.017** (−2.064)
2002	0.010* (1.768)	0.035*** (4.004)	0.003 (1.189)	−0.038** (−2.176)	−0.023 (1.578)	−0.019** (2.116)	0.036*** (3.962)	0.088*** (8.562)	0.048*** (5.024)
2003	0.002** (2.059)	−0.046*** (−3.113)	0.001 (0.991)	−0.039*** (3.124)	−0.033** (−2.041)	−0.035** (−2.202)	0.025** (2.312)	0.105*** (10.165)	−0.046*** (−4.470)
2004	0.003 (1.156)	0.001 (1.005)	0.021*** (2.738)	−0.010 (0.025)	−0.036** (−2.531)	−0.036** (−2.382)	0.024*** (2.965)	0.082*** (8.22)	−0.018 (−0.708)
2005	0.005 (1.337)	0.013** (1.993)	0.032*** (3.69)	−0.042*** (−3.161)	−0.032* (−1.932)	−0.020* (−1.863)	0.021** (1.984)	0.014** (2.137)	−0.038*** (3.219)
2006	0.006*** (2.413)	−0.024** (−2.218)	0.033*** (3.761)	−0.049*** (4.104)	−0.035** (2.409)	−0.021** (−2.040)	0.005 (1.337)	0.028*** (3.356)	−0.035*** (−3.176)

续 表

Moran I 指数	经济一体化	市场整合	功能分工	经济联系	国企个数比重	国企员工比重	国企产值比重	政企交互关系(方法1)	政企交互关系(方法2)
2007	0.010* (1.749)	0.055*** (5.69)	0.048*** (5.09)	−0.049*** (4.013)	−0.033** (−2.267)	−0.009* (1.641)	0.012* (1.902)	0.055*** (5.76)	−0.009 (0.122)
2008	0.007** (2.46)	0.038*** (4.247)	0.046*** (4.911)	−0.050*** (4.122)	−0.038*** (−2.690)	−0.026 (−1.339)	−0.018* (2.004)	0.074*** (7.607)	−0.013 (−0.259)
2009	0.009** (2.105)	0.014** (2.152)	0.031*** (3.565)	−0.049*** (−3.811)	−0.022 (−1.074)	0.029*** (3.383)	−0.021** (−2.116)	0.031*** (3.667)	−0.019 (−0.752)
2010	0.010** (2.029)	0.031*** (2.949)	0.037*** (4.067)	−0.041*** (−3.976)	−0.038*** (−2.700)	−0.021* (−1.911)	−0.025** (−2.299)	0.039*** (4.334)	−0.007 (0.302)
2011	0.014** (2.318)	0.016** (2.474)	0.043*** (4.62)	−0.044*** (−3.209)	−0.036** (2.344)	−0.008 (0.221)	−0.018 (−0.696)	0.015** (2.291)	0.003 (1.146)
2012	−0.002 (−0.692)	−0.012 (−0.146)	0.082*** (8.021)	−0.045*** (−3.271)	−0.033 (−2.248)	0.029*** (3.359)	−0.012 (−0.147)	0.113*** (10.729)	−0.01 (−0.033)
2013	−0.004*** (−2.547)	−0.025** (−2.29)	0.071*** (7.051)	−0.030* (−1.773)	−0.030** (2.051)	0.005 (1.321)	−0.036*** (3.338)	0.113*** (10.845)	−0.041*** (−2.739)
2014	−0.008** (−2.188)	−0.053*** (−3.717)	0.047*** (4.975)	−0.038** (−2.597)	−0.009* (1.718)	−0.033** (2.010)	−0.008 (0.157)	0.066*** (6.611)	−0.021 (−0.971)

注：此处计算的空间 Moran I 指数采用权重 1 测算所得，括号内为 Z 统计量。
资料来源：作者整理所得。

附表 A3　10 个城市群的政企交互关系与市场整合（企业个数占比）

市场整合	(1) 长三角	(2) 川渝	(3) 关中	(4) 海峡西岸	(5) 京津冀	(6) 辽中南	(7) 山东半岛	(8) 长江中游	(9) 中原	(10) 珠三角
企业个数占比	-0.046 3*** (0.010 2)	0.060 5 (0.069 6)	0.428 2 (0.342 0)	0.161 4* (0.087 7)	-0.132 8** (0.061 8)	0.048 8 (0.043 0)	-0.182 3** (0.063 6)	0.041 7 (0.069 3)	0.137 2 (0.079 5)	-0.051 5* (0.028 1)
政企交互关系	-1.762 8** (0.726 2)	-0.137 8*** (0.044 7)	-0.805 7 (0.615 5)	-0.541 5 (0.220 7)	-0.137 5*** (0.040 2)	-0.540 6 (0.437 6)	-0.759 9 (0.438 6)	-0.026 8 (0.101 2)	-0.091 6 (0.132 7)	-0.943 4* (0.483 4)
开放度	-1.915 9*** (0.638 8)	2.354 1** (0.884 5)	-2.280 6 (15.294 2)	-0.476 6 (1.979 8)	-0.624 0 (2.770 5)	-3.550 5 (2.663 5)	2.223 5 (3.960 5)	4.942 7 (4.176 7)	5.074 7 (7.397 0)	0.333 8 (1.107 1)
开放度平方	7.521 9*** (2.875 8)	-10.129 7** (3.486 6)	164.622 1 (200.037 3)	9.790 2* (5.167 1)	1.530 3 (11.845 4)	18.882 5 (18.802 9)	-3.373 1 (23.022 1)	2.917 7 (43.397 7)	37.843 7 (144.582 3)	0.818 1 (1.738 1)
城市化率	-0.006 4 (0.045 8)	-0.688 4** (0.264 9)	1.527 6 (1.041 2)	0.720 5 (0.631 5)	0.116 1 (0.356 2)	0.161 9 (0.379 1)	0.899 6* (0.454 4)	0.260 6 (0.226 1)	1.176 6 (0.681 2)	0.151 5 (0.149 8)
基础设施建设	0.119 6 (0.141 5)	0.020 8 (0.035 7)	0.175 6 (0.217 2)	-0.282 7 (0.266 2)	0.212 9 (0.236 3)	0.387 3* (0.209 9)	-0.709 6 (1.026 6)	-0.425 4* (0.239 6)	-0.089 1 (0.156 2)	0.471 8* (0.232 0)
经济基础	0.058 2 (0.067 8)	0.059 1 (0.056 5)	1.481 9*** (0.420 2)	0.111 5 (0.286 1)	0.275 1** (0.123 2)	-0.133 3 (0.137 9)	-0.179 7 (0.199 0)	-0.171 0** (0.066 7)	-0.425 2** (0.176 9)	-0.083 7 (0.062 8)
产业结构	-0.027 9 (0.021 1)	-0.001 3 (0.005 6)	0.002 4 (0.032 7)	-0.186 3* (0.105 9)	0.044 2 (0.045 8)	0.135 4* (0.071 8)	-0.303 3*** (0.129 0)	0.279 9*** (0.076 8)	0.105 8 (0.176 7)	0.062 0* (0.030 9)

续　表

市场整合	(1) 长三角	(2) 川渝	(3) 关中	(4) 海峡西岸	(5) 京津冀	(6) 辽中南	(7) 山东半岛	(8) 长江中游	(9) 中原	(10) 珠三角
人口密度	−0.306 1** (0.111 0)	0.508 1 (0.500 7)	1.631 4*** (0.471 1)	0.958 1** (0.444 1)	0.179 4 (0.375 7)	−2.654 0 (1.644 1)	−4.503 6** (1.602 7)	−0.679 4 (0.430 1)	0.098 4 (0.619 9)	0.079 8 (0.110 1)
工资水平	0.016 1 (0.050 5)	−0.026 8 (0.058 0)	−1.062 3* (0.552 0)	0.112 7 (0.308 0)	−0.237 0** (0.109 6)	0.312 4 (0.224 2)	0.424 2 (0.346 3)	0.103 1** (0.038 3)	0.309 3 (0.214 1)	0.237 2*** (0.066 1)
常数项	9.056 3*** (2.963 1)	−2.574 1 (3.028 8)	−16.511 1*** (2.790 1)	−5.176 7 (3.698 1)	−0.767 9 (2.823 4)	15.631 6 (9.264 9)	29.721 7*** (9.330 1)	4.926 9** (2.307 5)	0.623 9 (3.604 3)	1.985 7 (2.620 3)
N	272	187	85	119	221	170	136	204	153	153
组内 R^2	0.200 8	0.148 8	0.547 0	0.220 3	0.103 5	0.118 4	0.181 6	0.088 4	0.185 9	0.198 0

注：*** $p<0.01$，** $p<0.05$，* $p<0.10$，括号内数字为对应系数的标准差，采用固定效应面板模型。

资料来源：作者整理所得。

附表 A4　10 个城市群的政企交互关系与市场整合（从业人员占比）

市场整合	（1）长三角	（2）川渝	（3）关中	（4）海峡西岸	（5）京津冀	（6）辽中南	（7）山东半岛	（8）长江中游	（9）中原	（10）珠三角
从业人员占比	−0.029 9** (0.014 9)	−0.109 2** (0.039 0)	0.363 5 (0.321 5)	−0.062 1 (0.089 3)	−0.060 3 (0.057 0)	−0.073 1 (0.092 2)	−0.063 0 (0.078 5)	−0.311 3** (0.114 8)	−0.111 6 (0.113 6)	0.026 8 (0.047 1)
政企交互关系	−1.772 8** (0.753 4)	−0.145 4*** (0.044 6)	0.861 5 (0.582 7)	−0.547 7** (0.216 2)	−0.096 5 (0.346 3)	−0.582 3 (0.430 3)	−0.732 3 (0.462 7)	−0.075 0 (0.090 1)	−0.081 0 (0.130 5)	−0.943 3* (0.510 2)
开放度	−1.929 4** (0.702 8)	1.987 1** (0.766 1)	−0.904 7 (14.630 4)	0.238 3 (2.080 7)	−1.052 2 (3.016 7)	−3.708 5 (2.629 0)	2.886 5 (4.151 7)	3.249 2 (3.261 2)	4.864 2 (7.407 1)	0.322 1 (1.070 0)
开放度平方	7.603 0** (3.113 8)	−9.158 9*** (3.005 8)	123.892 2 (202.158 7)	6.755 6 (4.011 5)	3.819 3 (12.590 5)	19.056 7 (18.716 8)	−8.286 5 (24.317 9)	10.282 1 (37.822 0)	65.608 6 (150.332 5)	0.871 0 (1.688 7)
城市化率	−0.002 6 (0.049 1)	−0.674 3** (0.266 5)	1.525 6 (1.040 9)	0.785 0 (0.649 4)	0.109 1 (0.349 2)	0.132 6 (0.373 8)	1.065 9** (0.396 9)	0.392 1 (0.235 6)	1.204 1 (0.694 5)	0.116 1 (0.150 9)
基础设施建设	0.124 7 (0.140 3)	0.032 8 (0.031 8)	0.218 0 (0.231 4)	−0.252 3 (0.284 8)	0.121 9 (0.233 0)	0.432 9* (0.209 3)	−0.433 0 (0.991 1)	−0.541 7** (0.213 7)	−0.117 3 (0.164 1)	0.471 2** (0.210 3)
经济基础	0.058 9 (0.067 4)	0.071 1 (0.054 2)	1.470 6*** (0.427 3)	0.118 2 (0.288 9)	0.261 7* (0.137 1)	−0.134 7 (0.139 9)	−0.123 9 (0.234 8)	−0.216 0*** (0.072 8)	−0.439 6* (0.211 8)	−0.073 8 (0.059 6)
产业结构	−0.029 2 (0.018 8)	−0.005 6 (0.005 6)	−0.002 2 (0.036 3)	−0.192 2 (0.112 3)	0.064 2 (0.054 7)	0.115 1 (0.067 2)	−0.287 4** (0.125 5)	0.288 3*** (0.081 9)	0.079 6 (0.172 8)	0.060 7** (0.030 2)

续 表

市场整合	(1)长三角	(2)川渝	(3)关中	(4)海峡西岸	(5)京津冀	(6)辽中南	(7)山东半岛	(8)长江中游	(9)中原	(10)珠三角
人口密度	-0.329 2*** (0.107 0)	0.740 7 (0.454 8)	1.600 9*** (0.489 7)	0.759 2* (0.368 1)	0.112 1 (0.349 4)	-2.620 8 (1.665 9)	-4.904 2*** (1.664 0)	-0.762 1* (0.388 2)	0.162 7 (0.638 8)	0.084 1 (0.112 6)
工资水平	0.016 1 (0.053 3)	-0.045 8 (0.054 7)	-1.071 5* (0.555 3)	0.107 5 (0.311 9)	-0.236 4* (0.117 0)	0.310 4 (0.226 8)	0.358 9 (0.359 4)	0.111 8** (0.050 4)	0.304 0 (0.251 6)	0.235 8*** (0.066 2)
常数项	9.246 3*** (3.101 7)	-3.840 1 (2.646 0)	-16.458 8*** (2.725 7)	-3.914 8 (3.142 1)	-0.398 3 (2.414 1)	15.727 4 (9.445 6)	31.900 5*** (9.879 0)	6.188 0*** (2.304 8)	0.469 1 (3.671 7)	1.856 2 (2.735 3)
N	-0.025 9	-0.109 2**	0.363 5	-0.062 1	-0.060 3	-0.073 1	-0.063 0	-0.311 3**	-0.111 6	0.026 8
组内 R^2	0.201 7	0.174 3	0.541 7	0.213 2	0.070 3	0.119 5	0.171 3	0.121 1	0.180 7	0.195 3

注：*** p＜0.01，** p＜0.05，* p＜0.10；括号内数字为对应系数的标准差，采用固定效应面板模型。
资料来源：作者整理所得。

附表 A5　10 个城市群的政企交互关系与功能分工（企业个数占比）

市场整合	(1)长三角	(2)川渝	(3)关中	(4)海峡西岸	(5)京津冀	(6)辽中南	(7)山东半岛	(8)长江中游	(9)中原	(10)珠三角
企业个数占比	−0.068 5** (0.031 5)	0.030 8 (0.037 2)	0.015 3 (0.033 6)	0.031 9 (0.024 8)	0.034 4 (0.039 9)	0.000 9 (0.047 6)	−0.005 1 (0.112 4)	−0.032 3 (0.043 3)	0.036 2 (0.020 9)	0.045 9 (0.109 0)
政企交互关系	−1.468 7*** (0.486 2)	−0.068 4 (0.057 0)	0.004 4 (0.096 6)	0.045 8 (0.053 8)	−0.456 2** (0.193 8)	−0.296 5 (0.341 1)	0.556 1 (0.447 6)	−0.211 9*** (0.076 2)	−0.021 0** (0.009 5)	−0.574 3** (0.239 6)
开放度	−4.891 0** (2.080 7)	0.396 2 (0.410 2)	6.482 5*** (2.144 0)	−1.358 3* (0.773 9)	3.931 1 (3.582 5)	−4.370 6*** (1.020 6)	−3.942 9 (3.194 3)	−0.956 1 (1.689 1)	−0.766 3 (1.987 3)	4.306 5** (2.152 2)
开放度平方	16.396 4 (11.491 4)	−0.520 4 (1.404 0)	−33.129 6 (45.029 2)	5.955 9** (2.373 9)	−24.218 3 (23.618 6)	20.101 7* (10.166 3)	−4.299 4 (18.821 0)	−19.220 3 (13.650 7)	30.989 1 (46.786 5)	−8.341 3** (3.714 1)
城市化率	−0.273 9** (0.106 9)	0.197 2 (0.404 2)	−0.855 6*** (0.152 9)	−0.336 8 (0.205 8)	0.211 7 (0.299 3)	2.563 9*** (0.457 2)	0.142 1 (0.556 8)	−0.157 7 (0.106 8)	0.072 1 (0.206 3)	−0.170 2 (0.457 7)
基础设施建设	0.702 3*** (0.199 3)	−0.089 5*** (0.027 3)	−0.088 4** (0.039 3)	−0.050 2 (0.086 2)	1.881 3** (0.799 9)	0.541 4** (0.229 9)	6.197 9*** (1.506 3)	0.163 3** (0.076 5)	−0.232 7** (0.098 7)	−1.842 8*** (0.351 6)
经济基础	0.140 8 (0.147 5)	0.127 8*** (0.041 4)	0.186 2 (0.151 2)	−0.000 6 (0.127 2)	0.044 3 (0.050 3)	0.809 0*** (0.167 4)	−0.591 8 (0.347 6)	0.131 4*** (0.041 9)	−0.106 0 (0.063 5)	0.010 2 (0.114 7)
产业结构	0.276 0*** (0.029 1)	−0.015 7* (0.008 2)	0.041 6** (0.017 0)	0.066 6*** (0.013 5)	0.231 8** (0.091 6)	0.511 2*** (0.147 7)	0.017 0 (0.110 9)	0.146 2*** (0.055 0)	0.568 8*** (0.032 6)	0.354 0*** (0.044 7)

续　表

市场整合	(1) 长三角	(2) 川渝	(3) 关中	(4) 海峡西岸	(5) 京津冀	(6) 辽中南	(7) 山东半岛	(8) 长江中游	(9) 中原	(10) 珠三角
人口密度	1.246 7*** (0.357 2)	−0.777 3 (0.768 1)	−0.019 4 (0.184 8)	0.572 4*** (0.129 2)	−0.267 3 (0.315 2)	−5.273 6** (2.275 3)	−0.362 1 (2.361 2)	0.131 4 (0.193 5)	0.134 9 (0.162 7)	0.002 0 (0.090 8)
工资水平	0.196 1 (0.211 9)	−0.068 1* (0.032 4)	−0.156 9 (0.165 0)	0.211 7 (0.185 8)	0.153 3 (0.124 6)	−0.338 6 (0.233 3)	0.834 5* (0.456 9)	−0.078 0** (0.036 2)	0.055 5 (0.060 8)	0.781 4*** (0.136 8)
常数项	−3.762 9 (3.220 6)	6.008 6 (4.716 4)	1.878 8* (0.890 2)	−4.017 8*** (0.971 8)	2.057 5 (1.588 7)	26.405 4* (12.681 5)	−2.020 0 (16.291 8)	0.922 2 (1.170 6)	0.785 2 (0.946 6)	−4.170 8* (2.276 2)
N	272	187	85	119	221	170	136	204	153	153
组内 R^2	0.861 5	0.444 1	0.404 5	0.724 6	0.208 0	0.732 4	0.319 5	0.285 0	0.779 1	0.809 7

注：*** $p<0.01$，** $p<0.05$，* $p<0.10$，括号内数字为对应系数的标准差，采用固定效应面板模型。
资料来源：作者整理所得。

附表 A6　10 个城市群的政企交互关系与功能分工（从业人员占比）

市场整合	(1) 长三角	(2) 川渝	(3) 关中	(4) 海峡西岸	(5) 京津冀	(6) 辽中南	(7) 山东半岛	(8) 长江中游	(9) 中原	(10) 珠三角
从业人员占比	−1.511 4*** (0.494 0)	−0.069 3 (0.053 9)	−0.049 9 (0.102 4)	0.043 2 (0.053 6)	−0.455 6** (0.198 8)	−0.307 9 (0.362 0)	0.621 1 (0.467 6)	−0.227 1** (0.082 5)	0.025 8** (0.010 0)	−0.304 1 (0.483 3)
政企交互关系	−0.525 1* (0.276 0)	0.719 9 (0.390 9)	2.104 3** (0.978 5)	−4.090 4*** (1.139 9)	−0.897 4** (0.380 9)	0.677 5** (0.257 3)	0.093 5 (15.455 2)	1.353 1 (1.205 7)	0.712 1 (0.947 7)	−3.905 3* (2.172 3)
开放度	−4.981 6** (2.143 5)	0.477 6 (0.526 0)	5.743 0** (2.245 6)	−1.169 1 (0.739 3)	4.233 6 (3.680 1)	−4.461 1*** (0.923 7)	−4.745 0 (3.246 0)	−1.209 9 (1.570 3)	−1.085 1 (2.001 5)	4.399 8** (1.950 4)
开放度平方	16.894 6 (11.802 5)	−0.604 8 (1.757 1)	−15.427 5 (56.783 4)	5.440 9** (2.337 4)	−25.201 0 (24.409 1)	20.231 3* (9.743 1)	3.281 9 (18.008 6)	−16.791 6 (12.697 7)	41.381 3 (45.155 9)	−8.511 9** (3.511 9)
城市化率	−0.262 4** (0.105 9)	0.192 1 (0.405 8)	−0.790 0*** (0.162 1)	−0.335 4 (0.207 5)	0.202 8 (0.298 1)	2.552 9*** (0.460 1)	0.303 7 (0.436 7)	−0.159 2* (0.090 3)	0.073 4 (0.203 4)	−0.151 5 (0.436 3)
基础设施建设	0.720 4*** (0.185 5)	−0.083 7*** (0.026 4)	−0.071 4 (0.042 3)	−0.027 2 (0.084 1)	1.922 3** (0.807 1)	0.556 8** (0.253 1)	6.190 8*** (1.465 6)	0.145 2* (0.078 9)	−0.228 6** (0.103 4)	−1.866 3*** (0.409 7)
经济基础	0.138 0 (0.164 9)	0.102 0** (0.041 5)	0.239 8 (0.174 3)	0.003 4 (0.122 2)	0.041 3 (0.047 4)	0.796 2*** (0.168 5)	−0.602 2 (0.360 4)	0.123 9*** (0.039 6)	−0.118 4 (0.073 0)	0.005 5 (0.108 0)
产业结构	0.272 7*** (0.031 1)	−0.012 8 (0.007 7)	0.041 8** (0.017 2)	0.067 4*** (0.014 5)	0.226 5*** (0.090 9)	0.504 7*** (0.138 2)	0.025 3 (0.103 2)	0.135 2** (0.061 8)	0.558 9*** (0.034 8)	0.354 8*** (0.048 2)

续 表

市场整合	(1) 长三角	(2) 川渝	(3) 关中	(4) 海峡西岸	(5) 京津冀	(6) 辽中南	(7) 山东半岛	(8) 长江中游	(9) 中原	(10) 珠三角
人口密度	1.160 8*** (0.350 4)	−0.756 1 (0.721 9)	0.038 3 (0.222 1)	0.569 8*** (0.143 5)	−0.240 8 (0.301 1)	−5.292 4** (2.239 7)	−0.695 2 (2.242 3)	0.085 1 (0.208 0)	0.154 8 (0.163 5)	−0.001 1 (0.097 7)
工资水平	0.203 0 (0.231 3)	−0.030 3 (0.034 3)	−0.237 6 (0.196 1)	0.214 8 (0.182 4)	0.157 1 (0.127 1)	−0.332 7 (0.234 7)	0.812 9* (0.438 5)	−0.073 2* (0.040 9)	0.064 5 (0.071 7)	0.777 9*** (0.145 1)
常数项	−0.085 9** (0.035 3)	0.080 4*** (0.027 3)	−0.154 4* (0.077 4)	0.037 2 (0.047 1)	−0.035 8 (0.051 7)	−0.081 9 (0.102 5)	−0.224 3 (0.229 6)	−0.100 4** (0.047 2)	−0.055 4* (0.031 5)	−0.065 6 (0.148 4)
N	272	187	85	119	221	170	136	204	153	153
组内 R^2	0.861 5	0.474 7	0.430 8	0.724 7	0.207 6	0.733 6	0.325 8	0.300 3	0.781 0	0.809 7

注：*** $p<0.01$，** $p<0.05$，* $p<0.10$，括号内数字为对应系数的标准差，采用固定效应面板模型。
资料来源：作者整理所得。

附表 A7　10 个城市群的政企交互关系与经济联系（企业个数占比）

市场整合	（1）长三角	（2）川渝	（3）关中	（4）海峡西岸	（5）京津冀	（6）辽中南	（7）山东半岛	（8）长江中游	（9）中原	（10）珠三角
企业个数占比	−0.154 9*** (0.043 6)	−0.058 2 (0.121 7)	0.043 3 (0.221 3)	−0.054 0 (0.069 2)	0.057 2 (0.119 9)	−0.076 0** (0.033 3)	−0.024 5 (0.043 3)	0.045 6 (0.069 6)	−0.033 6 (0.045 2)	−0.164 9 (0.171 0)
政企交互关系	−0.276 2*** (0.085 5)	−0.106 9 (0.188 8)	−0.130 6 (0.254 2)	−0.245 2*** (0.068 2)	0.096 9 (0.243 8)	−0.321 3 (0.190 3)	−0.355 7*** (0.129 1)	−0.069 9 (0.098 6)	−0.105 5*** (0.018 1)	−0.831 4*** (0.234 1)
开放度	−1.528 8 (2.048 2)	2.004 7 (1.363 5)	−5.964 8 (7.345 6)	0.555 1 (2.390 7)	0.324 8 (3.138 6)	0.599 3 (1.825 6)	−2.304 6 (1.737 5)	−4.709 7 (3.477 3)	1.081 1 (5.645 7)	−2.491 4 (3.443 6)
开放度平方	4.141 1 (10.115 3)	−7.454 6 (4.589 1)	140.111 8 (198.071 7)	9.830 7 (7.500 3)	−26.438 7* (13.397 3)	−15.946 8 (11.107 7)	7.876 5 (11.419 8)	30.066 6 (28.472 4)	115.351 5 (115.240 5)	4.739 9 (6.825 5)
城市化率	0.515 6 (0.303 4)	0.970 3* (0.534 1)	2.343 2** (0.803 2)	1.773 0*** (0.248 2)	−0.057 2 (0.506 4)	0.029 1 (0.397 0)	0.881 9*** (0.207 5)	1.483 0*** (0.196 7)	−1.538 3*** (0.502 0)	3.438 0*** (0.632 2)
基础设施建设	1.186 5* (0.663 9)	0.344 0** (0.122 8)	0.634 7*** (0.186 8)	0.280 4** (0.100 7)	0.965 8*** (0.292 0)	2.205 5*** (0.150 2)	−0.065 5 (0.594 5)	0.327 8 (0.203 8)	−0.108 8 (0.375 8)	2.382 6*** (0.676 1)
经济基础	1.038 9*** (0.183 4)	1.392 3*** (0.146 0)	1.572 2*** (0.235 7)	1.397 6*** (0.137 8)	1.008 9*** (0.127 1)	1.109 1*** (0.081 6)	0.970 3*** (0.064 8)	0.966 5*** (0.116 0)	−0.078 7 (0.239 8)	0.875 9*** (0.269 4)
产业结构	0.157 7** (0.064 3)	−0.033 1 (0.031 6)	−0.100 4 (0.070 5)	0.090 9** (0.033 5)	0.407 2*** (0.092 3)	−0.138 0 (0.090 3)	−0.057 3 (0.067 3)	0.365 4*** (0.125 3)	0.076 0 (0.072 2)	−0.061 3 (0.053 8)

续　表

市场整合	(1)长三角	(2)川渝	(3)关中	(4)海峡西岸	(5)京津冀	(6)辽中南	(7)山东半岛	(8)长江中游	(9)中原	(10)珠三角
人口密度	2.024 7*** (0.530 5)	1.884 2** (0.828 8)	2.248 1*** (0.392 7)	2.710 1*** (0.497 1)	2.940 7*** (0.853 4)	1.591 8** (0.745 2)	1.670 6** (0.594 5)	1.354 9*** (0.243 7)	−1.939 7*** (0.277 2)	1.226 2*** (0.239 2)
工资水平	0.646 5*** (0.191 6)	0.180 5 (0.218 4)	−0.527 8* (0.299 3)	−0.327 3* (0.182 7)	−0.008 9 (0.118 5)	0.079 8 (0.120 2)	0.198 9* (0.102 3)	−0.094 8 (0.074 6)	1.240 6*** (0.269 2)	0.724 7*** (0.221 1)
常数项	−22.121 9** (8.213 6)	−24.937 3*** (4.934 3)	−20.785 3*** (2.971 9)	−25.525 5*** (3.159 0)	−26.487 9*** (5.073 9)	−20.160 0*** (3.927 2)	−18.546 8*** (3.950 1)	−15.321 9*** (1.564 6)	3.126 4** (1.434 0)	−25.907 2*** (3.903 7)
N	272	187	85	119	221	170	136	204	153	153
组内 R^2	0.956 0	0.959 2	0.954 1	0.948 8	0.861 4	0.958 6	0.971 8	0.940 7	0.924 2	0.893 7

注：*** $p<0.01$，** $p<0.05$，* $p<0.10$。括号内数字为对应系数的标准差，采用固定效应面板模型。

资料来源：作者整理所得。

附表 A8 10 个城市群的政企交互关系与经济联系（从业人员占比）

市场整合	(1) 长三角	(2) 川渝	(3) 关中	(4) 海峡西岸	(5) 京津冀	(6) 辽中南	(7) 山东半岛	(8) 长江中游	(9) 中原	(10) 珠三角
从业人员占比	0.0577 (0.0471)	−0.1718 (0.1475)	0.1850 (0.2208)	−0.0491 (0.0804)	−0.2116 (0.1435)	−0.0226 (0.0797)	0.027 (0.0849)	−0.0180 (0.0720)	−0.2698*** (0.0750)	0.2958* (0.1621)
政企交互关系	−0.3784*** (0.1328)	0.1081 (0.1918)	−0.0752 (0.2518)	−0.2412*** (0.0748)	−0.2310 (0.1510)	0.2683 (0.2007)	−0.3622** (0.1421)	−0.0731 (0.0988)	0.1256*** (0.0199)	0.9809 (1.0457)
开放度	−2.1097 (2.2198)	1.8120 (1.6143)	−5.1275 (7.4757)	0.2481 (2.3532)	1.3938 (2.8080)	0.4525 (1.7491)	−2.0851 (1.7226)	−5.0838 (3.4897)	−1.8736 (5.2089)	−2.9464 (3.4376)
开放度平方	7.0138 (10.1445)	−7.2111 (5.4939)	119.0321 (199.7987)	10.7266 (6.9331)	−29.2234** (12.0083)	−15.8186 (10.4253)	5.9892 (11.5866)	30.4424 (29.1684)	143.6772 (111.7239)	5.5308 (6.9470)
城市化率	0.4927 (0.3021)	0.9819* (0.5012)	2.2849*** (0.8382)	1.7674*** (0.2431)	−0.1036 (0.4647)	−0.0047 (0.4107)	0.8792*** (0.1924)	1.5321*** (0.1886)	−1.6128*** (0.5127)	3.3893*** (0.5627)
基础设施建设	1.1899 (0.6850)	0.3332** (0.1234)	0.6253*** (0.1763)	0.2462* (0.1212)	1.0853*** (0.2975)	2.2599*** (0.1458)	−0.0261 (0.6497)	0.3027 (0.2001)	0.0294 (0.3443)	2.5019*** (0.7495)
经济基础	0.9666*** (0.1844)	1.4457*** (0.1773)	1.5233*** (0.2169)	1.3915*** (0.1389)	0.9847*** (0.1143)	1.1215*** (0.0875)	0.9797*** (0.0594)	0.9573*** (0.1103)	−0.1735 (0.2183)	0.8869*** (0.2455)
产业结构	0.1694** (0.0708)	−0.0393 (0.0334)	−0.1011 (0.0705)	0.0902** (0.0343)	0.3979*** (0.0799)	−0.1626* (0.0915)	−0.0564 (0.0704)	0.3788*** (0.1201)	0.0484 (0.0784)	−0.0638 (0.0612)

续　表

市场整合	(1)长三角	(2)川渝	(3)关中	(4)海峡西岸	(5)京津冀	(6)辽中南	(7)山东半岛	(8)长江中游	(9)中原	(10)珠三角
人口密度	1.956 8*** (0.572 0)	1.858 1** (0.661 1)	2.193 0*** (0.392 0)	2.724 8*** (0.452 8)	3.011 3*** (0.811 4)	1.665 6** (0.740 8)	1.668 1** (0.613 7)	1.368 7*** (0.265 0)	−1.921 8*** (0.259 3)	1.236 7*** (0.229 4)
工资水平	0.739 2*** (0.188 9)	0.102 2 (0.247 6)	−0.457 6 (0.268 0)	−0.331 4* (0.178 0)	0.009 4 (0.109 9)	0.069 7 (0.125 3)	0.193 3** (0.090 9)	−0.096 2 (0.074 1)	1.360 7*** (0.249 2)	0.744 2*** (0.214 9)
常数项	−21.482 1** (8.491 9)	−24.443 3*** (3.785 8)	−20.977 9*** (2.925 9)	−25.492 9*** (2.971 9)	−26.944 4*** (4.889 2)	−20.317 7*** (3.952 8)	−18.581 4*** (3.907 3)	−15.271 6*** (1.736 0)	2.795 8* (1.541 2)	−27.078 3*** (4.095 2)
N	272	187	85	119	221	170	136	204	153	153
组内 R^2	0.955 1	0.959 9	0.954 6	0.948 8	0.863 4	0.958 2	0.971 8	0.940 6	0.927 5	0.894 4

注：*** $p<0.01$，** $p<0.05$，* $p<0.10$，括号内数字为对应系数的标准差，采用固定效应面板模型。
资料来源：作者整理所得。

附表 A9　10 个城市群的政企交互关系与经济一体化（企业个数占比）

市场整合	(1) 长三角	(2) 川渝	(3) 关中	(4) 海峡西岸	(5) 京津冀	(6) 辽中南	(7) 山东半岛	(8) 长江中游	(9) 中原	(10) 珠三角
企业个数占比	−0.157 4** (0.054 4)	−0.009 3 (0.089 9)	0.101 7 (0.208 0)	0.008 8 (0.058 1)	0.044 9 (0.093 6)	0.059 7 (0.045 6)	−0.046 4 (0.098 8)	0.014 1 (0.051 1)	0.022 4 (0.042 1)	−0.087 6 (0.067 3)
政企交互关系	−2.174 9 (1.350 5)	0.004 7 (0.157 4)	0.028 6 (0.231 5)	−0.212 6** (0.086 2)	−0.288 8* (0.105 6)	−0.068 6 (0.184 3)	0.044 7 (0.384 7)	−0.203 0** (0.091 7)	0.074 2** (0.027 1)	0.239 5 (0.389 2)
开放度	−4.813 0** (2.047 5)	1.993 0** (0.718 5)	0.213 5 (7.703 3)	−0.657 2 (1.628 0)	2.940 0 (3.665 7)	−3.216 0*** (0.880 3)	−4.077 4* (2.005 8)	−3.205 8 (1.915 0)	0.918 2 (3.608 6)	1.414 2 (2.078 7)
开放度平方	15.617 4 (10.112 8)	−6.927 1** (2.588 2)	95.886 9 (171.403 1)	12.387 9** (5.506 8)	−35.194 8 (21.297 7)	6.113 6 (7.687 9)	1.848 7 (14.288 5)	7.305 6 (15.225 0)	106.596 9 (74.153 4)	−2.588 9 (3.768 2)
城市化率	0.157 0 (0.265 5)	0.707 7 (0.553 7)	1.213 4* (0.655 0)	1.077 8*** (0.266 2)	0.128 5 (0.454 1)	1.873 4*** (0.275 2)	0.834 4** (0.384 6)	0.941 2*** (0.144 7)	−0.835 1** (0.295 8)	2.256 8** (0.413 3)
基础设施建设	1.331 8** (0.511 7)	0.174 9* (0.090 0)	0.397 1*** (0.129 0)	0.116 1 (0.115 1)	2.035 5*** (0.621 0)	1.953 7*** (0.214 4)	4.278 5*** (1.299 5)	0.280 6* (0.140 3)	−0.253 4 (0.296 4)	0.385 0 (0.267 8)
经济基础	0.821 0*** (0.118 9)	1.054 1*** (0.118 2)	1.422 2*** (0.285 1)	0.973 5*** (0.071 8)	0.762 5*** (0.112 8)	1.318 8*** (0.099 2)	0.217 (0.256 6)	0.732 0*** (0.077 0)	−0.190 3 (0.176 6)	0.595 7*** (0.172 5)
产业结构	0.301 1*** (0.060 8)	−0.034 1 (0.020 5)	−0.038 8 (0.051 3)	0.083 3*** (0.026 5)	0.451 0*** (0.099 7)	0.289 7*** (0.059 9)	−0.070 4 (0.069 4)	0.394 8*** (0.100 8)	0.473 3*** (0.073 1)	0.219 5*** (0.037 1)

续 表

市场整合	(1)长三角	(2)川渝	(3)关中	(4)海峡西岸	(5)京津冀	(6)辽中南	(7)山东半岛	(8)长江中游	(9)中原	(10)珠三角
人口密度	2.234 2*** (0.544 6)	0.809 2 (0.590 1)	1.760 0*** (0.400 0)	2.403 1*** (0.420 6)	1.850 6*** (0.612 7)	−3.052 4* (1.483 7)	0.244 0 (1.947 9)	0.925 7*** (0.201 2)	−1.219 3*** (0.238 9)	0.853 4*** (0.142 8)
工资水平	0.585 5*** (0.177 1)	0.071 3 (0.163 3)	−0.625 4* (0.351 5)	−0.057 1 (0.111 9)	0.069 5 (0.097 0)	−0.142 5 (0.116 3)	0.792 6** (0.353 6)	−0.106 0** (0.048 5)	0.934 2*** (0.183 7)	1.088 4*** (0.145 3)
常数项	−16.558 6** (7.258 8)	−13.172 4*** (4.317 8)	−15.263 2*** (2.752 7)	−21.104 8*** (2.703 1)	−16.798 2*** (3.562 7)	7.261 7 (8.242 1)	−9.914 6 (13.377 9)	−9.141 7*** (1.134 6)	2.792 7** (1.189 9)	−20.453 6*** (1.887 3)
N	272	187	85	119	221	170	136	204	153	153
组内 R^2	0.963 5	0.960 1	0.937 8	0.960 2	0.848 5	0.959 5	0.841 2	0.937 1	0.926 7	0.948 7

注：*** $p<0.01$，** $p<0.05$，* $p<0.10$。括号内数字为对应系数的标准差，采用固定效应面板模型。
资料来源：作者整理所得。

附表 A10　10 个城市群的政企交互关系与经济一体化（从业人员占比）

市场整合	(1) 长三角	(2) 川渝	(3) 关中	(4) 海峡西岸	(5) 京津冀	(6) 辽中南	(7) 山东半岛	(8) 长江中游	(9) 中原	(10) 珠三角
从业人员占比	−0.025 5** (0.010 9)	−0.075 9 (0.103 5)	0.068 4 (0.210 1)	−0.016 0 (0.051 1)	−0.179 2* (0.089 3)	−0.084 3 (0.074 4)	−0.150 6 (0.185 8)	−0.128 5*** (0.033 6)	−0.240 4*** (0.063 5)	0.159 8 (0.116 8)
政企交互关系	−0.276 9*** (0.093 9)	0.003 9 (0.160 7)	0.035 8 (0.221 0)	−0.212 6** (0.088 0)	−0.249 2 (0.215 5)	−0.119 0 (0.186 8)	0.090 6 (0.417 0)	−0.222 9** (0.094 2)	0.093 0*** (0.024 5)	0.320 8 (0.428 0)
开放度	−5.277 9** (2.311 0)	1.866 6* (0.885 1)	0.456 0 (7.832 4)	−0.630 5 (1.659 3)	3.827 6 (3.644 7)	−3.403 8*** (0.852 3)	−4.404 9* (2.128 0)	−3.885 0* (1.870 4)	−1.364 9 (2.870 8)	1.167 3 (1.997 9)
开放度平方	17.954 0 (11.360 2)	−6.682 0* (3.189 6)	88.262 1 (183.898 0)	12.201 4** (5.316 4)	−37.478 6 (21.708 6)	6.318 8 (7.124 7)	5.266 0 (14.197 8)	10.348 0 (16.645 3)	137.395 2* (65.041 2)	−2.161 0 (3.798 4)
城市化率	0.150 0 (0.260 4)	0.714 0 (0.549 0)	1.220 0* (0.690 9)	1.084 2*** (0.259 3)	0.089 3 (0.420 8)	1.838 2*** (0.277 8)	0.971 6*** (0.293 1)	0.992 5*** (0.124 9)	−0.881 4*** (0.265 3)	2.231 8*** (0.370 8)
基础设施建设	1.347 8** (0.546 6)	0.173 3* (0.087 6)	0.408 8*** (0.128 3)	0.113 4 (0.142 8)	2.133 7*** (0.647 1)	2.008 5*** (0.240 2)	4.339 9*** (1.335 9)	0.233 8 (0.142 9)	−0.159 8 (0.270 0)	0.450 0 (0.295 7)
经济基础	0.769 5*** (0.128 1)	1.074 0*** (0.133 6)	1.425 3*** (0.292 2)	0.973 2*** (0.072 2)	0.741 8*** (0.108 8)	1.318 0*** (0.094 9)	0.224 0 (0.257 9)	0.713 8*** (0.071 9)	−0.266 2 (0.171 6)	0.601 3*** (0.150 9)
产业结构	0.306 6*** (0.066 6)	−0.036 9 (0.021 9)	−0.039 8 (0.051 0)	0.082 5*** (0.026 1)	0.443 6*** (0.087 8)	0.265 3*** (0.053 1)	−0.061 6 (0.069 7)	0.397 3*** (0.097 8)	0.443 5*** (0.083 0)	0.218 2*** (0.035 3)

续 表

市场整合	(1)长三角	(2)川渝	(3)关中	(4)海峡西岸	(5)京津冀	(6)辽中南	(7)山东半岛	(8)长江中游	(9)中原	(10)珠三角
人口密度	2.1231*** (0.5629)	0.8397* (0.4767)	1.7591*** (0.4270)	2.3830*** (0.4020)	1.9083*** (0.5844)	−3.0105* (1.4644)	−0.0527 (1.8420)	0.8902*** (0.1992)	−1.1836*** (0.1899)	0.8589*** (0.1341)
工资水平	0.6540*** (0.1922)	0.0419 (0.1801)	−0.6362* (0.3535)	−0.0585 (0.1129)	0.0848 (0.1028)	−0.1454 (0.1143)	0.7641** (0.3311)	−0.1022* (0.0496)	1.0222*** (0.1771)	1.0991*** (0.1349)
常数项	−15.5857** (7.3395)	−13.2204*** (3.6448)	−15.2268*** (2.7444)	−20.9542*** (2.6285)	−17.1727*** (3.5276)	7.3616 (8.1807)	−8.1185 (12.6341)	−8.6197*** (1.1270)	2.4918** (1.0400)	−21.0853*** (2.1240)
N	272	187	85	119	221	170	136	204	153	153
组内R^2	0.9623	0.9604	0.9357	0.9602	0.8513	0.9595	0.8420	0.9386	0.9314	0.9489

注：*** $p<0.01$，** $p<0.05$，* $p<0.10$，括号内数字为对应系数的标准差，采用固定效应面板模型。
资料来源：作者整理所得。

后　记

　　推动区域协调发展、建设统一大市场、破除机制体制障碍是党和国家构建区域新发展格局、实现高质量发展战略的重要举措。本书的研究主题紧跟国家政策指引,基于统一市场建设、产业功能分工与经济协同发展三个维度,全面测算了中国十大城市群经济一体化的发展水平,并深度解析了政企交互关系影响一体化水平的效果与机制。本书的研究结论为加速推进城市群统一大市场建设、进入"分工协作时代",构建以城市群为依托的大中小城市协调发展新格局,为实现经济高质量发展提供了理论思考与实践经验。书中关于国有企业的相关数据均根据企业层面微观数据整理计算所得,数据来源于《中国工业企业数据库》,该数据库目前仅更新到2014年,因此,囿于数据的可获得性,本书的整个研究时间段聚焦在1998—2014年,研究维度的时空拓展也正是笔者后续研究要继续突破的地方。

　　本书是在我博士论文基础上修改整理而成,从立题设定、框架构建、数据收集、方法选择上都倾注了博士导师刘乃全教授的耐心传授,在此感谢刘老师的精心指导。同时,我要感谢我的家人,他们细致入微的照顾、嘘寒问暖的关怀使我铭感不忘,尤其是我的姐姐和姐夫,在我求学路上始终给予我精神和物质支持;我要由衷地感谢我的先生,他是我学业上的"学友"、家庭中的"亲友"、生活中的"密友"、旅途上的"伴友",他们默默地支持、宽容、照顾,激励着我不断奋发图强、勇攀高峰。本书的研究及出版工作得到了中国博士后科学基金、上海市哲学社会科学规划青年项目、上海市教委科委创新重大项目、上海社会科学院创新工程项目、上海社会科学院经济研究所青年丛书和年度青年课题的资助,在此一并感谢。

往之不谏,来者可追! 我只能凭借更加饱满的热情、更加高昂的斗志、更加勤恳的努力来回报那些给予我关心、支持和帮助的人们!

吴　友

2023年4月,于上海社会科学院

图书在版编目(CIP)数据

政企交互关系对城市群经济一体化的影响:理论分析与实证检验 / 吴友著. — 上海:上海社会科学院出版社,2023
 ISBN 978-7-5520-4121-7

Ⅰ.①政… Ⅱ.①吴… Ⅲ.①政企关系—影响—城市群—区域经济一体化—研究—中国 Ⅳ.①F12

中国国家版本馆 CIP 数据核字(2023)第 077889 号

政企交互关系对城市群经济一体化的影响:理论分析与实证检验

著　　者:	吴　友
责任编辑:	周　霈　应韶荃
封面设计:	周清华
出版发行:	上海社会科学院出版社
	上海顺昌路 622 号　邮编 200025
	电话总机 021-63315947　销售热线 021-53063735
	http://www.sassp.cn　E-mail:sassp@sassp.cn
排　　版:	南京展望文化发展有限公司
印　　刷:	上海颛辉印刷厂有限公司
开　　本:	710 毫米×1010 毫米　1/16
印　　张:	16.25
字　　数:	274 千
版　　次:	2023 年 9 月第 1 版　2023 年 9 月第 1 次印刷

ISBN 978-7-5520-4121-7/F·729　　　　　　　　　定价:80.00 元

版权所有　翻印必究